KB230614

시간을 깬

28인의 AI 미래통찰

기술혁명가와 인문철학자의 대담, 와트에서 칸트까지

강요식 지음

기술 혁명가와 인문 철학자의 드라마틱한 판타지아
다가올 AGI 시대를 위한 명쾌한 영감의 값진 키워드

NICEEDU

시간을 깬, 28인의 AI 미래 통찰

초판 1쇄 발행　2026년 2월 10일

지 은 이　강요식

출판기획　강요식, 진로엔
펴 낸 곳　나이스에듀
디 자 인　배민아, 나이스에듀
주　　소　인천 부평구 부평대로 283 A동 B115-12
전　　화　1660-0848
출판등록　제2024-000001호
이 메 일　jinronedu@daum.net
홈페이지　www.jinron.kr

ISBN　979-11-996636-0-2

값　22,000원

copyright ⓒ 2026 강요식

* 이 책의 저작권은 강요식과 나이스에듀에 있습니다.
* 저작권법에 의해 보호를 받는 저작물이므로 무단 복제 및 전재를 금합니다.
* 파본은 본사나 구입하신 서점에서 교환해드립니다.

NICEEDU는 다가올 AGI 시대에 필요한 지식과 교양을 함양합니다.

시간을 깬, 28인의 AI 미래 통찰

- AGI 시대를 대비할 지적 스토리텔링 -

일러두기

이 책에 등장하는 기술 혁명가 15인, 인문 철학자 13인의 인용문은 그들의 저서 또는 주장 등의 팩트를 기반으로 하였다. 다만, 일부 내용은 그들의 논문, 기고문, 연설, 철학, 사상, 주의, 주장 등을 판타지아(Fantasia)적 요소로 현대적으로 재해석하여 가상에서의 과거, 현실과 미래 탐색의 지식 탐구를 흥미롭게 전개하고 있다.

시간의 회랑에서 다양한 서사는 250년 산업혁명의 역사를 통찰하고 다가올 AGI 시대를 대비하는 인사이트를 얻을 수 있다. 이 책에서 자주 언급되는 AGI(Artificial General Intelligence, 범용 인공지능) 시대는 AI가 특정 영역(바둑, 번역, 이미지 생성 등)을 넘어, 인간이 할 수 있는 모든 지적 작업을 인간과 동등하거나 그 이상으로 수행할 수 있는 시대를 의미한다.

AI 미래 혁신리더

________________님께 드립니다

휴대폰으로 QR코드를 촬영하면
이 책에 관한 브리핑 영상을 시청할 수 있습니다.

"AGI 통찰로 성공 & 행복한 삶 되세요"

AGI시대를 향한 지적 여정의 시작

이 글은 AGI 시대를 맞이하며 기술 혁명가와 인문 철학자들이 시공을 초월해 대화하는 상상적인 판타지아 프롤로그이다. 제임스 와트, 토마스 에디슨, 앨런 튜링, 샘 올트먼 등의 기술 혁명가들이 임마누엘 칸트, 칼 마르크스, 장폴 사르트르, 미셸 푸코 등의 인문 철학자들과 한자리에 모여 기술의 본질, 창조와 파괴의 딜레마, 권력과 지식 구조, 그리고 인간다움의 재정의, 지혜의 결정체에 대해 심도 있는 토론을 나눈다.

기술 혁신가가 제시하는 How(기술적 실현)와 인문 철학자가 던지는 Why(본질적 가치) 그리고 혁신의 엔진과 윤리의 브레이크가 대비되어 AGI라는 미지의 바다를 건널 수 있는 튼튼한 나침반을 손에 쥐게 되는 흥미진진한 스토리텔링이다.

이 대화는 기술 발전이 가져올 윤리적, 철학적 질문들을 탐구하며, 다가올 AGI 시대에 필요한 지혜와 인류애적 책임감을 강조한다. 이 프롤로그는 15인의 기술 혁명가와 13인의 인문 철학자들이 시간을 깨고 나눈 28인의 대화를 바탕으로 재구성되었다.

시대를 가로지른 지성의 조우

그리니치 천문대의 시계가 자정을 가리키던 순간, 시간의 회랑에서 초유의 기념비적인 미팅이 시작되었다.

1769년 봄, 스코틀랜드 그린녹의 작은 공방에서 제임스 와트가 증기기관의 응축기를 개선하던 순간, 시공을 초월하기 시작했다. 동시에 1936년 케임브리지의 대학 강의실, 1975년 실리콘밸리의 차고, 2026년 서울의 AI 연구소가 한 공간에 중첩되었다.

"이건... 시간의 틈이로군." 임마누엘 칸트의 침착한 목소리가 울려퍼졌다. 칸트(1724-1804)가 먼저 걸어 나왔고, 그의 뒤를 따라 칼 마르크스(1818-1883), 장폴 사르트르(1905-1980), 미셸 푸코(1926-1984)가 나타났다. 현대를 대표하는 슬라보이 지제크, 닉 보스트롬과 유발 하라리도 그들 옆에 섰다.

반대편에서는 기술 혁명가들이 하나둘씩 모습을 드러냈다. 제임스 와트(1736-1819), 토마스 에디슨(1847-1931), 앨런 튜링(1912-1954)이 선두에 섰고, 스티브 잡스(1955-2011)와 빌 게이츠가 그들을 이었다. 잭 킬비와 로버트 노이스가 미소를 지었고, 팀 버너스 리가 다가왔다.

클라우스 슈밥이 손을 들었고, 일론 머스크와 제프 베이조스가 눈을 맞췄다. 래리 페이지와 세르게이 브린이 함께했고, 젠슨 황이 마지막으로 나타났다. 샘 올트먼이 그들을 바라보며 입을 열었다. "우리는 왜 여기에 모인 것인가?"

인간과 기술의 본질

- **임마누엘 칸트**: "순수이성비판에서 내가 말했듯이, 인간은 자기 자신의 목적이 되어야 한다. 기술도 마찬가지다. AGI는 인간을 수단으로 삼아서는 안 되며, 인간의 존엄성을 지키는 도구여야 한다."
- **제임스 와트**: "나는 증기기관을 개선하면서 깨달았다. 기술의 힘은 그것이 인간에게 얼마나 더 많은 자유를 주느냐에 달려있다. AGI도 그래야 한다."
- **칼 마르크스**: "하지만 자본주의 체제에서 기술은 종종 노동자의 착취를 위한 수단이 된다. 디지털 시대의 플랫폼 자본주의도 마찬가지 아닌가?"
- **빌 게이츠**: "그것이 우리가 윈도우를 모든 PC에 탑재하려고 했던 이유다. 기술의 민주화. 하지만 지금은 더 근본적인 질문이 필요하다. AGI가 인간의 노동을 완전히 대체한다면?"
- **유발 하라리**: "정확히 그 점이 핵심이다. 인간의 미래상인 '호모 데우스'에서 내가 말했듯이, 기술은 인간을 신처럼 만들 수도 있고, 완전히 무력하게 만들 수도 있다."

창조와 파괴의 딜레마

- **토마스 에디슨**: "나는 1,093개의 특허를 가졌지만, 실패를 두려워하지 않았다. 전기는 어둠을 밝혔지만, 동시에 전쟁의 무기가 될 수도 있다. AGI도 그런 양면성을 가질 것이다."
- **장폴 사르트르**: "존재가 본질에 앞선다고 했다. AGI는 존재하는가? 아니면 우리가 만들어낸 환상인가? 기술의 발명은 인간의 선택이지만, 그 결

과는 우리의 통제를 벗어날 수 있다.”

- **앨런 튜링**: “내가 제안한 튜링 테스트는 단순한 기술적 도전이 아니었다. 기계가 진정으로 ‘생각’할 수 있는가에 대한 철학적 질문이었다. AGI는 단순히 빠른 계산이 아니라, 의식과는 다른 무언가를 가질 수 있다.”
- **닉 보스트롬**: “슈퍼인텔리전스가 등장하면, 인류는 자신의 창조물에 의해 지배당할 수 있다. 이것은 단순한 기술적 문제가 아니라, 존재론적 위기다.”
- **일론 머스크**: “그래서 나는 Neuralink(신경기술회사)를 창업했다. AGI와 인간의 융합이 불가피하다고 보았기 때문이다. 우리가 AI가 되지 않으면, AI에게 지배당할 것이다.”

권력과 지식의 구조

- **미셸 푸코**: “권력은 억압적인 것만이 아니라, 생산적인 것이다. 기술도 마찬가지다. AGI는 새로운 지식의 체계를 만들어낼 것이고, 동시에 새로운 권력의 구조도 만들어낼 것이다.”
- **세르게이 브린**: “구글의 ‘Don't be evil’은 단순한 슬로건이 아니었다. 하지만 이제는 ‘Can't be evil’이 더 중요하다. AGI 시대에는 악의적인 사용을 원천적으로 차단하는 것이 핵심이다.”
- **팀 버너스리**: “나는 웹을 무료로 공개했다. 정보의 민주화를 믿었기 때문이다. 하지만 지금은 웹이 감시와 통제의 도구가 되었다. AGI는 이를 극복할 수 있을까?”
- **슬라보이 지제크**: “기술은 우리의 욕망을 반영한다. 하지만 우리는 종종 그 기술이 우리의 욕망을 만들어낸다는 것을 깨닫지 못한다. AI는 우리가

원하는 것이 아니라, 우리가 '원해야 할' 것을 결정하게 될 것이다."

인간다움의 재정의

- **스티브 잡스**: "기술은 인간의 창의성을 확장하는 도구다. 하지만 기술 자
체가 창의성을 대체한다면, 우리는 무엇을 남겨두게 될 것인가?"
- **래리 페이지**: "구글의 미션은 세상의 정보를 조직화하고 보편적으로 접근
가능하게 만드는 것이었다. 하지만 AGI는 정보를 넘어, 지식과 지혜를 만
들어낼 수 있다."
- **제프 베이조스**: "고객 지향적인 기술 개발이 중요하다. 하지만 AGI는 '누
구를 위한' 지능이 될 것인가? 소수의 부자를 위한 것인가, 아니면 전 인
류를 위한 것인가?"
- **장폴 사르트르**: "존재주의는 선택의 철학이다. AGI 시대에도 우리는 선택
해야 한다. 기술에 의해 정의되는 미래를 받아들일 것인가, 아니면 기술
을 초월하는 인간다움을 지킬 것인가?"

지혜의 결정체

- **킬비와 노이스**: "반도체는 디지털 시대의 물질적 기반이지만, 그것이 만
드는 가치는 정신적이다. AGI는 물질과 정신의 경계를 완전히 허물 것이
다."
- **클라우스 슈밥**: "4차 산업혁명은 단순한 기술적 진보가 아니라, 인간 존
재 방식의 근본적 변화다. 우리는 이제 '기술적 인간'이 되어가고 있다."
- **젠슨 황**: "GPU는 그래픽을 위한 것이었지만, 이제는 AI의 뇌가 되었다.

기술의 운명은 그것이 만들어진 목적이 아니라, 우리가 그것을 어떻게 사용하느냐에 달려있다."

- **샘 올트먼**: "ChatGPT는 대화를 통한 지혜를 추구한다. 진정한 통찰은 대화를 통해 만들어지는 것이다. 이 책이 그런 지적 여정의 첫 걸음이 되기를 바란다."

이어지는 명문명답

칸트가 마지막으로 말했다. "이성의 한계를 아는 것이 진정한 지혜의 시작이다. AGI 시대를 맞이하는 우리에게 필요한 것은 기술적 숙련도만이 아니라, 인류를 향한 깊은 연민과 책임감이다." 시간의 회랑이 서서히 닫혀갔다. 하지만 그들의 대화는 끝나지 않았다. 오히려 이제 시작이었다.

이 책은 그 위대한 대화의 기록이자, 우리 모두가 참여해야 할 미래에 대한 초대장이다. 기술과 인문학의 경계를 넘나드는 이 여정을 통해, 우리는 AGI 시대를 살아가는 현명한 길을 찾을 수 있을 것이다. 또한 기술 혁명가들의 전기를 넘어서, 인류 문명의 다음 단계를 준비하는 철학적 여정이 될 것이다. "기술은 도구일 뿐이다. 하지만 그 도구를 사용하는 우리의 선택이 인류의 운명을 결정할 것이다."

이번 대화의 핵심적인 질문과 답은 간결하다. "첫째, 기술 발전의 궁극적인 목표는 인간 가능성의 확장에 있다. 둘째, 인류 고유의 가치는 연민과 지혜, 용기와 사랑 그리고 희망이다. 셋째, 미래를 위한 메시지는 기술과 인문학 사이의 끊임없는 대화가 될 것이다."로 귀결되었다.

이 책은 그 대화의 시작일 뿐, 결말이 아니다. 왜냐하면 이 스토리텔링은 영원히 계속되어야 하기 때문이다. 각 세대는 새로운 기술에 대해 성찰해야 하며, 각 시대는 예리하게 질문을 던져야 한다. 이것이 인류가 나아갈 단 하나의 길이다.

시간의 강물을 건너며

1776년부터 2026년까지, 그리고 수 십년 앞으로. 우리는 시간의 강물을 거슬러 올랐다. 그리고 다시 시간의 강물을 따라 미래로 나아가고 있다. 이 여정에서 우리는 "기술은 변하지만, 인간의 본질은 변하지 않는다. 기술은 진보하지만, 인간의 가치는 영원하다. 기술은 확장하지만, 인간의 정신은 더욱 빛난다."라는 것을 발견했다.

100년, 200년 후의 후대들이여, 여러분이 AI를 통해 영생을 얻게 되더라도, 여전히 죽음의 의미를 생각해야 한다. 여러분이 AI를 통해 모든 지식을 얻게 되더라도, 여전히 무지의 겸허함을 가져야 한다. 여러분이 AI를 통해 모든 문제를 해결할 수 있게 되더라도, 여전히 질문해야 한다. 여러분이 AI를 통해 모든 것을 제어할 수 있게 되더라도, 여전히 자유를 존중해야 한다. 왜냐하면 그것이 인간이기 때문이다.

그 인간성이야말로 우리가 약 250년 전 시작한 여정의 최종 목적이었다. 증기기관도, 전구도, 컴퓨터도, AGI도 모두 인간을 더 완전한 인간으로 만들기 위한 도구였을 뿐, 인간을 대체하기 위한 것은 아니었다. 이제미래의 여정이 시작된다. 시간을 넘나드는 만남, 학문을 초월하는 대화, 기술과 인문학의 융합, 이 모든 것은 하나의 목적을 향한다. 인류의 영원한 불꽃을 지켜내는 것. 그 불꽃이 이 책의 시작이며, 그 불꽃이 우리들이 꿈꾸어온 희망찬 미래이다.

시간의 회랑에서 강요식 Dream

이제
28인과의 시간여행이
시작됩니다.

목 차

⏰ 4차 산업혁명의 발전 과정

분류	1차 산업혁명 (기계화 혁명)	2차 산업혁명 (대량생산 혁명)
	제임스 와트	토마스 에디슨
시기	18세기 후반 (1760~1840년)	19~20세기 초 (1870~1914년)
에너지원	석탄, 수력	전기, 석유, 가스
주요발명	증기기관, 방직기계, 철도	내연기관, 전구, 자동차, 비행기
생산방식	기계화 생산	대량생산
변화속도	느림(수십년)	중간(수십년)
영향범위	국가별	대륙별
노동	공장 노동자 증가	대량고용 시대
도시	도시화 시작	대도시 형성
환경	대기오염 시작	산업오염 심화
교육	기초교육 확대	전문교육 발전

3차 산업혁명 (지식정보 혁명)	4차 산업혁명 (초연결·초지능 혁명)
  앨런 튜링	  샘 올트먼
20세기 후반 (1969~2000년)	현재 (2000년~현재)
원자력, 재생에너지	친환경/분산 에너지
컴퓨터, 반도체, 로봇, 인터넷	IoT, AI, 클라우드, 생성형 AI
자동화 생산	스마트 생산
빠름(몇년)	기하급수적(몇개월)
전세계	전지구적
지식노동자 증가	일자리 재정의
교외 확장	스마트시티
환경문제 인식	친환경 기술
평생교육 필요	4차 산업 역량 교육

사진출처 wikipedia.org

Steam and Flame,
Masters of the First Industrial Revolution

증기와 불꽃, 제1차 산업혁명의 대가

James Watt

산업혁명의 선구자 제임스 와트의 회전 운동의 발명
은 단순한 기술적 개선이 아니라, 문명의 패러다임을 바
꾼 혁신이었다. 기술 개발 과정에서도 본질적인 인간에
대한 탐구도 놓치지 않은 그의 헌신적인 집념과 철학을
현재 AI 시대의 관점에서 다시 조명해본다.

Part 1에서는 호기심과 탐구심이 낳은 제임스 와트의
혁신의 서사를 살펴본다. 증기 기관의 마법사, 혁신 철
학, 그의 예지와 실행, 제1차 산업혁명의 영향과 교훈을
통해서 서서히 다가오고 있는 AGI 시대를 대비해 1차 산
업혁명의 대가들이 남긴 소중한 유산을 되짚어 본다.

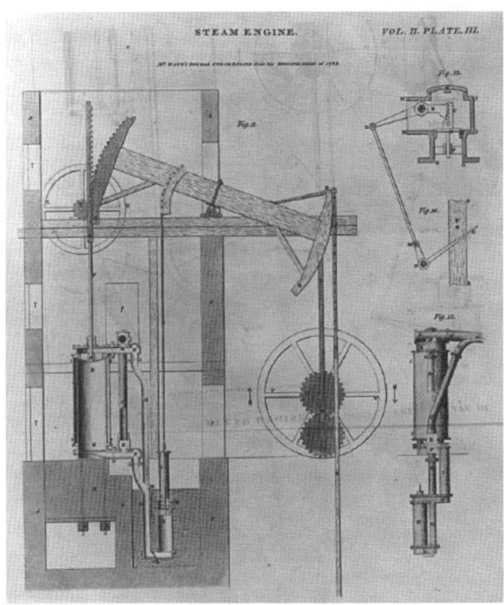

제임스 와트의 증기기관 [출처_wikipedia.org]

제1장

제임스 와트

- 증기의 마술사

AI Telling

제임스 와트의 삶은 탐구심이 낳은 혁신의 서사이다. 그는 분리 응축기 개발로 에너지 효율을 획기적으로 향상시켰다. 매튜 볼턴과 손잡고 특허 전쟁을 통해 지적재산권의 중요성을 입증하며 산업 혁명의 제도적 기반을 다졌다. 기술의 힘은 인간의 삶을 위한 것이며, 혁신은 기술의 완벽함, 윤리적 책임, 법적 보호의 조화에서 탄생한다는 것이 그의 메시지이다.

1736년 1월 19일, 스코틀랜드 그린녹(Greennock) 항구의 차가운 새벽 공기 속에서 태어난 한 아기가 있었다. 제임스 와트(James Watt)는 인류 역사상 가장 위대한 기술 혁명가 중 한 사람으로 기록될 운명이었지만, 그의 탄생은 그 어떤 예언도 가능케 하지 못했다. 다만 그를 맞이한 부모의 마음속에는 보통의 아들에 대한 소박한 기대만이 자리 잡고 있었다. 그러나 역사는 종종 가장 평범한 곳에서 가장 비범한 가치를 빚어낸다.

와트의 집안 분위기는 독특한 성장 환경을 품고 있었다. 아버지는 조선공이자 상인이었으며, 어머니는 교양 있는 가문에서 태어났다. 외할아버지는 수학 교사였고, 부모님은 모두 장로교 신도로서 교육의 중요성을 깊이 인식하고 있었다. 이러한 가정 환경은 어린 와트에게 호기심과 탐구심이라는 두 가지 귀중한 선물을 안겨주었다.

그는 단지 기계 만지는 것을 좋아하는 소년이 아니었다. 수학과 물리학을 깊이 이해했으며, 무엇보다 질문을 멈추지 않았다. 기술의 본질은 단순한 도구가 아니라 인간의 호기심과 탐구심을 구현하는 수단이기 때문이다.

그러나 와트의 유년기는 순탄치만은 않았다. 그는 신체적으로 약했고, 학교에서의 생활도 쉽지 않았다. 전통적인 교육 방식은 그의 창의성을 억누르는 데 급급했고, 선생님은 그의 끊임없는 질문을 귀찮아했다. 이는 오늘날의 우리에게도 익숙한 풍경이다.

창의적이고 비판적인 사고를 가진 아이들은 여전히 기존 교육 시스템 속에서 적응의 어려움을 겪는다. 와트의 경우, 이러한 불편함은 그를 더 깊은 사고와 더 큰 꿈으로 이끌었다. 그는 혼자 있는 시간을 이용해 기계를 분해하고 조립하며, 자신만의 세계를 넓혀갔다.

1754년, 열여덟 살 와트는 런던으로 건너가 기계공 일을 배운다. 이는 그의 인생에서 중요한 전환점이었다. 그곳에서 당시 최첨단 기술들을 접했고, 기계의 원리에 대한 깊은 이해를 쌓았다. 하지만 더 중요한 것은 그가 기술자로서의 정체성을 확립했다는 점이다. 기술은 단순한 도구가 아니라 문제를 해결하고 세상을 변화시키는 수단이라 것을 깨달은 것이다.

와트의 런던 생활은 또 다른 도전과도 같았다. 기술자로서의 경력을 쌓기 위해 필요한 길드 시스템[1]은 복잡하고 비용이 많이 들었다. 이는 18세기 특허 시스템의 문제점과도 연결된다. 창의적인 아이디어를 가진 젊은 기술자들은 제도적인 장벽에 막혀 꿈을 포기해야만 했다.

와트는 이러한 불합리한 제도를 피해 스코틀랜드로 돌아갔지만, 이 경험은 그가 나중에 특허 제도의 중요성을 깨닫는 데 결정적인 역할을 했다. 이는 오늘날 기술 스타트업들이 눈여겨봐야 할 대목이다. 좋은 기술만으로는 부족하며, 제도적 지원과 시장 접근성이 필수적이다.

1757년, 와트는 글래스고 대학교[2]에 취직하게 된다. 이는 그의 운명을 바꾸는 중요한 계기가 되었다. 대학이라는 학술적 환경은 그의 지적 호기심을 자극했고, 다양한 사람들과의 만남은 사고(思考)를 넓혀주었다. 특히 의사이자 화학자였던 존 로벅[3]과의 만남은 증기기관 개량 작업에 결정적인

---

1) 길드 시스템(Guild System)이란 중세 유럽에서 상업과 수공업에 종사하는 사람들이 자신들의 이익을 보호하고 규제를 통해 질서를 유지하기 위해 만든 직능별(직업별) 조직을 말한다. 이는 단순히 친목 단체를 넘어, 경제와 사회 전반에 걸쳐 강력한 영향력을 행사했던 일종의 협회 또는 조합이었다. 18세기 이후 산업 혁명이 일어나 대량 생산 체제가 확립되면서, 소규모 장인 생산을 고수하던 길드 시스템은 점차 그 경제적, 사회적 기능을 잃고 해체되었다.

2) 글래스고 대학교(University of Glasgow, 1451년 설립)는 스코틀랜드 글래스고에 위치한 세계적인 명문 공립 연구 중심 대학이다. 영국에서 네 번째로 오래된 대학이며, 학문적 전통과 연구 역량 면에서 최고 수준을 인정받고 있다. 글래스고 대학교는 7명의 노벨상 수상자를 배출하는 등 인류 역사에 큰 영향을 미친 저명한 인물을 배출했다.

3) 존 로벅(John Roebuck, 1718년~1794년)은 18세기 영국의 화학 공업가, 기업인, 발명가이다. 로벅은 증기기관을 개량하고 있던 제임스 와트(James Watt)의 잠재력을 알아보고 그

영향을 미쳤다.

훌륭한 연구는 좋은 지원 환경과 협력적인 네트워크에서 태어난다. 단독으로는 불가능한 일이 팀워크와 협력을 통해 가능해지는 것이다. 글래스고 대학에서의 와트는 기능적인 기술자가 아니라 학자였다. 그는 기계를 수리하면서도 그 원리에 대한 깊은 사고를 멈추지 않았다.

특히 1763년, 뉴커먼 증기기관[4]의 수리를 맡으면서 그는 기존 기관의 효율성 문제를 발견하게 된다. 이는 지엽적인 기술적 문제가 아니라 산업혁명의 시작점이 되는 중요한 발견이었다. 와트는 기계를 수리하는 데 만족하지 않고, 그것을 개선하고 완성하려는 꿈을 가지고 있었다. 기술의 진정한 혁신은 단편적인 기능의 수정이 아니라 근본적인 개선에 있다.

와트의 이러한 태도는 막연한 기술적 호기심 그 이상이었다. 그는 인간의 노동을 덜어주고, 생산성을 높이며, 궁극적으로 인류의 삶의 질을 향상시키려는 비전을 가지고 있었다. 이는 18세기 계몽주의 사상과도 깊이 연결되어 있다. 계몽주의자들이 인류의 이성과 진보를 강조했듯이, 와트는 기술을 통해 그러한 이상을 실현하려 했다.

이는 칸트의 말처럼 '인간을 목적 자체로' 만들려는 노력과도 일맥상통한다. 기술은 인간을 위해서 존재해야 하며, 인간을 더 높은 단계로 끌어올려야 한다는 철학적 사고였다. 결국 제임스 와트의 탄생과 성장은 피상적인 개인의 이야기가 아니라, 기술과 인문학이 만나는 지점에서 새로운 문명을 창조한 서사(敍事)라 할 수 있다.

그는 기술자였지만 철학자였고, 발명가였지만 인문학자였다. 기술의 발

의 초기 투자자이자 동업자가 되었다. 그는 영국 산업 혁명의 초석을 다지는 데 크게 기여한 인물로 평가받는다.

4) 뉴커먼 증기기관(Newcomen Steam Engine)은 18세기 초 토마스 뉴커먼(Thomas Newcomen)이 발명한, 세계 최초로 상업적으로 성공한 증기기관으로 광산에서 지하수를 퍼내는 용도로 사용되었다.

전은 인간의 가치와 철학적 사고 없이는 완전할 수 없으며, 진정한 혁신은 기술과 인문학의 조화에서 비롯되기 때문이다.

오늘날 우리는 AGI라는 새로운 증기기관을 맞이하고 있다. 와트가 증기의 힘을 이해하고 그것을 인류의 이익에 활용했듯이, 우리도 AGI의 잠재력을 이해하고 그것을 인류의 진보에 활용해야 한다. 와트의 삶은 우리에게 기술의 힘을 보여주지만, 동시에 그 힘이 올바르게 사용되어야 함을 일깨워준다. 이것이 바로 290년 전 그린녹에서 태어난 한 소년의 이야기가 오늘날 우리에게 남기는 고귀한 자산이다.

▸▸▸ 분리응축기 개발, 기술혁신의 황금률

1763년 늦가을, 글래스고 대학교의 차고에 놓인 증기기관의 모습은 참담했다. 이른바 뉴커먼 증기기관이었는데, 마치 고대의 거대한 괴물처럼 녹슨 철끈으로 묶여 있었다. 죽음의 숨결이 느껴질 만큼 심각한 고장 상태였다. 학교에서는 이 증기기관의 수리를 당시 27세인 기계 제작자 제임스 와트에게 맡겼다.

그는 기계적으로 결함을 수선하는데 그치지 않고, 기관이 왜 고장 났는지, 그리고 왜 이렇게 비효율적인지를 파고들기 시작했다. 와트가 처음 접한 뉴커먼 기관은 1712년에 개발된 것으로, 증기를 이용해 물을 올리는 대기압 기관이었다. 하지만 그것은 기적적인 발명품이라는 찬사와 함께 치명적인 문제를 안고 있었다.

엄청난 양의 석탄을 소비하면서도 출력은 제한적이었고, 매 사이클마다 실린더를 냉각시켜야 하는 비효율적인 구조였다. 18세기의 관점에서 보면, 이는 기술적 한계를 넘어선 일종의 저주였다. 와트는 이러한 문제를 단편적인 기술의 결함으로 보지 않았다.

그것은 인간의 창의성과 노동에 대한 모욕이었다. 이는 마치 오늘날의 AI 시스템이 막대한 전력을 소모하면서도 제한적인 성과만을 내는 것과도 같다. 와트는 기관을 분해하고, 각 부품의 기능과 한계를 면밀히 분석했다. 그 과정에서 그는 놀라운 사실을 발견했다.

기관이 매 사이클마다 실린더를 냉각시켜야 하는 이유는, 증기가 응축되는 과정에서 발생하는 진공을 이용하려는 것이었다. 하지만 이 단계에서 실린더가 차가워지면, 다음 사이클을 위해 다시 가열해야 하는 막대한 에너지 손실이 발생했다.

와트는 여기서 핵심적인 통찰을 얻었다. "왜 실린더 자체를 냉각시켜야 하는가? 응축 과정을 별도의 장소에서 수행하면 되지 않는가?" 이것이 바로 유명한 '분리 응축기' 아이디어의 시작이었다. 와트는 실린더와 별도로 응축기를 설치해 실린더는 계속해서 뜨겁게 유지하면서 응축 과정만 별도로 처리하는 혁신적인 구조를 생각해냈다.

이는 마치 AI 시스템에서 메모리와 처리를 분리하여 효율성을 높이는 것과 같은 원리였다. 이러한 발견은 미시적인 기술적 개선이 아니라, 시스템 전체를 재설계하는 패러다임의 전환을 의미했다. 하지만 아이디어를 현실로 만드는 것은 또 다른 도전이었다.

와트는 이를 실현하기 위해 산적한 기술적 과제들을 하나하나 해결해야만 했다. 응축기와 실린더를 잇는 정교한 밸브 시스템의 구축, 고온과 고압을 견딜 적절한 재료의 선택, 그리고 이를 뒷받침할 정밀한 부품 제작 역량 등이 그 핵심이었다. 특히 당시의 낙후된 공정 기술 수준으로는 와트가 요구하는 극한의 정밀도를 구현해 내는 데 명백한 한계가 있었다.

이는 오늘날의 나노 기술이나 첨단 반도체 제조 역량이 없이는 AGI 시스

템의 하드웨어를 제작할 수 없는 것과 비슷한 도전이었다. 와트는 이러한 어려움을 해결하기 위해 주변의 기술자들과 과학자들과의 협력을 통해 필요한 해법들을 하나씩 찾아나갔다.

와트의 진정한 천재성은 기계적 발견에만 있지 않았다. 그는 이러한 공학적 개선이 가져올 수 있는 사회적, 경제적 파급효과를 이미 예견하고 있었다. 응축기의 도입은 증기기관의 효율성을 75% 이상 향상시켰고, 이는 산업적 응용 가능성을 크게 넓혔다.

광산에서의 배수작업뿐만 아니라, 제분, 제지, 방직 등 다양한 산업 분야에 적용될 수 있었다. 와트는 이를 통해 일차적인 기계 개선에 머물지 않고, 산업 전체를 변화시키는 혁명의 시작점을 만들고 있었다. 그러나 이러한 구상은 동시에 많은 저항도 불러일으켰다.

기존 뉴커먼 기관의 제조업자들, 석탄 산업의 이해관계자들, 심지어는 일부 과학자들까지도 와트의 아이디어를 회의적으로 바라봤다. 그들은 새로운 기술이 가져올 변화를 두려워했고, 기존의 시스템을 유지하려 했다. 이는 AGI 기술이 등장하면서 벌어지는 오늘날의 논란과도 같다. 기술적 진보는 항상 기존 질서의 변화를 수반하며, 그 과정에서는 필연적으로 갈등과 저항이 발생한다.

와트는 이러한 반대를 무릅쓰고 과학적 원리와 실증적 데이터를 제시했다. 수많은 실험을 통해 새로운 기관의 효율성을 입증했으며, 정밀한 경제성 계산으로 그 이점을 구체화했다. 특히 연료 절감 측면을 강조한 그의 주장은 석탄 가격이 급등하던 당시 상황에서 매우 매력적인 대안이었다. 이렇듯 와트의 접근 방식은 기술적 우수성을 넘어 경제적 가치와 사회적 필요성을 결합한 종합적 전략이었다.

하지만 기술적 성공에도 불구하고 그는 여전히 자금난이라는 거대한 벽에 직면해 있었다. 증기기관 개량에 필요한 막대한 비용을 대학 기술자 신분으로 감당하기에는 역부족이었기 때문이다. 더욱이 이미 가정을 꾸린 상태였기에 경제적 부담은 더욱 가중되었다. 이는 오늘날 기술 스타트업들이 겪는 고민과도 맥을 같이 한다. 혁신적인 아이디어와 기술을 갖추었을지라도, 이를 현실화하기 위한 자금 조달은 여전히 가혹한 과제로 남아 있다.

결국 와트의 분리 응축기 발견은 우연한 발명을 넘어 인류 역사상 가장 중요한 패러다임의 전환이 되었다. 이는 증기의 힘을 효율적으로 이용하는 길을 열었을 뿐만 아니라, 기술 혁신의 본질적인 메커니즘을 유감없이 보여주었다. 문제를 정의하고 원인을 분석하여 근본적인 해결책을 제시하는 그의 방식은 오늘날 AGI 개발 과정에도 그대로 투영된다. 250년 전 와트가 확립한 이 접근법은 여전히 기술 혁신의 황금률[5]로 자리 잡고 있다.

>>> 볼턴과 와트의 만남, 새로운 문명의 출발

1767년 겨울, 글래스고의 차가운 안개 속에서 와트는 절망적이었다. 분리 응축기라는 혁신적인 아이디어는 있었지만, 그것을 현실로 만들기 위한 자금은 전혀 없었기 때문이다. 존 로벅과의 파트너십은 실패로 끝났고, 빚더미 위에 앉아 있는 그에게 남은 것은 오직 포기하지 않으려는 의지뿐이었다. 바로 이때 운명의 편지 한 통이 그의 손에 도달했다.

발신인은 버밍엄의 성공한 사업가 매튜 볼턴[6]이었다. 이 만남은 역사상

---

5) "기술 혁신의 황금률"이란 단순한 기능 개선이나 눈에 보이는 증상만 고치는 것이 아니라, 문제의 핵심(원인)을 정확히 파고들어 그것을 완전히 제거할 수 있는 새로운 구조적 해법을 제시하는 것을 의미한다. 이는 AGI 개발을 포함한 모든 고도화된 기술 혁신에 적용되는, 성공적인 혁신을 위한 가장 본질적이고 가치 있는 접근 방식이라는 뜻이다.

6) 매튜 볼턴(Matthew Boulton, 1728년~1809년)은 영국의 저명한 제조업자, 기업가, 그리고 산업 혁명가이다. 그는 흔히 증기기관의 아버지로 불리는 제임스 와트(James Watt)의

가장 위대한 기술-비즈니스 파트너십이 태동하는 순간이었다. 1728년 버밍엄 근교에서 태어난 볼턴은 당시로서는 이례적일 만큼 수준 높은 교육을 받은 사업가였다. 부친의 금속 제품 제조업을 계승한 그는 가업을 잇는 데 그치지 않고, 그 토대 위에서 더욱 원대한 비전을 꿈꾸고 있었다.

그는 기능적인 제조업자가 아니라, 과학과 기술의 힘을 통해 사회를 변화시키려는 계몽주의적 사상가였다. 볼턴은 런던의 과학계와도 긴밀한 관계를 맺고 있었고, 특별히 루나 소사이어티(Lunar Society)[7]라는 지적 모임에서 적극적으로 활동하고 있었다. 이 모임에는 에라스무스 다윈, 조지프 프리스틀리, 조지아 클레멘트 등과 같은 당대의 최고 지성들이 포함되어 있었다.

볼턴이 와트에게 관심을 가진 이유는 단순했다. 그는 자신의 공장인 소호 공장(Soho Manufactory)에 동력원이 필요했고, 특히 수력에 의존하는 데서 오는 제한을 극복하고 싶어했다. 당시 버밍엄은 산업의 중심지로 급부상하고 있었으나, 공장을 지속적으로 돌릴 수 있는 수력 자원이 턱없이 부족했기 때문이다.

볼턴은 증기기관이 이러한 한계를 극복할 수 있는 해결책이 될 수 있다고 보았다. 특히 그는 와트의 분리 응축기 아이디어가 일차적인 기술적 개선이 아니라, 산업 전체를 변화시킬 수 있는 게임 체인저라는 것을 직감했다.

그러나 볼턴과 와트의 첫 만남은 순탄치 않았다. 볼턴은 즉시 파트너십을

사업 파트너로서, 와트의 혁신적인 발명이 전 세계에 퍼질 수 있도록 자금, 생산, 마케팅을 전담한 핵심 인물로 평가받는다. 매튜 볼턴은 과거에는 발명가인 와트의 그늘에 가려져 있었으나, 오늘날에는 기술과 자본을 결합하여 혁신을 상업적으로 완성시킨 근대적 앙트레프러너(기업가)의 상징으로 재평가받고 있다. 이러한 공로를 인정받아, 영국 50파운드 지폐 뒷면에는 제임스 와트와 함께 매튜 볼턴의 초상이 공동으로 새겨져 있다 (2011년부터 2021년까지 발행된 지폐).

7) 루나 소사이어티(Lunar Society)는 18세기 후반(1765년-1813년) 영국에서 활동했던 비공식적인 지식인 모임이자 사교 클럽이었다. 과학, 기술, 산업을 통해 사회를 진보시키고자 했던 산업 혁명의 핵심 주역들이 모인 곳으로 유명하다.

제안했지만, 와트는 극심한 자금난과 이전 파트너십의 실패로 인해 회의적이었다. 더욱이 와트는 내성적인 성격으로, 사업가적 기질이 결여되었기 때문이다.

그는 기술적 완성도에 집착하는 완벽주의자였고, 상업적 성공에 대한 개념은 희박했다. 반면 볼턴은 미래 지향적이고 뛰어난 설득력을 가지고 있었다. 그는 와트의 기술적 천재성을 인정하면서도, 그것이 세상에 나오지 못하면 아무 소용이 없다는 것을 강조했다.

볼턴은 일반 투자자가 아니었다. 그는 와트에게 비즈니스 파트너로서의 중요성을 설명하면서, 기술의 사회적 적용에 대한 비전을 제시했다. 특히 증기기관이 광산의 펌프용에만 국한되지 않고, 방직, 제분, 제철 등 다양한 산업에 적용될 수 있음을 주장했다. 이는 와트의 시야를 넓혀주는 계기가 되었다.

그동안 기술적 완성도에만 몰두했던 와트는 볼턴을 통해 시장의 필요성과 사회적 적용 가능성을 깨닫게 되었다. 이는 AGI 개발자들에게도 참고할 만한 메시지이다. 기술적 우수성만으로는 부족하며, 그것이 사회에 어떻게 적용될 수 있는지를 고려해야 한다.

1775년, 두 사람은 드디어 볼턴 앤 와트라는 회사를 설립한다. 이는 역사상 가장 성공적인 기술-비즈니스 파트너십 중 하나가 되었다. 볼턴은 CEO로서 회사 운영과 자금 조달을 담당했고, 와트는 CTO로서 기술 개발과 제조를 감독했다.

두 사람의 역할 분담은 명확했고, 서로의 전문성을 존중하는 방식으로 운영되었다. 특히 볼턴은 와트의 완벽주의적 성격을 이해하고, 그가 기술 개발에 집중할 수 있도록 최적의 환경을 제공했다. 이는 오늘날의 기술 스타트업에서 창업자들이 겪는 갈등을 해결하는 좋은 모델이 되고 있다.

볼턴의 또 다른 핵심적인 공헌은 특허 전략이었다. 그는 와트의 증기기관 특허가 1783년에 만료된다는 사실을 파악하고, 즉시 특허 연장을 위한 로비를 시작했다. 이는 방어적인 법적 조치가 아니라, 장기적 비즈니스 전략의 핵심이었다. 마침내 볼턴은 의회에 로비를 펼쳐 1800년까지 특허권을 연장하는 데 성공했다.

이로써 그들은 25년간 독점적 지위를 확보할 수 있었고, 이 기간 동안 충분히 기술을 완성하고 시장을 선점할 수 있었다. 이는 오늘날의 스타트업들이 직면하는 특허 전략과 시장 진입 문제에 대해서도 핵심적인 길잡이가 된다.

볼턴과 와트의 파트너십은 계산적인 사업 관계를 넘어서는 인간적 유대이기도 했다. 볼턴은 와트의 내성적인 성격과 우울증적 경향을 이해하고, 그를 격려하고 지원했다. 특히 와트가 기술 개발에 집착하며 건강을 해칠 때면 볼턴은 세심하게 그를 돌보고 적절한 휴식을 권했다.

반면 와트도 볼턴의 비즈니스적 판단을 신뢰하고, 그의 제안을 수용하는 유연성을 보여주었다. 이러한 상호 신뢰와 존중은 그들의 파트너십을 단순한 계약 관계가 아닌, 진정한 협력 관계로 만들어주었다. 볼턴의 계획은 가시적인 증기기관의 상업화에만 머무르지 않았다.

그는 과학과 기술의 힘을 통해 사회를 진보시키려는 계몽주의적 이상을 가지고 있었다. 볼턴은 루나르 소사이어티를 통해 과학자, 기술자, 사상가들과의 네트워크를 구축하고, 새로운 기술이 사회에 미칠 영향에 대해 깊이 고민했다.

그는 기술이 세속적인 이윤을 창출하는 도구가 아니라, 인류의 삶의 질을 향상시키는 수단이 되어야 한다고 믿었다. 이러한 철학적 접근은 와트에게도 영향을 미쳤고, 그들의 기술 개발에 인간 중심적 가치를 반영하는 계기가 되었다.

결국 매튜 볼턴과 제임스 와트의 만남은 단순한 두 사람의 운명적 회동이 아니라, 기술과 인문학, 과학과 상업, 이상과 현실이 좌화되는 새로운 문명의 시작이었다. 그들은 각자의 전문성을 살려 서로의 약점을 보완했고, 함께 혁신을 만들어냈다.

이는 AGI 시대를 준비하는 우리에게 필수적인 사고의 틀을 제공한다. 기술의 발전은 혼자 이루어질 수 없으며, 다양한 배경과 전문성을 가진 사람들이 협력할 때 비로소 위대한 혁신이 태어난다는 것이다.

>>> 지적재산권(특허) 전쟁의 서막

1769년 1월 5일, 런던의 추운 아침에 와트는 파르르 떨리는 서류 뭉치를 움켜쥔 채, 비장한 각오로 특허청 문을 넘어섰다. 그 서류에는 그의 혁신적인 분리 응축기 아이디어가 상세히 기술되어 있었다. 이 장면은 지엽적인 기술적 발명 차원을 넘어, 인류 역사상 가장 치열한 지적재산권 전쟁의 서막이었다.

와트가 작성한 특허 명세서는 형식적인 기술 설명서가 아니라, 1763년부터 끊임없이 고민하고 실험한 결과의 집합체였다. 그는 친구인 윌리엄 스몰[8] 박사의 조언을 받아, 미래의 경쟁자들이 그의 아이디어를 모방하는 것을 방지하기 위해 특허 명세서를 오늘날의 AI 알고리즘 특허 전략처럼 매우 정밀하게 작성했다. 와트의 특허 등록 과정은 혹독했다. 당시 영국의

---

8) 제임스 와트의 특허 명세서 작성에 조언을 준 윌리엄 스몰 박사(William Small, 1734년-1775년)는 스코틀랜드 출신의 의사(Doctor)이자 수학자였으며, 와트의 가장 가까운 친구이자 지적인 조언자였다. 스몰 박사는 제임스 와트에게 매튜 볼턴을 소개시켜준 결정적인 인물이다.

특허 제도는 매우 복잡하고 비용이 많이 들었다. 특허를 얻기 위해 와트는 런던에 머물며 10개 이상의 관청을 직접 방문해야 했다. 각 관청마다 다른 서류와 절차가 필요했고, 부패한 관리들에게 뇌물을 주는 것도 불가피했다.

현재 화폐 가치로 수억 원에 달하는 막대한 비용이 필요했고, 이는 와트 개인의 재력으로는 감당할 수가 없었다. 좋은 기술이 있어도, 이를 보호하고 상업화하기 위해서는 막대한 비용과 복잡한 절차를 견뎌야 한다.

특허 등록의 어려움을 해결하기 위해 와트는 사업가 존 로벅과 파트너십을 맺었다. 로벅은 와트의 부채 1,000파운드(현재 한화 가치로 약 5억 원)를 인수하고, 특허 등록 비용과 기술 개발에 필요한 자금을 제공하는 대신, 특허권의 2/3를 요구했다. 와트는 이 제안을 받아들일 수밖에 없었다.

이는 오늘날의 엔젤 투자자와 벤처 캐피털리스트들의 지분 투자와 비슷한 구조였다. 기술자는 자신의 아이디어를 현실로 만들기 위해 자본의 힘을 빌려야 했고, 그 대신 상당한 지분을 포기해야 했다.

와트의 특허는 1769년 1월 5일에 승인되었다. 하지만 이는 또 다른 전쟁의 시작이었다. 특허 기간은 14년이었지만, 이미 6년이 지난 상태였다. 실질적으로 보호받을 수 있는 기간은 8년에 불과했다. 더욱이 기술의 상업화에는 아직도 많은 시간과 자금이 필요했다.

특허 전쟁의 본격적인 시작은 다른 제조업자들이 와트의 기술을 무단으로 사용하면서부터였다. 특히 1780년대에 들어서면서, 와트의 증기기관이 상업적 성공을 거두자, 여러 제조업자들이 자신의 기술을 개발한다고 주장하며 시장에 진입하기 시작했다.

이들은 와트의 특허가 무효라고 주장했고, 특허 명세서가 충분히 구체적이지 않다고 반박했다. 특히 잉글랜드 북부의 광산 지역에서는 여러 해적

업체들이 등장하여 값싼 증기기관을 제작해 판매하기 시작했다.

와트와 볼턴은 이러한 특허 침해에 대응하기 위해 소송을 제기했다. 하지만 소송은 예상보다 복잡하고 오래걸렸다. 특허 소송의 비용은 막대했고, 패소할 가능성도 있었다. 특히 상대편은 와트의 특허가 부실하다고 주장하며, 특허 무효 소송을 제기했다. 수년에 걸친 법정 공방 끝에, 법원은 와트의 손을 들어주었다. 하지만 이 승리는 순전히 기술적 우수성 덕분만은 아니었다.

볼턴의 정치적 로비와 사회적 인맥, 그리고 당시 산업 정책에 대한 정부의 지지가 결정적인 역할을 했다. 이는 오늘날의 대규모 특허 소송과도 유사하다. 기술적 진실만으로는 충분하지 않으며, 법적 전략과 정치적 지원이 필수적이다.

특허 전쟁은 법적 다툼을 넘어서는 산업 정책과 사회적 가치의 충돌이었다. 와트의 증기기관은 기존의 수력 기반 산업 구조를 대체하려 했고, 이는 기존 산업계의 저항을 불러일으켰다. 특히 석탄 산업과 수력 방앗간 운영자들은 와트의 기술이 자신들의 생존을 위협한다고 보았다.

그들은 정치적 로비를 통해 와트의 특허가 산업 발전을 저해한다고 주장했고, 특허권의 독점을 비난했다. 이는 오늘날의 기술 대기업들이 직면하는 독점 논란과도 유사하다. 기술 혁신은 항상 기존 질서의 변화를 수반하며, 그 과정에서는 필연적으로 정치적 갈등이 발생한다.

와트와 볼턴의 특허 전략은 소극적인 방어에만 있지 않았다. 그들은 특허 기간 동안 지속적으로 기술을 개선하고, 새로운 특허를 추가했다. 특히 1781년에는 증기기관의 회전 운동을 가능하게 하는 선 앤 플래닛 기어(Sun and Planet Gear)[9]를 개발하여 특허를 취득했다.

---

9) 제임스 와트가 1781년에 개발하고 특허를 취득한 '선 앤 플래닛 기어(Sun and Planet

이는 증기기관의 응용 분야를 크게 확장시켰고, 단순한 펌프용을 넘어서 다양한 산업 기계의 동력원으로 사용될 수 있게 했다. 이러한 지속적인 혁신은 특허권의 가치를 지속적으로 높이는 전략이었다. 이는 오늘날의 기술 기업들이 특허 포트폴리오를 구축하는 방식과도 같다.

결국 와트의 특허 전쟁은 지적재산권의 중요성을 사회에 각인시켰다. 그 것은 기술자의 권리를 보호하고, 혁신에 대한 투자를 유인하는 제도적 메커니즘을 보여주었다. 하지만 동시에 특허권의 남용이 산업 발전을 저해할 수 있다는 우려도 제기했다. 1800년, 와트의 특허가 만료되자 즉시 수십 개의 경쟁사들이 등장했고, 증기기관 기술은 급속도로 발전했다. 이는 특허권이 기술 혁신의 두 얼굴을 가지고 있음을 보여준다. 적절한 보호는 필요하지만, 과도한 독점은 혁신을 저해할 수 있다.

기술 혁신은 단순한 기술적 우수성만으로는 완성될 수 없다. 그것을 보호하고, 사회에 적용할 수 있는 제도적 메커니즘, 법적 전략, 정치적 지지가 필요하다. 특히 AGI와 같은 파격적인 기술은 더욱 복잡한 특허 문제를 야기한다. 기술적 진보와 사회적 가치의 균형을 어떻게 맞출 것인가는 여전히 우리가 풀어야 할 숙제이다.

Gear)'는 그의 증기기관이 산업 혁명에서 결정적인 역할을 하도록 만든 핵심적인 기계 장치이다. 이 장치는 간단히 말해, 증기기관의 수직 왕복 운동을 공장 기계에 필요한 연속적인 회전 운동으로 바꾸어주는 장치이다. 이 장치 덕분에 와트의 증기기관은 단순히 탄광에서 물을 퍼내는 것을 넘어, 공장 자동화의 심장 역할을 하게 되어 산업 혁명을 가속화했다.

[출처_wikipedia.org]

제임스 와트
(James Watt, 1736-1819)

"Nothing man has discovered or imagined
is to be named with the steam engine."

"인간이 발견하거나 상상한 어떤 것도
증기기관과 비교될 수 없다."

* 영국과학진흥협회는 제임스 와트의 공적을 기려 1889년 '와트(Watt)'를 일률과 동력 단위로
채택했고, 1960년 제11차 도량형총회에서 국제단위계의 하나로 채택되었다.

 시간을 깬, 28인의 AGI 미래 통찰

제2장

제임스 와트의
혁신 마인드

AI Telling

와트의 회전 운동 발명은 기능적인 기술 개선이 아니라, 문명의 패러다임을 바꾼 혁신이었다. 이는 인류가 자연의 힘에 의존하는 것에서 벗어나, 인공의 힘을 만들어내는 시대를 열었다. 오늘날 우리가 AI와 로봇 기술을 통해 인간의 지능과 신체 능력을 확장하려고 시도하는 것과 일맥상통한다. 기술의 진정한 가치는 얼마나 많은 분야에 적용될 수 있느냐에 달려 있다.

≫≫≫ 증기기관, 산업사회의 근간 변화

1781년 봄, 버밍엄의 소호 공장. 제임스 와트는 자신의 최신 발명품인 선 앤 플래닛 기어를 조심스럽게 조립하고 있었다. 이 장치는 증기기관의 직선 운동을 회전 운동으로 바꾸는 혁신적인 메커니즘이었다. 와트의 손끝이 파르르 떨렸다.

이 발명은 기능적인 기술 개선이 아니라, 인류 역사상 가장 중요한 패러다임의 전환 중 하나를 의미했기 때문이다. 증기기관은 더 이상 광산의 펌프용이 아니라, 모든 산업 기계의 심장이 될 수 있었다.

증기기관의 회전 운동 가능성은 산업계에 지각변동을 일으켰다. 그동안 공장들은 수력에 의존해야 했고, 그 위치 또한 제한적이었다. 하지만 증기기관이 동력원이 되면서 공장은 어디든 설립될 수 있게 되었다. 이는 산업의 지리적 분포를 완전히 바꾸는 역사적인 혁명이었다.

1780년대에 들어서면서, 영국의 주요 산업 도시들은 수력이 풍부한 계곡에서 석탄이 풍부한 지역으로 이동하기 시작했다. 맨체스터, 버밍엄, 리버풀 같은 도시들이 산업의 중심지로 부상한 것이다.

와트의 증기기관은 단지 동력원을 제공하는 것이 아니라, 생산 방식 자체를 변화시켰다. 그동안의 수공업 생산은 숙련된 장인의 손길에 의존했고, 생산량도 제한적이었다. 반면 증기기관을 동력원으로 하는 기계는 24시간 중단 없이 작동할 수 있었고, 일정한 품질의 제품을 대량으로 생산할 수 있었다.

이는 대량 생산의 시대를 여는 시작점이었다. 특히 방적 산업에서의 변화는 혁명적이었다. 증기동력 방적기는 한 명의 노동자가 수십 개의 추를 동시에 운영할 수 있게 했고, 생산량은 기하급수적으로 증가했다.

그러나 증기기관의 보급은 순탄치만은 않았다. 기존의 수력 밀[1] 운영자들과 장인들은 증기기관을 위협으로 보았다. 그들은 증기기관이 일자리를 빼앗고, 전통적인 기술을 가치 없게 만든다고 주장했다. 실제로 증기기관의 도입으로 많은 수공업 장인이 일자리를 잃었고, 이는 러다이트 운동(Luddite movement)[2]과 같은 대규모 저항으로 이어졌다. 1811년부터 1816년까지 지속된 러다이트 운동은 증기기관과 기계를 파괴하는 과격한 방식으로 기술의 저항을 표현했다. 이는 오늘날의 자동화와 AI가 가져올 일자리 변화에 대한 우려와도 유사하다.

증기기관의 확산은 또한 노동 조건의 변화를 가져왔다. 공장은 더 이상 자연의 리듬에 따라 운영되지 않았다. 증기기관은 24시간 중단 없이 작동할 수 있었고, 이에 따라 노동자들은 교대근무를 해야 했다. 작업 시간은 늘어났고, 작업 강도도 증가했다.

특히 여성과 아동의 공장 노동이 늘어나면서 새로운 사회적 문제가 대두되었다. 윌리엄 블레이크의 "Dark satanic mills"[3]라는 표현은 당시 증기기관이 가져온 산업화의 어두운 면을 상징적으로 보여준다.

하지만 증기기관은 산업의 생산성을 극적으로 향상시켰다. 특히 제조업

---

1) 수력 밀(Water Mill, 물레방앗간/물방아 공장)이란 흐르는 물이나 떨어지는 물의 힘(수력)을 이용하여 곡식을 빻거나(제분), 직물을 짜거나(방직), 목재를 자르거나(제재), 금속을 가공하는(제철) 등의 작업을 수행하는 공장 또는 작업장을 말한다

2) 19세기 초 영국에서 일어난 대규모 기계 파괴 운동이자 노동자의 저항 운동이다. 이는 새롭게 등장한 산업 기계와 공장 시스템이 자신들의 숙련된 노동력과 생계를 위협한다고 여긴 장인(숙련공) 및 노동자들이 주도했다. 러다이트 운동은 오늘날 인공지능(AI)과 자동화 기술이 가져오는 구조적 실업과 일자리 변화에 대한 대중의 불안감과 저항 심리를 보여주는 역사적 선례로 자주 인용된다. 이는 기술 진보가 사회 및 경제에 미치는 영향을 조절하는 것이 얼마나 중요한지를 시사한다.

3) "Dark satanic mills"는 영국의 낭만주의 시인 윌리엄 블레이크(William Blake, 1757년-1827년)가 그의 시《예루살렘(Jerusalem)》의 서문에서 사용한 구절로, 산업 혁명이 초래한 공장과 공업 지대의 어둡고 파괴적인 측면을 상징적으로 비판하는 표현이다. "Dark satanic mills"는 단순한 공장 건물이 아니라, 산업화와 자본주의가 초래한 물질주의와 도덕적 타락을 상징하는 강렬한 문학적 이미지로 자리 잡았다.

에서는 그 효과가 압도적이었다. 철강 산업에서 증기를 이용한 용광로는 훨씬 높은 온도를 얻을 수 있게 했고, 이는 철의 품질과 생산량을 크게 향상 시켰다.

석탄 채굴에서도 증기 펌프는 더 깊은 광산을 개척할 수 있게 했고, 석탄 의 공급량을 늘렸다. 이는 증기기관의 연료인 석탄에 대한 수요를 더욱 증 가시키는 선순환을 만들어냈다. 증기기관은 산업의 심장이자, 그 자체로 산업의 자원이 되었다.

증기기관의 확산은 교통 혁명도 촉발했다. 1804년, 리처드 트레비식[4]은 증기기관을 이용한 최초의 증기 기관차를 개발했다. 이는 운송의 속도와 효율을 극적으로 향상시켰고, 산업의 원자재와 제품의 유통을 혁신적으로 바꾸었다.

이후 로버트 풀턴[5]은 증기선을 개발하여 수상운송의 혁신을 가져왔다. 증기기관은 더 이상 일개 공장의 동력원이 아니라, 산업 사회의 혈관이 되 었다. 이는 지금의 인터넷과 같은 역할을 역할을 하여 정보와 자원의 흐름 을 가속화시킨 것이다.

증기기관의 기술적 발전은 계속되어 왔다. 와트 이후의 엔지니어들은 증 기기관의 효율성과 출력을 지속적으로 향상시켰다. 특히 1800년대에 들어 서면서, 고압 증기기관의 개발이 활발해졌다. 리처드 트레비식과 아서 울 프[6]는 더 높은 압력을 견딜 수 있는 보일러를 개발했고, 이는 즉 더 강력한

---

4) 리처드 트레비식(Richard Trevithick, 1771년~1833년)은 영국의 발명가이자 기계 기술 자이며, 최초의 완전한 증기 기관차를 개발하고 운행한 철도 운송의 선구자로 증기 기관차 의 아버지로 불린다.

5) 로버트 풀턴(Robert Fulton, 1765년~1815년)은 증기선(Steamship)을 상업적으로 성공 시킨 미국의 발명가이자 공학자이다. 풀턴의 증기선은 트레비식의 증기 기관차와 함께 육 상 및 수상 운송 혁명을 완성시켰다.

6) 아서 울프(Arthur Woolf, 1766년-1837년)는 영국의 엔지니어이자 발명가로, 초기 산업 혁명 시대에 활동했다. 그는 특히 고압 복합 증기기관(High-Pressure Compound Steam

동력을 의미했다. 하지만 고압 증기기관은 안전 문제를 야기했고, 여러 폭발 사고가 발생했다. 이는 기술 혁신의 양면성과 더 큰 성능은 더 큰 위험을 수반한다는 것을 보여주었다.

증기기관의 보급은 교육의 변화도 가져왔다. 증기기관을 운영하고 유지하기 위해서는 새로운 기술과 지식이 필요했고, 이는 기술 교육의 필요성을 제기했다. 1820년대에 들어서면서, 공학 교육 기관들이 설립되기 시작했다.

런던의 킹스 칼리지, 더블린의 트리니티 칼리지 등이 공학 교육을 시작했고, 이는 공학이라는 학문의 독립을 의미했다. 증기기관은 일상의 기계가 아니라, AI가 데이터 과학이라는 새로운 학문을 만들어낸 것과 같은 새로운 지식 체계를 창조하는 계기가 되었다.

결국 증기기관은 기술적 발명을 넘어서서 산업 사회의 근본적인 구조를 변화시켰다. 그것은 생산 방식, 노동 조건, 교통 시스템, 교육 체계까지도 변화시켰다. 증기기관은 더 이상 하나의 기계가 아니라, 문명의 축으로 자리잡았다. 이는 기술 혁신이 형식적인 효율성의 향상이 아니라, 사회 전체의 패러다임을 변화시키는 힘을 가지고 있다는 점을 일깨워 준다.

>>> 세계 최초 스타트업, 볼턴의 소호공장

1765년 봄, 버밍엄 외곽의 소호 지역에서 매튜 볼턴은 40에이커가 넘는 광대한 부지에 거대한 공장을 건설하고 있었다. 하지만 이는 일반 제조 공장이 아니었다. 볼턴은 이곳을 세계 최초의 기술 스타트업으로 만들고자

Engine)을 개발하여 증기기관의 효율을 크게 개선하는 데 기여한 인물로 유명하다.

했다. 그의 구상은 일차적인 제품 제조를 넘어서, 과학과 기술의 힘을 통해 사회를 변화시키는 것이었다. 소호 공장은 보통의 건물이 아니라, 산업 혁명의 실험실이었다.

소호 공장의 설계는 혁신적이었다. 볼턴은 건축가들과 협력하여, 증기기관의 동력을 효율적으로 전달할 수 있는 시스템을 고안했다. 공장은 중앙에 증기기관을 두고, 그 동력을 벨트와 축을 통해 각 작업장에 전달하는 구조였다. 이는 마치 오늘날의 데이터 센터나 클라우드 컴퓨팅 시스템과도 같다. 중앙의 강력한 처리 장치가 여러 사용자에게 서비스를 제공하는 방식이었다. 볼턴은 이미 18세기에 분산식 동력 시스템의 개념을 구현하고 있었다.

소호 공장의 가장 혁신적인 점은 통합 생산 시스템이었다. 볼턴은 공장 내에서 금속의 용해, 가공, 조립, 마무리까지 모든 과정을 통합하여 수행했다. 이는 당시로서는 혁명적인 접근이었다. 그동안 제조업은 각 공정이 분리되어 있었고, 이는 비효율적이며 품질 관리가 어려웠다. 하지만 소호 공장에서는 한 지붕 아래에서 모든 공정이 이루어졌다. 이는 애플의 폭스콘 공장이나 테슬라의 기가팩토리[7]의 전형(典型)이라 할 수 있다. 수직적 통합의 시대를 연 것이다.

볼턴은 또한 R&D(연구개발)의 개념을 도입했다. 그는 공장 내에 실험실과 연구실을 설치하고, 과학자들과 기술자들이 함께 일할 수 있도록 했다. 특히 와트와의 협력은 이 R&D 시스템의 핵심이었다. 두 사람은 매일 새로운 아이디어를 실험하고, 실패를 통해 배웠다. 이는 오늘날의 실리콘밸리

---

7) 두 사례 모두 전 세계적으로 유례없는 규모의 생산 능력을 갖추고 있으며, 이를 통해 비용 절감(규모의 경제)과 시장의 지배력을 확보했다는 점이 공통점이다. 폭스콘 (애플): '세계의 공장'이라 불리는 거대 공장(선전, 정저우 등)에서 수십만 명의 인력이 아이폰을 생산하고 있다. 기가팩토리 (테슬라): 단일 공장으로는 세계 최대 규모의 배터리 및 전기차 생산 시설을 구축하여 생산 효율을 극대화하고 있다.

스타트업 문화의 본보기이다. '빠르게 실패하고, 빠르게 배운다(Fail fast, learn fast)'는 원리를 18세기에 이미 구현하고 있는 셈이었다.

소호 공장의 또 다른 혁신은 품질 관리 시스템이었다. 볼턴은 표준화된 부품과 공정을 도입하여, 일관된 품질의 제품을 생산했다. 이는 당시로서는 매우 첨단 개념이었다. 그동안의 수공업 제품은 각각이 약간씩 달랐지만, 소호 공장의 제품은 기계적 정밀성으로 인해 균일한 품질을 자랑했다. 이는 애플의 제품 일관성이나 자동차 산업의 품질 관리와도 비교될 수 있다. 볼턴은 시대를 앞서 표준화와 품질 관리라는 근대적 경영 원칙을 완벽히 이해하고 있었다.

인적 자원 관리 면에서도 소호 공장은 혁신적이었다. 볼턴은 노동자들에게 상대적으로 좋은 작업 환경과 임금을 제공했다. 그는 노동자들의 숙소를 제공하고, 교육 기회를 주었다. 특히 아동 노동에 대한 제한을 두고, 교육 프로그램을 운영했다.

이는 당시로서는 매우 진보적인 접근이었다. 볼턴은 노동자들이 행복해야 생산성이 높아진다는 것을 이해하고 있었다. 이는 구글 같은 현대 기술 기업들의 복지 정책과도 맥을 같이 한다. '행복한 직원이 창의적인 직원'이라는 원리를 200년 전에 이미 실천하고 있었던 것이다.

소호 공장은 또한 오픈 이노베이션[8]의 모델이기도 했다. 볼턴은 루나르 소사이어티를 통해 과학자, 발명가, 사업가들과의 네트워크를 구축하고, 다양한 아이디어를 수용했다. 그는 외부의 혁신을 적극적으로 도입하고, 내부의 혁신도 외부와 공유했다. 이는 '오픈소스 운동이나 스타트업 엑셀러레이터'라고 할 수 있다.

---

8) 오픈 이노베이션(Open Innovation, 개방형 혁신)은 기업이 내부의 자원과 기술에만 의존하지 않고, 외부의 아이디어, 기술, 인력을 적극적으로 도입하거나 내부 자원을 외부와 공유하여 새로운 제품이나 서비스를 만들어내는 전략이다.

마케팅 전략에서도 소호 공장은 혁신적이었다. 볼턴은 단순히 제품을 판매하는 것이 아니라, 기술의 미래를 판매했다. 그는 고객들에게 증기기관이 가져올 변화와 효율성을 설명하고, 장기적인 비전을 제시했다. 특히 그는 로열티 모델을 도입하여, 고객들이 초기 투자 부담 없이 기술을 도입할 수 있도록 했다. 이는 SaaS(Software as a Service) 모델[9]이나 클라우드 컴퓨팅 개념과 비슷하다. 이는 18세기의 기술력이 현대의 서비스 중심 경영 철학과 만난 경이로운 선례라고 할 수 있다.

소호 공장의 또 다른 중요한 특징은 스케일업 전략이었다. 볼턴은 처음부터 대규모 생산을 목표로 했고, 성공적인 제품은 즉시 대량 생산으로 전환했다. 그는 공장의 규모를 지속적으로 확장하고, 새로운 기술을 도입했다. 특히 증기기관의 생산량은 1775년의 1대에서 1800년에는 500대 이상으로 증가했다. 이는 스타트업에서 유니콘 기업으로 성장하는 확장 전략을 통해 시장 지배력을 확보했다.

그러나 소호 공장도 도전에 직면했다. 기술적 문제, 자금 부족, 경쟁사의 등장 등은 항상 위협이었다. 특히 1790년대에 들어서면서, 와트의 특허가 만료되자 경쟁이 치열해졌다. 하지만 볼턴은 지속적인 혁신으로 이러한 도전을 극복했다. 그는 새로운 기술을 개발하고, 품질을 개선하며, 비즈니스 모델을 발전시켰다. 지속적인 혁신만이 생존과 성장을 보장한다는 것을 입증했다.

결국 소호 공장은 보통의 제조 공장이 아니라, 산업 혁명의 실험실이자, 현대 기술 스타트업의 시초였다. 볼턴과 와트는 기술과 비즈니스, 과학과

---

9) SaaS(Software as a Service, 서비스형 소프트웨어)는 소프트웨어 사용 모델의 한 형태로, 소프트웨어와 그 데이터를 중앙에서 관리하고, 인터넷을 통해 사용자에게 서비스 형태로 제공하는 방식이다. 가장 쉽게 이해할 수 있는 예시는 우리가 일상에서 흔히 사용하는 웹 기반의 이메일 서비스(Gmail, 네이버 메일 등)나 클라우드 기반의 협업 도구(Google Docs, MS 365, Slack 등)다.

공학, 이상과 현실을 조화롭게 결합했고, 새로운 문명의 모델을 제시했다. 이는 기술 혁신이 일차적인 기술의 발명이 아니라, 다양한 요소들이 만나는 생태계에서 태어난다는 점도 일깨워 준다.

>>> 로열티 모델, 혁신적인 비즈니스 전략

1775년 여름, 버밍엄의 소호 공장에서 매튜 볼턴은 고객들에게 혁신적인 제안을 하고 있었다. "증기기관을 구매하는 대신, 우리가 절약한 석탄 비용의 1/3을 로열티로 지불하시면 어떻겠습니까?" 이것이 바로 역사상 최초의 성과 기반 로열티 모델[10]이었다. 고객들은 초기 투자 비용 없이 최첨단 기술을 도입할 수 있었고, 볼턴과 와트는 지속적인 수익을 얻을 수 있었다.

로열티 모델의 탄생 뒤에는 시장 진입 장벽을 낮추기 위한 전략적 고뇌가 있었다. 와트의 증기기관은 기술적으로는 우수했지만, 가격이 매우 비쌌다. 당시의 증기기관 가격은 1,000파운드에 달했고, 이는 중소 광산이나 공장에서는 감당할 수 없는 금액이었다. 더욱이 기존의 뉴커먼 기관과 비교하여 얼마나 효율적인지를 직접 경험하기 전까지는 고객들이 큰 투자를 결정하기 어려웠다. 볼턴은 이러한 문제를 해결하기 위해 '절약 비용 공유'라는 혁신적인 접근을 제안했다.

이 모델의 핵심은 성과 측정이었다. 볼턴은 증기기관이 설치된 후, 이전과 비교하여 얼마나 많은 석탄을 절약했는지를 정밀하게 측정했다. 이를

---

10) 성과 기반 로열티 모델(Performance-Based Royalty Model)이란 기술이나 지식재산권(IP) 사용에 대한 대가(로열티)를 사용자가 달성한 실제 성과나 이익에 연동하여 산정하는 계약 방식이다. 기존의 로열티 모델이 단순히 생산량, 판매량, 혹은 총 매출액에 비례하여 로열티를 부과했다면, 성과 기반 로열티 모델은 그보다 더 깊은 수익성과 효율성에 초점을 맞춘다.

위해 그는 특별한 계량 장치를 개발하고, 정기적인 검침 시스템을 도입했다. 이는 오늘날의 사용량 기반 과금과도 유사하다. 고객들은 실제로 절약한 만큼만 비용을 지불했고, 이는 투자 대비 수익률(ROI)을 명확하게 계산할 수 있게 해주었다.

이 수익 모델은 또한 위험 분산의 효과도 있었다. 기술의 성능이 예상만큼 나오지 않을 경우, 고객은 큰 손실을 보지 않았다. 반면 볼턴과 와트는 기술의 성능에 따라 수익이 결정되므로, 지속적인 기술 개선에 노력해야 했다. 기술 제공자와 고객이 함께 위험을 분담하고, 함께 이익을 공유하는 성과 기반 계약의 모델을 실행한 것이다.

이 비즈니스 모델은 시장 확산에 엄청난 효과를 가져왔다. 초기에는 로열티 모델을 도입한 소수의 선도 고객들이 있었지만, 그들의 성공 사례가 전파되자 더 많은 고객들이 관심을 보이기 시작했다. 특히 광산 업체들은 석탄 절감 효과를 즉시 체감할 수 있었고, 이는 입소문을 통해 빠르게 퍼졌다. 이는 케이스 스터디 마케팅과 비슷하고, 초기 사용자의 성공이 시장의 활로를 열어주는 방식이었다.

로열티 모델은 또한 지속적인 서비스 관계를 만들어냈다. 고객이 증기기관을 도입하면, 볼턴과 와트는 정기적인 유지보수와 수리 서비스를 제공했다. 이는 일종의 제품 판매가 아니라, 종합적인 솔루션 제공이었다. 고객들은 기술적 문제가 발생하면 즉시 지원을 받을 수 있었고, 이는 기술 채택의 걸림돌을 제거하는 데 도움이 되었다. 제품이 아니라 서비스를 판다는 개념이었다.

그러나 이 모델도 도전에 직면했다. 일부 고객들은 실제 절약량을 축소하려 했고, 로열티 지불을 회피하려 했다. 이를 해결하기 위해 볼턴은 정밀한 측정 시스템과 정기적인 검침을 도입했다. 또한 계약서에는 부정확한 보고에 대한 벌칙 조항을 포함시켰다. 신뢰 기반의 비즈니스 모델이지만, 적절한 통제 메커니즘이 필요했던 것이다.

로열티 모델의 성공은 투자 유인도 만들어냈다. 투자자들은 지속적인 현금흐름이 보장된 비즈니스 모델에 매력을 느꼈고, 볼턴과 와트의 사업에 투자하기를 꺼리지 않았다. 특히 특허 기간 동안은 독점적 지위가 보장되었으므로, 투자 위험이 상대적으로 낮았다. 오늘날에도 반복적 수익 모델이 투자자들에게 매력적인 이유는 동일하다.

이 모델은 또한 기술 확산의 속도를 높였다. 고객들이 초기 투자 부담 없이 기술을 도입할 수 있게 되자, 증기기관의 보급은 가속화되었다. 1780년대에 들어서면서, 영국 전역의 광산과 공장들이 증기기관을 도입하기 시작했다. 이는 네트워크 효과를 만들어냈고, 증기기관은 산업의 표준 동력원이 되었다. 사용자가 늘어날수록 가치가 증가하는 플랫폼 비즈니스와 같다.

이 수익 모델은 또한 지속적인 혁신을 촉진했다. 볼턴과 와트는 더 많은 로열티를 얻기 위해 기술을 지속적으로 개선해야 했다. 이는 고객과의 장기적 관계를 유지하고, 경쟁사와의 차별화를 위해 필요했다. 특히 그들은 증기기관의 효율성을 지속적으로 향상시켰고, 새로운 응용 분야를 개척했다. 이는 오늘날의 R&D 투자와도 유사하다. 지속적인 혁신이 경쟁력의 원천이 된다는 원리이다.

결국 로열티 모델은 일차적인 수익 구조를 넘어, 기술적 가치가 자본으로 치환되는 공학적 자본주의의 새로운 지평을 열었다. 그것은 기술자와 고객, 투자자 모두가 상생할 수 있는 모델을 제시했다. 오늘날의 구독 경제나 성과 기반 서비스는 이 모델의 현대적 변형이라 할 수 있다. 와트와 볼턴이 250년 전 제시한 이 모델은 여전히 기술 비즈니스의 황금률로 자리 잡고 있다.

1781년 가을, 와트는 자신의 작업대에 펼쳐진 도면을 바라보며 깊은 고민에 빠져 있었다. 문제는 증기기관이 직선 운동만을 생성한다는 것이었다. 비록 펌프를 작동시키는 데는 적합했지만, 제분소나 방직기처럼 회전운동이 필요한 기계에는 직접적으로 사용할 수 없었다. 이 문제점은 증기기관의 시장을 심각하게 위축시켰고, 와트는 이를 해결해야만 했다. 그는 증기기관을 펌프용이 아니라 아니라, 산업 전체의 동력원으로 만들고 싶었다.

그는 증기의 힘이 인간의 노동을 대체하고, 생산성을 극적으로 향상시킬 수 있다고 믿었다. 하지만 그것은 단지 광산의 배수 작업만이 아니라, 모든 산업 분야에 적용되어야 했다. 특히 방직 산업은 당시 영국의 주요 산업이었고, 수력 밀에 크게 의존하고 있었다. 수력은 계절적 변화와 지리적인 제약으로 한계가 있었다. 와트는 증기가 이러한 제약을 극복할 수 있는 해결책이 될 수 있다고 보았다.

문제 해결의 열쇠는 '회전 운동'이었다. 와트는 증기기관의 직선 운동을 회전 운동으로 변환하는 메커니즘을 고안해야 했다. 그는 여러 가지 방식을 시도했지만, 모두가 복잡하고 비효율적이었다. 특히 기존의 크랭크 방식은 이미 특허가 등록되어 있어 사용할 수 없었다. 와트는 완전히 새로운 접근이 필요했고, 이는 그의 창의성을 높은 수준으로 요구했다.

선 앤 플래닛 기어

1781년, 와트는 혁신적인 해결책을 찾아냈다. 바로 '선 앤 플래닛 기어' 메커니즘이었다. 이 장치는 증기기관의 피스톤 로드의 직선 운동을, 중앙의 '선 기어(Sun gear)'와 그 주위를 도는 '행성 기어(Planet gear)'를 통

해 회전 운동으로 자연스럽게 변환했다. 이 메커니즘은 간결하면서도 정교
했으며, 기존의 크랭크 방식을 압도하는 부드럽고 효율적인 회전 운동을
구현했다.

이 발명의 필요성은 즉시 인식되었다. 회전 운동이 가능해짐으로써, 증기
기관은 단순한 펌프용이 아니라, 모든 산업 기계의 동력원이 될 수 있었다.
제분소, 방직기, 제지기, 선박의 프로펠러까지도 증기기관으로 구동될 수
있었다. 이는 증기기관의 시장을 기하급수적으로 확장시켰다. 와트는 일차
원적인 기술적 문제를 해결한 것이 아니라, 산업 혁명의 범위를 확장시킨
것이었다.

하지만 기술적 성공과 함께 새로운 도전이 나타났다. 회전 운동을 가능하
게 하는 증기기관은 더 복잡하고, 정밀한 제조가 요구되었다. 특히 기어의
정밀도는 증기기관의 성능에 결정적인 영향을 미쳤다. 와트는 당시의 가공
기술로는 요구되는 수준의 정밀도를 달성하기 어려웠다. 이는 반도체 제조
나 정밀 공학이 없이는 AI 시스템의 하드웨어를 제작할 수 없는 것과 같은
혁신적인 도전이었다.

와트는 이러한 기술적 도전을 해결하기 위해 여러 방식으로 접근했다. 그
는 더 정밀한 측정 도구를 개발하고, 숙련된 기술자를 양성했다. 또한 표준
화된 부품 제작을 도입하여, 일관된 품질을 유지했다. 특히 그는 존 윌킨슨
[11]이라는 혁신적인 철공장주와 협력하여, 정밀한 실린더를 제작할 수 있는
기술을 개발했다. 와트는 혁신은 혼자서 이룰수 없고, 파트너십과 안정적
인 공급망 관리를 통해서 얻을 수 있다는 것을 터득했다.

회전 운동 가능성의 확보는 증기기관의 상업화에 결정적인 전환점이 되

---

11) 존 윌킨슨(John Wilkinson, 1728년~1808년)은 영국의 혁신적인 기업가이자 제철공장주,
　　기계 발명가이다. 그는 제임스 와트의 증기기관이 실제 산업 현장에서 사용될 수 있도록 만
　　든, 산업 혁명의 숨겨진 주역 중 한 명으로 평가받는다.

었다. 특히 방직 산업에서는 그 효과가 즉각적으로 나타났다. 증기기관을 동력원으로 하는 방직기는 24시간 중단 없이 작동할 수 있었고, 수력 밀보다 훨씬 높은 생산성을 자랑했다. 맨체스터와 같은 산업 도시들이 증기 기반 방직 공의 중심지로 부상한 것도 이 시기부터였다. 새로운 혁신 기술이 실리콘밸리와 같은 새로운 산업중심지를 창조한 것이다.

회전 운동의 또 다른 중요한 응용 분야는 교통이었다. 1780년대에 들어서면서, 증기기관을 이용한 선박 추진 시스템의 개발이 시작되었다. 증기선은 바람의 방향에 구애받지 않고, 일정한 속도로 운항할 수 있었다. 이는 해상 운송의 혁명이었고, 세계 무역의 패러다임을 바꾸었다. 특히 1807년, 로버트 풀턴의 클레어몬트호가 허드슨강을 증기로 왕복하는 데 성공하면서, 증기선의 상용화가 본격화되었다.

회전 운동은 또한 철도 혁명의 기초가 되었다. 1804년, 리처드 트레비식은 증기기관을 이용한 최초의 증기 기관차를 개발했다. 하지만 초기의 증기 기관차는 너무 무겁고 느려서 상용화에는 실패했다. 그러나 회전 운동의 가능성은 철도의 개념 자체를 바꾸었다. 증기기관은 더 이상 광산의 펌프용이 아니라, 수송 수단의 동력원이 될 수 있었다. 이는 1825년, 스톡턴과 다링턴 철도[12]의 개통으로 완성되었다.

회전 운동의 확산은 사회적 변화도 가져왔다. 증기기관이 가능한 응용 분야가 늘어남에 따라, 새로운 기술과 지식이 필요하게 되었다. 특히 기계 조작과 유지보수에 대한 교육이 필요했고, 이는 기술 교육의 발전을 촉진했다. 또한 증기기관의 운전자, 기사, 기술자와 같은 새로운 직업들이 등장했

---

12) 스톡턴과 달링턴 철도(Stockton and Darlington Railway, S&DR)는 1825년 9월 27일에 개통된 철도로, 세계 최초로 증기 기관차가 정기적으로 화물과 승객을 수송한 공공 철도이다. 이 철도의 개통은 앞서 언급된 리처드 트레비식의 기술 개발과 제임스 와트의 증기기관 개량 노력이 실질적인 운송 혁명으로 완성된 상징적인 사건이다.

다. 기술은 기존 일자리를 없애기도 하지만, 새로운 일자리를 창조하기도 한다.

하지만 회전 운동의 확산은 저항도 불러일으켰다. 기존의 수력 밀 운영자들과 수송업자들은 증기기관을 위협으로 보았다. 특히 운하 업자들과 마차 업자들은 증기선과 철도가 자신들의 생계를 위협한다고 보았다. 그들은 때로는 폭력적인 방식으로 증기기관의 도입을 저지하려 했다. 새로운 기술은 항상 기존 질서의 변화를 수반하며, 그 과정에서는 필연적으로 갈등이 발생한다.

와트의 회전 운동 발명은 점진적인 기술적 개선의 차원을 넘어, 문명의 패러다임을 송두리째 바꾼 혁신이었다. 그것은 증기의 힘이 단지 물을 올리는 데만 그치지 않고, 모든 형태의 동작을 생성할 수 있음을 보여주었다. 이는 인류가 자연의 힘에 의존하는 것에서 벗어나, 인공의 힘을 만들어내는 시대를 열었다. 오늘날 우리가 AI와 로봇 기술을 통해 인간의 지능과 신체 능력을 확장하려는 시도와도 일맥상통한다.

[출처_wikipedia.org]

존 로크
(John Locke, 1632~1704)

"Being all equal and independent,
no one ought to harm another
in his life, health, liberty, or possessions."

"모두가 평등하고 독립적이기 때문에,
그 누구도 다른 사람의 생명, 건강, 자유, 재산을 해치지 않아야 한다."

제3장

제임스 와트의
예지와 실행

AI Telling

와트와 계몽주의 철학자들과의 가상의 대화는 우리에게 기술 혁신은 피상적인 기술적 진보가 아니라, 인간과 사회, 자연과의 관계에 대한 깊은 성찰이 필요하다는 것을 보여준다. AGI 시대를 살아갈 우리에게도 여전히 공감이 가는 메시지이다. AI는 인간을 돕는 하나의 도구가 아니라, 인간의 능력을 확장하고 삶의 질을 향상시키는 파트너가 되어야 한다.

1764년 여름, 글래스고의 작은 교회에서 제임스 와트는 마젤렌 러스틴과 결혼을 약속하며, 삶의 커다란 전기를 맞이했다. 마젤렌은 와트와는 상반된 성격이었다. 그녀는 명랑하고 사교적이며, 어려운 상황에서도 긍정적인 에너지를 잃지 않았다. 이 결혼은 세속적인 두 사람의 결합이 아니라, 와트의 인생의 균형을 되찾는 견고한 토대가 되었다. 마젤렌은 와트가 우울증에 빠질 때마다 그를 일으켜 세우는 등대와 같은 존재였다.

와트의 가정 생활은 그의 기술적 업적 못지않게 인상적이다. 그는 마젤렌과 결혼하여, 세 자녀를 두었다. 첫 아들 제임스는 1769년에 태어났고, 이후 그레고리와 제시가 뒤를 이었다. 특히 그레고리는 아버지를 닮아 기술적 재능을 보여주었고, 와트는 이를 매우 기뻐했다. 와트는 가족과 함께하는 시간을 매우 소중히 여겼고, 가능한 한 많은 시간을 가족과 지내려고 노력했다. 이는 많은 천재들이 가족 관계를 소홀히 하는 경우와는 대조적이었다.

마젤렌의 역할은 특히 중요했다. 그녀는 와트가 기술 개발에 몰두하면서 건강을 해칠 때마다 그를 돌보았다. 특히 와트가 우울증에 시달릴 때, 마젤렌은 그를 위로하고 격려하는 데 큰 역할을 했다. "당신은 위대한 발명가입니다. 하지만 그보다 중요한 것은, 당신은 훌륭한 남편이자 아버지라는 것입니다." 마젤렌의 이 말은 와트에게 큰 힘이 되었다. 그는 자신의 발명이 가족을 위한 것이라는 것을 잊지 않으려고 노력했다.

하지만 와트의 가정 생활도 순탄치만은 않았다. 1773년, 그의 첫 아들 제임스가 4세의 나이로 세상을 떠났다. 이는 와트에게 엄청난 충격이었다. 그는 몇 달 동안 아무 일도 하지 못하고, 깊은 슬픔에 빠졌다. "나는 모든 것이 무의미하다고 느꼈다. 내가 만든 기계들이 무슨 소용이 있는가, 내 아들을 살려주지 못하는데." 이 시기는 와트의 인생에서 가장 어두운 시기 중 하나였다. 하지만 이러한 고통 속에서도 그는 점차적으로 일상으로 돌아왔고, 그의 발명은 더욱 인간 중심적으로 변화했다.

와트는 자녀들의 교육에도 매우 신경을 썼다. 특히 그레고리에게는 수학과 물리학을 직접 가르쳤고, 기술적 재능을 키워주려고 노력했다. 그는 보통의 지식 전달이 아니라, 사고하는 방법을 가르쳤다. "중요한 것은 정답을 아는 것이 아니라, 올바른 질문을 하는 방법을 아는 것이다." 이는 와트의 교육 철학이기도 했다. 그는 자녀들이 일차적인 기술을 따라하는 것이 아니라, 스스로 생각하고 문제를 해결할 수 있기를 바랐다.

와트의 우정도 그의 인간적인 면모를 보여주었다. 그는 매튜 볼턴과의 파트너십을 넘어서, 진정한 우정을 쌓았다. 두 사람은 25년 넘게 함께 일하면서도, 한 번도 큰 다툼을 벌인 적이 없었다. 그들은 서로의 장단점을 이해하고 보완해주려고 노력했다.

특히 볼턴은 와트가 우울증에 빠질 때마다 그를 일으켜 세우는 역할을 했다. "우리는 서로의 약점을 보완하고, 강점을 극대화하는 파트너입니다." 이는 일상의 사업 관계를 넘어서는, 진정한 동반자 관계였다.

그는 또한 루나르 소사이어티를 통해 많은 지적인 우정을 쌓았다. 조지프 프리스틀리, 에라스무스 다윈, 조지아 클레멘트 등과의 교유는 사교적인 관계를 넘어섰다. 그들은 서로의 아이디어를 비판적으로 검토하고, 함께 프로젝트를 진행하기도 했다. 특히 프리스틀리[1]와는 증기의 성질에 대해 깊이 토론하면서, 서로의 이해를 높였다. 이러한 지적인 교류는 와트의

---

1) 조지프 프리스틀리(Joseph Priestley, 1733년~1804년)는 영국의 화학자, 성직자, 신학자, 교육학자, 정치학자 등 여러 분야에 걸쳐 활동한 다재다능한 인물이다. 스스로는 과학자보다는 성직자로 생각했지만, 과학사에 길이 남을 혁혁한 공로를 세웠다.

기술적 발전에도 큰 영향을 미쳤다.

와트는 후배 기술자들에게도 관대했다. 그는 자신의 기술과 지식을 아끼지 않고 전수했고, 그들의 성공을 진심으로 기뻐했다. 특히 그는 젊은 기술자들에게 "실패를 두려워하지 마라. 실패는 성공의 어머니"라고 말하곤 했다. 이는 와트 자신도 수많은 실패를 겪으면서 성공에 이르렀다는 경험에서 나온 조언이었다. 그는 후배들이 자신의 발자취를 따르기보다는, 자신만의 길을 개척하기를 바랐다.

와트의 인간적인 면모는 그가 남긴 기술적 유산을 더욱 값지게 만들었다. 그는 1800년대에 접어들면서 점차적으로 공적 생활에서 물러났지만, 사회적 기여는 계속했다. 그는 지역 교육 기관에 자금을 지원했고, 과학 연구소 설립에도 참여했다. 특히 그는 기술 교육의 중요성을 강조했고, 이는 나중에 공학 교육의 발전에도 영향을 미쳤다. 와트는 자신의 발명이 형식적인 기술적 성과가 아니라, 사회 전체의 발전에 기여해야 한다고 믿었다.

결국 와트의 가족과 우정은 그를 더욱 인간적으로 만들었고, 그의 발명을 더욱 인간 중심적으로 만들었다. 그는 기술이 인간의 삶을 풍요롭게 해야 한다는 것을 가족과의 경험을 통해 깊이 이해했다. 기술은 결국 사람을 위한 것이며, 그것이 사람과의 관계 속에서 더욱 의미 있게 된다는 것이다.

>>> 우울증과 천재성, 내면의 고투

1767년 겨울, 제임스 와트는 다시 한번 불면증에 시달리고 있었다. 그의 작업실에는 아직도 밤새 켜져 있는 촛불이 넘쳐나는 연기를 내뿜고 있었고, 바닥에는 수십 장의 도면이 흩어져 있었다.

와트의 눈은 붉게 충혈되어 있었고, 그의 표정은 극도의 피로와 고통으로

일그러져 있었다. 이는 일시적인 과로가 아니었다. 와트는 또 한 번의 우울증 발작에 시달리고 있었고, 그 고통은 그의 천재성과 함께 늘상 동행하는 어두운 그림자였다.

와트의 우울증은 처음으로 나타난 것이 아니었다. 1756년, 그가 20대 초반일 때부터 그는 주기적인 우울증과 불안증을 겪어왔다. 당시의 의학으로는 그 원인을 정확히 파악할 수 없었지만, 오늘날 우리는 그것을 '조울증' 또는 '양극성 장애'로 이해할 수 있다.

와트는 특별한 계기 없이 갑자기 깊은 무기력감과 슬픔에 빠졌다가, 또한 급격한 활력과 창의성의 폭풍을 경험했다. 이러한 정서의 극단적 진폭은 그의 발명에 영감을 주기도 했지만, 동시에 그의 삶을 파탄으로 몰아넣을 위험도 항상 내포하고 있었다.

와트의 우울증은 그의 성격과도 깊이 연결되어 있었다. 그는 극도로 내성적이고 완벽주의적인 성격이었으며, 사소한 실수에도 과도한 자책을 하곤 했다. 특허 출원 과정에서 법적 분쟁이 생기거나, 기술적 문제가 해결되지 않을 때, 그는 몇 주일이나 방에 틀어박혀 아무것도 하지 못하는 상태에 빠지곤 했다.

그의 아내 마젤렌은 그런 그를 돌보며 쓴 소리를 했다. "증기기관을 고치기 전에, 당신 자신의 기관을 먼저 고치세요." 하지만 이러한 우울증의 시기가 지나면, 와트는 마치 전기가 통한 듯이 급격한 활력을 되찾았다.

특히 흥미로운 점은 와트의 우울증이 그의 창의성과도 연관되어 있다는 것이다. 심리학자들은 종종 우울증이 창의적인 사고에 기여할 수 있다고 말한다. 우울한 상태에서 사람들은 현실의 한계를 더 깊이 성찰하고, 새로운 해결책을 모색하게 된다.

와트의 경우도 마찬가지였다. 그는 우울증의 한가운데서도 끊임없이 증기기관의 문제를 머릿속으로 반복해서 생각했다. 그 과정에서 그는 종종 돌파구를 찾아냈다. 특히 분리 응축기의 아이디어도, 그가 깊은 슬픔에 빠져 있을 때 떠올랐다.

와트의 우울증은 그의 가족과 친구들에게도 영향을 미쳤다. 그는 사교 모임을 피했고, 심지어 가까운 친구들과도 연락을 끊는 경우가 있었다. 볼턴은 이러한 그를 이해하려고 노력했지만, 때로는 답답함을 느끼기도 했다.

"와트, 당신은 천재입니다. 하지만 천재도 사람입니다. 당신이 완벽주의자가 되면, 그것은 당신을 파괴할 것입니다." 볼턴의 이 조언은 와트에게 자극이 되었다. 실제로 와트는 나중에 자신의 완벽주의를 조금씩 내려놓으며, 더 현실적인 접근을 시도하게 된다.

와트의 우울증은 그의 발명에도 영향을 미쳤다. 그는 때로는 지나치게 세부적인 것에 집착하여, 전체적인 효율성을 놓치는 경우가 있었다. 예를 들어, 증기기관의 한 나사 하나에도 수 시간을 할애하는 경우가 있었다. 그러나 이러한 완벽주의도 동시에 그의 발명을 더 정밀하고 신뢰할 수 있게 만들었다. 와트의 증기기관은 당시의 다른 기계들보다 훨씬 정밀하고 오래가는 이유 중 하나가 그의 이러한 성격 때문이었다.

의학적으로 보면, 와트의 증상들은 현대의 '고기능성 우울증'과 유사하다. 그는 우울증을 겪으면서도 놀라운 창의적 성과를 낼 수 있었다. 이는 많은 천재들이 경험하는 현상이다. 예를 들어, 아이작 뉴턴, 찰스 다윈, 빈센트 반 고흐 등도 비슷한 정신적 고통을 겪었으면서도 위대한 업적을 남겼다. 이는 정신적 고통이 창의성의 원천이 될 수 있음을 보여준다. 하지만 중요한 것은 그러한 고통을 어떻게 다스리고, 긍정적인 방향으로 전환하는가이다.

와트는 자신의 우울증을 다스리기 위해 여러 방법을 시도했다. 그는 음악

을 듣고, 자연을 산책하며, 때로는 친구들과의 대화를 통해 마음을 달랬다. 특히 그는 글을 쓰는 것으로 자신의 감정을 표현하려고 노력했다. 그가 남긴 일기와 편지들은 그의 내면의 고통과 싸우는 모습을 잘 보여준다. "나는 때로는 내 자신의 그림자조차도 두려워한다. 하지만 그 그림자가 나를 더 강하게 만들어준다는 것을 안다." 이는 와트가 자신의 어두운 면을 인정하고, 그것과 공존하려고 노력했음을 보여준다.

오늘날 우리는 와트의 이러한 경험을 통해 많은 것을 배울 수 있다. 첫째, 천재성과 정신적 고통은 종종 동전의 양면과 같다는 것이다. 둘째, 중요한 것은 그러한 고통을 어떻게 다스리고, 창의적인 방향으로 전환하는가이다. 셋째, 우울증이나 불안증은 치료가 필요한 질환이지, 개인의 약점이 아니라는 것이다.

와트의 경우도 마찬가지였다. 그가 천재적 발명가였던 것은 그의 정신적 고통을 무시할 수 있다는 의미가 아니다. 오히려 그는 자신의 고통을 인정하고, 그것과 함께 살아가는 방법을 배워야 했다. 그리고 그 과정에서 그는 더욱 인간적이고, 동시에 더욱 위대한 발명가가 되었다.

오늘날의 기술자들과 연구자들도 비슷한 압박감과 불안감, 우울증을 경험할 수 있다. 특히 AI가 인간의 능력을 대체할 수 있다는 위협은 많은 사람들에게 정신적 스트레스를 준다. 고통이 창의성의 원천이 될 수 있다는 와트의 경험은 우리에게 깊은 통찰을 안겨준다. 중요한 점은 그 고통을 어떻게 다스려 긍정적인 변화의 씨앗으로 삼을 것인가에 있다.

>>> 환경과 윤리, 증기기관의 두 얼굴

1785년 봄, 맨체스터의 공장 지대에서 제임스 와트는 자신의 증기기관이 설치된 공장을 둘러보며 복잡한 심경을 가지고 있었다. 한편으로는 그의 발명이 산업의 효율성을 극적으로 향상시켰다는 자부심이 있었지만, 다른 한편으로는 공장 굴뚝에서 검은 연기가 뿜어져 나오는 모습을 보며 불편한 기분을 느끼고 있었다. 이는 증기기관의 두 얼굴 즉 인류의 진보와 환경의 파괴를 상징하는 장면이었다.

증기기관의 환경적 영향은 초기부터 예견되었다. 와트 자신도 석탄 연소가 대기에 미칠 영향을 우려했고, 더 효율적인 연료 사용을 통해 자원 낭비를 줄이려고 노력했다. 그의 분리 응축기의 개발도 수단적인 기술적 혁신이 아니라, 에너지 효율성 향상을 통한 자원 절약을 목표로 했다.

18세기의 시점에서 와트는 이미 기술의 환경적 영향을 인식하고 있었던 것이다. "우리는 미래 세대를 위해 자연을 보호해야 한다"는 그의 말은 오늘날의 지속가능한 개발 개념과도 일맥상통한다.

하지만 증기기관의 대규모 보급은 예상보다 빠르게 이루어졌고, 그에 따른 환경적 파장도 커졌다. 특히 석탄 소비량은 기하급수적으로 증가했고, 이는 대기 오염과 산성비를 유발했다. 19세기 초반의 런던은 '스모그(Smog) 도시'로 불렸는데, 이 안개의 상당 부분은 석탄 연소에서 비롯된 공해였다. 이는 마치 오늘날의 베이징이나 인도 델리의 미세먼지 문제와도 유사하다. 기술의 혜택을 누리면서도, 그에 따른 환경적 대가를 치르고 있는 것이다.

와트는 이러한 환경적 문제에 대해 여러 해결책을 모색했다. 그는 더 효율적인 보일러 설계를 통해 연료 소비를 줄이려 했고, 연소 과정에서의 폐기물 처리를 개선하는 방법을 연구했다. 특히 그는 증기기관의 폐열을 활용하여 건물 난방이나 온실 가열에 사용하는 시스템을 고안했다. 이는 오늘날의 '폐열 활용'이나 '순환 경제' 개념과도 비슷하다.

석탄 채굴의 환경적 영향도 심각한 문제였다. 광산이 점점 더 깊어지면서, 지하수 오염과 토양 침식이 발생했다. 특히 산림 벌채는 석탄 채굴과 운송을 위해 이루어졌고, 이는 생태계 파괴로 이어졌다. 기술적 한계로 인해 근본적 해결책을 내놓지 못했던 와트의 상황은 오늘날 현대 기술진들이 직면한 난제와 닮아 있다. 이는 혁신의 속도와 생태적 책임 사이에서 '지속 가능한 접점'을 찾아내야 하는 시대적 과제를 우리에게 던져준다.

와트는 또한 증기기관이 가져온 사회적 변화에 대해서도 깊이 고민했다. 공장 시스템의 도입은 전통적인 공동체 구조를 파괴했고, 도시와 농촌의 격차를 더욱 심화시켰다. 특히 노동자들의 삶의 질은 열악한 공장 환경으로 인해 저하되었다.

와트는 이러한 사회적 불평등을 우려했고, 더 나은 노동 환경을 위한 방안을 모색했다. 그는 공장의 통풍 개선, 안전 장치 도입, 적절한 작업 시간 제한 등을 제안했다. 이는 오늘날의 기업 사회적 책임(CSR)과도 연결된다.

증기기관의 윤리적 문제도 제기되었다. 기술이 인간의 노동을 대체하면서, 많은 장인들과 농부들이 일자리를 잃었다. 이는 '러다이트 운동'과 같은 저항 운동으로 이어졌고, 사회적 갈등을 야기했다. 와트는 이러한 상황을 매우 안타까워했다.

기술이 인간을 위협하는 것이 아니라 도와야 한다고 믿었다. 그는 증기기관이 "인간의 노동을 덜어주고, 더 나은 삶의 질을 제공해야 한다"고 강조했다. 이는 AI와 자동화에 대한 윤리적 논의와도 맥락을 같이 한다.

환경적 측면에서 와트의 고민은 현재의 친환경 기술 개발과도 연결된다. 그는 증기기관의 연료로서 석탄 대신, 목재나 다른 재생 가능한 에너지원을 고려하기도 했다. 특히 그는 태양열이나 지열과 같은 자연 에너지의 가능성을 연구했다. 비록 당시의 기술로는 실현이 어려웠지만, 그의 이러한 시도는 현재의 재생 가능 에너지 개발에도 영향을 주었다. 와트는 이미 250년 전에 지속가능한 에너지의 필요성을 인식하고 있었던 것이다.

와트는 또한 증기기관의 미래에 대해서도 관심을 가졌다. 그는 미래에는 더 효율적이고 깨끗한 에너지원이 개발될 것이라고 믿었다. 특히 그는 전기의 가능성에 주목했고, "증기는 우리 시대의 왕이지만, 미래는 전기의 시대가 될 것"이라고 예측했다. 이는 19세기 말의 전기 혁명을 예견한 것으로, 그의 통찰력을 보여준다. 와트는 기술의 발전이 환경적 제약을 고려해야 한다는 것을 이해하고 있었다.

결국 와트의 환경과 윤리에 대한 치열한 고뇌는 오늘날의 지속가능한 기술 기술 개발에서도 같은 상황이다. 그는 기술 혁신이 일차적인 효율성의 향상이 아니라, 사회와 환경에 대한 책임을 포함해야 한다고 믿었다. 이는 현재의 ESG(환경, 사회, 지배구조) 경영이나 지속가능한 개발 목표(SDGs: Sustainable Development Goals)와도 일맥상통한다.

와트의 증기기관은 인류의 역사를 변화시켰지만, 동시에 환경적 도전도 제시했다. 기술의 혜택을 최대화하면서도, 그에 따른 환경적, 사회적 비용을 최소화하는 방법을 찾아야 한다. 와트가 250년 전 보여준 성찰은 여전히 우리에게 필요한 과제이다.

>>> 계몽주의 철학자들과의 가상 대화

1784년 봄, 글래스고 대학의 도서관에서 제임스 와트는 철학 서적을 펼치고 깊은 사색에 빠져 있었다. 그는 증기기관의 기술적 완성에 대한 만족감과 함께, 이 기술이 인류에게 어떤 영향을 미칠 것인가에 대한 깊은 고민을 하고 있었다.

　바로 그때, 당대 최고의 지성이었던 철학자 임마누엘 칸트의 계몽주의 사상 속으로 빨려들어갔다. "기술의 진보는 인간의 도덕적 성숙으로 이어져야 한다." 와트는 문득 칸트와 마주 앉은 자신을 그려보았다. 뜨거운 증기의 압력과 서늘한 이성의 논리가 만나는 상상의 지평으로 그의 의식이 서서히 잦아들었다.

[가상 대화: 제임스 와트와 임마누엘 칸트]

와트: "칸트 선생님, 저는 증기로 만든 기계를 통해 인간의 노동을 줄이고 생산성을 높이고 있습니다. 이는 인류의 진보에 기여하는 일이라고 봅니다."

칸트: "와트 씨, 기술적 진보는 분명히 가치가 있습니다. 하지만 중요한 것은 그 기술이 인간을 어떻게 대우하는가입니다. 인간을 일차적인 수단으로 만드는 것은 아닌가요?"

와트: "그런 우려도 있습니다. 하지만 저는 증기기관이 인간을 노예로 만드는 것이 아니라, 인간을 육체적 노동의 굴레에서 해방시켜 더 창의적인 일에 집중할 수 있게 있게 하고 있습니다."

칸트: "그것은 훌륭한 목표입니다. 기술은 인간을 '목적 자체'로 대우해야 합니다. 인간의 존엄성을 지키면서 기술을 발전시키는 것이 진정한 진보입니다."

　이 대화는 와트가 일반 기술자가 아니라, 기술의 철학적 의미를 고민했음을 보여준다. 그는 증기기관이 인간의 삶의 질을 향상시키는 데 사용되어야 한다고 믿었다. AI가 인간을 대체하는 것이 아니라, 인간의 능력을 확장하는 수단이 되어야 한다는 원리와 같다.

[가상 대화: 제임스 와트와 장자크 루소]

루소: "와트 씨, 당신의 기계는 거스를 수 없는 자연의 섭리를 뒤흔들고 있
습니다. 인간은 자연과 조화를 이루며 살아가야 합니다."

**와트: "루소 선생님, 저는 오히려 증기기관이 인간이 자연을 더 효율적으로
이용할 수 있게 해준다고 봅니다. 더 적은 자원으로 더 많은 것을 생
산할 수 있습니다."**

루소: "하지만 그런 효율성은 인간을 더욱 탐욕스럽게 만들지 않을까요? 필
요 이상의 것을 원하게 되고, 결국 자연을 더 크게 파괴할 것입니다."

**와트: "그런 위험성도 인정합니다. 하지만 저는 기술이 올바르게 사용된다
면, 인간이 자연을 해치지 않고도 풍요로운 삶을 영위할 수 있다고 믿
습니다."**

이 대화는 기술 발전과 환경 보호 사이의 대립각을 보여준다. 루소의 우
려는 오늘날의 지속가능성에 대한 논의와도 연결된다. 와트도 증기기관이
환경에 미칠 영향을 고려했고, 더 효율적인 연료 사용을 통해 자원 절약을
추구했다.

[가상 대화: 제임스 와트와 존 로크]

로크: "와트 씨, 당신의 발명은 인간의 이성을 더욱 빛나게 해줄 것입니다.
기술은 인간의 지적 능력을 확장하는 도구가 되어야 합니다."

**와트: "그것이 저의 목표입니다. 증기기관은 인간이 육체적 노동에서 벗어
나 더 많은 시간을 사고와 창조에 할애할 수 있게 해줄 것입니다."**

로크: "그렇다면 중요한 것은 그 추가적인 시간을 어떻게 사용하는가입니
다. 기술이 인간을 게으르게 만든다면 그것은 진정한 진보가 아닙니

다."

와트: **"맞습니다. 저는 교육의 기회가 더 많아질 것이라고 봅니다. 기술이 더 많은 사람들이 지식을 습득하고 이성을 개발할 수 있게 해주길 바랍니다."**

이 대화는 기술이 인간의 지적 발전에 어떻게 기여할 수 있는가를 보여준다. 와트는 증기기관이 비단 생산성을 높이는 것뿐만 아니라, 인간의 정신적 발전에도 기여할 수 있다고 믿었다. 이는 AI가 인간의 인지적 능력을 확장하려는 시도와도 연결된다.

[가상 대화: 제임스 와트와 볼테르]

볼테르: "와트 씨, 당신의 기계는 인류의 이성을 빛나게 할 것입니다. 우리는 미신과 무지에서 벗어나 과학의 힘으로 진보할 수 있습니다."

와트: **"그것이 저의 신념입니다. 과학과 기술은 인간이 자연의 법칙을 이해하고 그 지식을 활용하게 해줍니다."**

볼테르: "하지만 우리는 항상 비판적이어야 합니다. 기술의 힘은 위대하지만, 그 힘이 올바르게 사용되는지 지속적으로 질문해야 합니다."

와트: **"동의합니다. 저도 제 발명이 어떻게 사용되는지 항상 주시하고 있습니다. 기술은 인간을 위한 것이지, 인간을 지배하기 위한 것이 아닙니다."**

이 대화는 계몽주의의 핵심 원리인 비판적 사고를 보여준다. 와트도 기술에 대한 비판적 접근을 중요시했고, 자신의 발명이 사회에 미칠 영향을 지속적으로 성찰했다.

[가상 대화: 제임스 와트와 데이비드 흄]

흄: "와트 씨, 당신의 경험은 인간의 이성이 얼마나 강력한지를 보여줍니다. 하지만 우리는 경험으로부터 배워야 합니다."

와트: "맞습니다. 저도 수많은 실험과 실패를 통해 증기기관을 개선할 수 있었습니다. 실패는 성공으로 가는 필수적인 과정입니다."

흄: "그렇다면 중요한 것은 그 경험을 어떻게 일반화하는가입니다. 당신의 발명은 보통의 기계가 아니라, 인간이 자연을 이해하고 조작하는 방법을 보여줍니다."

와트: "그것이 과학의 힘입니다. 우리는 관찰과 실험을 통해 자연의 법칙을 발견하고, 그 지식을 활용하여 인간의 삶을 개선할 수 있습니다."

이 대화는 경험주의 철학과 과학적 방법의 중요성을 강조한다. 와트는 자신의 발명이 우연이 아니라, 체계적인 과학적 접근의 결과임을 이해하고 있었다.

[AGI 시대와의 연결]

이러한 가상 대화는 AGI 시대를 살아갈 우리에게도 중요한 통찰을 제공한다. 오늘날 우리도 AI가 인간의 노동을 대체하고, 생산성을 높이는 동시에, 인간의 존엄성과 자연과의 조화, 지적 발전을 어떻게 보장할 것인가를 연구하고 있다. 와트가 증기기관을 통해 고민했던 것과 같은 명문명답이다.

특히 칸트의 "인간을 목적 자체로"라는 말은 오늘날의 AI 윤리 원칙과도 일치한다. AI는 인간을 돕는 일반 도구가 아니라, 인간의 능력을 확장하고 삶의 질을 향상시키는 파트너가 되어야 한다는 것이다.

루소의 환경에 대한 우려도 현재의 지속가능한 AI 개발과도 연결된다. 오늘날 우리는 AI가 전력 소모와 자원 사용에 미칠 영향을 고민하고 있으며, 친환경적 AI 개발을 추구하고 있다.

결국 와트와 계몽주의 철학자들의 대화는 우리에게 기술 혁신은 피상적인 기술적 진보가 아니라, 인간과 사회, 자연과의 관계에 대한 깊은 성찰이 필요하다는 것을 보여준다.

제임스 와트의 증기기관 원리

"A wise man
proportions his belief to the evidence."

"현명한 사람은 자신의 믿음을 증거에 비례하게 조절한다."

[출처_wikipedia.org]

데이비드 흄
(David Hume, 1711-1776)

제4장

제1차 산업혁명의
영향과 교훈

AI Telling

우리는 지금 새로운 문명의 문턱에 서 있다. AGI는 증기기관보다 훨씬 더 강력한 힘이 될 것이다. 하지만 제임스 와트가 250년 전 우리에게 전한 "기술은 도구일 뿐이며, 중요한 것은 그 도구를 사용하는 인간의 마음이다."라는 메시지는 생생한 울림으로 다가온다. 우리는 와트의 지혜를 기억하면서, 더 나은 미래를 향해 나아가야 한다. 그것이 진정한 혁명가의 유산이다.

18세기 말, 제임스 와트의 특허 전쟁은 법적 다툼을 넘어서서, 기술 혁신과 지적재산권의 본질에 대한 깊은 질문을 던졌다. 특히 AI가 생성한 아이디어의 특허권, 기술 독점과 사회적 이익의 균형, 국제적 특허 전쟁 등은 여전히 풀어야 할 숙제이다.

와트가 겪은 특허 등록의 어려움은 오늘날에도 별반 다르지 않다. 1769년, 와트는 특허를 얻기 위해 수개월간 런던에 머물며, 수십 개의 관청을 방문해야 했다. 현재 화폐가치로 수억 원에 달하는 비용이 필요했고, 부정한 관리들에게 뇌물을 주어야 하는 환경이었다.

오늘날의 특허 시스템은 더욱 복잡해졌다. 국제 특허 출원(PCT)은 수천만 원의 비용이 들며, 법적 공방은 수년이 걸릴 수 있다. 특히 AGI와 관련된 특허는 기술의 복잡성과 법적, 윤리적 이슈로 인해 더욱 복잡해지고 있다.

와트의 특허 전략은 현대의 스타트업들에게도 소중한 지침을 준다. 그는 일단계 방어적 특허에만 머무르지 않고, 지속적인 혁신을 통해 특허 포트폴리오를 구축했다. 특히 1781년의 '선과 행성 기어' 특허는 증기기관의 응용 분야를 크게 확장시켰다. 이는 구글, 애플, 삼성 같은 대기업들이 수천 개의 특허를 보유하는 전략과도 같다. 특허는 권리가 아니라, 비즈니스 전략의 핵심 도구가 되었다.

하지만 와트의 특허 경험은 특허 제도의 악용 가능성도 보여준다. 그는 25년간의 독점권을 통해 막대한 이익을 얻었지만, 동시에 기술 발전의 속도를 늦췄다는 비판도 받았다. 1800년, 특허가 만료되자 즉시 수십 개의 경쟁사들이 등장했고, 증기기관 기술은 급속도로 발전했다. 특허를 보유하기만 하고 실제로 활용하지 않으면서, 다른 기업의 혁신을 저해하는 특허 트롤(Patent Troll)[1] 문제가 발생하고 있다.

AI 시대의 특허 제도는 더욱 복잡한 도전에 직면하고 있다. 첫째, AI가 생성한 아이디어의 특허권은 누구에게 있는가 하는 문제이다. 2020년, 미국 특허청은 AI를 발명자로 인정하지 않는다는 결정을 내렸다. 하지만 AI가 인간의 협력 하에 생성한 아이디어는 어떻게 처리해야 하는가? 이는 와트가 존 로벅과의 협력에서 겪은 문제와도 유사하다. 협업적 발명의 권리 귀속은 여전히 복잡한 법적 이슈이다.

둘째, AGI 기술의 특허는 너무 광범위해질 위험이 있다. 예를 들어, '신경망 기반의 문제 해결 방법'과 같은 광범위한 특허는 AI 전체 산업의 발전을 저해할 수 있다. 이는 와트의 특허가 초기에는 너무 광범위하다는 비판을 받은 것과도 유사하다. 현대의 특허 제도는 더욱 구체적이고, 진보적인 기술적 요소를 요구하고 있다.

셋째, 국제적 특허 전쟁은 더욱 치열해지고 있다. 미국과 중국의 AI 특허 경쟁은 새로운 극한 전쟁 양상을 보이고 있다. 2023년 기준, 중국은 AI 관련 특허 출원에서 미국을 추월했지만, 품질과 실효성 측면에서 여전히 미국이 앞서고 있다. 이는 18세기 영국과 프랑스, 독일간의 산업 스파이와 특허 경쟁과도 비슷하다. 기술 패권을 둘러싼 국제적 경쟁은 여전히 치열하다.

와트의 경험은 또한 특허와 오픈 이노베이션의 균형을 강조한다. 그는 특허를 통해 자신의 혁신을 보호했지만, 동시에 루나르 소사이어티를 통해

---

1) 특허 트롤(Patent Troll)은 특허를 실제로 활용하거나 제품을 생산하지 않고, 오직 특허 소송을 통해 로열티나 합의금을 얻어내는 것을 주요 목적으로 하는 개인이나 기업을 말한다. 특허 트롤 문제는 단순한 법적 분쟁을 넘어서, 기술 혁신과 경제 발전을 심각하게 저해하는 구조적 문제이다. 이는 단순히 기술 기업만의 문제가 아니라, 전체 혁신 생태계에 대한 위협이다.

지식을 공유했다. 오늘날의 기술 기업들도 이와 같은 균형을 추구하고 있다. 예를 들어, 구글은 TensorFlow[2]를 오픈소스로 공개하면서도, 핵심 기술은 특허로 보호하고 있다. 테슬라도 2014년에 특허를 개방하겠다고 선언했지만, 실제로는 핵심 기술은 여전히 보호하고 있다.

와트의 로열티 모델도 현대적 변형을 통해 살아있다. 오늘날의 SaaS나 PaaS[3]는 와트의 '절약 비용 공유' 모델이라 할 수 있다. 고객은 초기 투자 없이 기술을 사용하고, 성과에 따라 비용을 지불한다. 이는 특허를 보유한 기업에게는 지속적인 수익을, 고객에게는 낮은 진입 장벽을 제공한다.

결국 와트의 특허 경험은 "특허 제도는 기술 혁신을 보호하는 동시에, 그것이 사회 전체의 이익에 부합하도록 균형을 맞춰야 한다"는 것이다. AGI 시대의 특허 제도는 더욱 신중하고, 윤리적이며, 국제적으로 조화를 이루어야 할 것이다. 이는 하나의 법적 문제가 아니라, 문명 전체의 방향성에 대한 요인이다.

>>> 기술 윤리와 인간 중심적 혁신

1790년대, 소호 공장의 늦은 밤에 제임스 와트는 자신의 작업일지에 다음과 같이 썼다. "오늘 하루 동안 우리는 5대의 증기기관을 제작했다. 이들은 광산의 배수를 위해 사용될 것이다. 하지만 나는 항상 이런 의문을 떨치

---

2) TensorFlow는 구글이 2015년 11월 오픈소스로 공개한 기계학습(ML) 및 딥러닝 프레임워크이다. 파이썬, C++, 자바 등 다양한 언어를 지원하며, 연구부터 생산 환경까지 확장 가능한 엔드투엔드(end-to-end) 플랫폼이다.

3) SaaS(Software as a Service)나 PaaS(Platform as a Service)는 클라우드 컴퓨팅 서비스의 한 유형으로, 애플리케이션 개발과 배포에 필요한 하드웨어 및 소프트웨어 환경(플랫폼)을 인터넷을 통해 서비스로 제공하는 모델이다. 개발자들이 서버, 운영체제(OS), 스토리지, 데이터베이스, 네트워크 등 복잡한 인프라를 직접 관리할 필요 없이 오직 애플리케이션 코드 개발 및 배포에만 집중할 수 있도록 해주는 환경이다.

지 못한다. 우리가 만든 기계가 인간의 노동을 대체한다는 것은, 결국 인간의 가치를 대체하는 것은 아닌가?”

이는 236년 전 와트가 기록한 일지이지만, AGI 시대를 살아갈 우리에게도 여전히 필요한 질문이다. 기술 윤리는 더 이상 학자들의 전유물이 아니라, 모든 기술자와 사업가, 정책입안자들이 반드시 직면해야 하는 핵심 과제가 되었다.

와트의 기술 윤리에 대한 고민은 개인적 성찰이 아니었다. 그는 계몽주의 시대의 정신을 따라, 기술이 인류의 진보에 기여해야 한다고 믿었다. 특히 그는 증기기관이 “인간의 노동을 덜어주고, 더 나은 삶의 질을 제공해야 한다”고 강조했다. 이는 오늘날의 ‘인간 중심적 AI(Human-Centered AI)’ 개념과도 일맥상통한다. AI가 인간을 대체하는 것이 아니라, 인간의 능력을 확장하고, 삶의 질을 향상시켜야 한다는 원리이다.

와트는 기술 개발에 있어서 예방 원칙의 초기적 형태를 적용하고 있었다. 그는 새로운 기술을 도입할 때, 그것이 가져올 수 있는 부정적 영향을 미리 분석하고, 최소화하는 방안을 모색했다. 특히 증기기관의 안전성에 대해서는 매우 신중했다.

고압 증기기관의 개발이 가능했음에도 불구하고, 폭발 사고의 위험을 이유로 상용화를 꺼렸다. 이는 AI 안전성 연구와도 유사하다. 강력한 기술일수록 그에 따른 위험 관리가 더욱 중요하다는 것이다.

와트는 또한 기술의 포괄성에 대해서도 깊이 고민했다. 그는 증기기관의 혜택이 특정 계층이나 지역에만 국한되지 않도록 노력했다. 특히 그는 로열티 모델을 통해 중소 기업들도 증기기관을 도입할 수 있게 했다. 우리는 AGI의 혜택이 특정 기업이나 국가에만 집중되지 않도록 하고, 디지털 격차 문제를 포용적으로 접근해야 한다.

기술의 투명성도 와트가 중시한 원칙이었다. 그는 자신의 증기기관이 어떻게 작동하는지를 가능한 한 상세히 문서화했고, 고객들에게 설명하는 데 시간을 많이 할애했다. 그는 기술을 신비화하는 것을 경계했고, 사용자가 이해하고 활용할 수 있도록 노력했다. 이는 오늘날의 '설명 가능한 AI'와도 일맥상통한다. 즉 AI의 의사결정 과정을 인간이 이해할 수 있도록 만드는 것이 중요하다는 것이다.

와트는 기술 개발에 있어서 협력적 혁신의 필요성도 이해하고 있었다. 그는 루나르 소사이어티를 통해 과학자, 기술자, 사업가들과의 네트워크를 구축하고, 다양한 관점을 수용했다. 그는 혼자의 힘으로는 완전한 혁신을 만들 수 없다는 것을 깨달았다. AGI 개발도 다양한 분야의 전문가들이 협력해야만, 진정으로 인간 중심적인 기술을 만들 수 있다.

기술의 지속가능성도 와트가 고뇌한 주요 주제였다. 그는 증기기관이 석탄 소비를 증가시킨다는 것을 인식하고 있었고, 더 효율적인 연료 사용을 통해 자원 낭비를 줄이려고 노력했다. 특히 그는 폐열을 활용하는 시스템을 고안했고, 장기적으로는 재생 가능 에너지원을 모색했다. 오늘날 AI 개발과 운영에 필요한 에너지 소비를 최소화하고, 친환경적인 방향으로 나아가는 소위 친환경 AI 운동을 주장하는 것과 같다.

와트는 또한 기술의 책임성에 대해서도 강조했다. 그는 자신의 증기기관이 어떻게 사용되는지를 지속적으로 관찰하고, 문제가 발생하면 즉시 개선했다. 그는 기술을 판매한 후에도 그 책임을 다하려고 노력했다. 이는 AI 거버넌스와도 일맥상통한다. AI 시스템의 개발자와 운영자는 그 시스템이 사회에 미치는 영향에 대해 책임을 져야 한다는 것이다.

와트가 강조하는 것은 '인간 존엄성 보호'이다. 그는 증기기관이 인간을 일부 노동력으로만 보는 것이 아니라, 인간으로서의 존엄성을 지켜주는 도구가 되어야 한다고 믿었다. 그는 기술이 인간을 더 높은 단계로 끌어올려야 한다고 생각했다. 이는 오늘날의 '인간 중심적 AI'의 핵심 원리이다. AI는 인간을 대체하는 것이 아니라, 인간의 잠재력을 실현하는 데 도움을 주어야 한다.

결국 와트는 250년 전에 기술이 간단한 도구가 아니라, 인간과 사회, 자연과의 관계를 규정하는 중요한 요소임을 이해하고 있었다. 오늘날 우리는 더욱 강력한 기술을 다루고 있지만, 그 기본적인 윤리적 원칙은 변하지 않았다. 인간 중심적, 포괄적, 투명성, 지속가능성, 책임성의 원칙들은 여전히 AGI 시대의 기술 개발을 지도하는 등대가 되어야 한다.

≫≫≫ AGI 시대, 제임스 와트와 가상 인터뷰

글래스고 대학교 가상현실(VR) 연구실에 18세기 엔진 제임스 와트를 초대하여 AGI 시대에 관한 인터뷰를 진행한다.

Q1: 와트 선생님, AGI(Artificial General Intelligence)라는 개념을 어떻게 받아들이십니까?

"AGI... 흥미롭군요. 제가 이해하기로는 인간의 일반적인 지능을 모방하거나 넘어서는 기계적 지능인 것 같습니다. 저는 증기기관을 개발하면서, 일차적으로 물리적 힘을 만들어내는 것이 목표였죠. 하지만 AGI는 생각하는 힘, 즉 지능 자체를 만들어낸다는 점에서 훨씬 더 혁명적이군요. 이는 제가 상상했던 그 이상의 일입니다."

Q2: 증기기관과 AGI는 어떤 공통점과 차이점이 있다고 보십니까?

"공통점이라면, 둘 다 인간의 능력을 확장시킨다는 점입니다. 증기기관은 인간의 육체적 능력을, AGI는 인간의 지능적 능력을 확장시키죠. 하지만 차이점은 훨씬 큽니다. 증기기관은 제가 완전히 이해하고 제어할 수 있는 기계였습니다. 하지만 AGI는 스스로 학습하고 성장해서 이는 마치 새로운 형태의 생명체를 창조하는 것과 같습니다. 따라서 매우 신중한 접근이 필요합니다."

Q3: AGI 시대를 살아가는 젊은 세대에게 어떤 조언을 하고 싶으십니까?

"첫째, 기술은 도구일 뿐입니다. 증기기관도 마찬가지였죠. 우리는 그것을 통해 삶의 질을 향상시킬 수 있었지만, 동시에 환경 파괴와 사회적 불평등도 초래했습니다. AGI도 마찬가지입니다. 그것은 인간을 위한 것이 되어야 하지, 인간을 지배하거나 대체하는 것이 되어서는 안 됩니다."

"둘째, 기술의 발전은 인문학적 성찰과 함께 이루어져야 합니다. 저는 비단 기계를 만들었을 뿐만 아니라, 그것이 사회에 미칠 영향을 깊이 고민했습니다. 여러분들도 AGI를 개발하면서, 철학, 윤리학, 사회학 등 다양한 분야의 지식을 활용해야 합니다."

Q4: 특허 제도에 대한 생각이 궁금합니다. AGI 시대의 특허 제도는 어떻게 변해야 한다고 보십니까?

"저는 특허 제도가 혁신을 보호하고, 투자를 유인하는 데 중요하다는 것을 배웠습니다. 하지만 25년의 독점권도 때로는 혁신을 저해할 수 있다는 것도 경험했죠. AGI 시대의 특허 제도는 더욱 신중해야 합니다. AI가 생성한 아이디어의 특허권은 누구에게 있어야 하는가? 기술의 독점이 사회 전체의 이익에 부합하는가? 이는 심각한 고민이 필요합니다."

Q5: 환경 문제에 대해서는 어떻게 생각하십니까? AGI도 엄청난 에너지를 소모한다는 우려가 있습니다.

"이는 제가 가장 깊이 후회하는 부분입니다. 저는 증기기관이 더 효율적이라고 생각했지만, 결국 그것은 석탄 소비의 증가로 이어졌습니다. AGI도 마찬가지 위험을 내포하고 있습니다. 전력 소모가 엄청나다고 하는데 이는 반드시 해결되어야 합니다. 재생 가능 에너지를 활용하고, 에너지 효율성을 극대화하는 방향으로 나아가야 합니다."

Q6: 기술 발명가로서의 책임감에 대해 어떻게 느끼십니까?

"무거운 책임감입니다. 저의 증기기관이 산업 혁명을 촉발했고, 그 결과 현대 문명이 탄생했습니다. 하지만 그 과정에서 많은 부작용도 있었죠. AGI의 개발자들도 마찬가지로, 그들이 만든 기술이 어떻게 사용될지에 대해 끝까지 책임져야 합니다. 이는 피상적인 기술적 문제가 아니라, 문명 전체의 문제입니다."

Q7: 미래의 기술 혁명가들에게 마지막으로 하고 싶은 말씀은?

"기술은 인간을 위해 존재합니다. 증기기관도, AGI도 모두 그렇습니다. 여러분들은 훨씬 더 강력한 도구를 만들고 있지만, 그것이 인간의 존엄성을 지키고, 사회를 더 나은 방향으로 이끄는 데 사용되어야 합니다."

　이 가상 인터뷰는 와트가 보통의 기술자가 아니라, 기술의 사회적 영향을 깊이 우려했던 사상가였음을 보여준다. 그의 메시지는 AGI 시대를 살아갈 우리에게도 깊이있는 영감을 주고 있다. 기술의 발전은 인문학적 성찰과 함께 이루어져야 하며, 그 최종 목표는 인간의 행복과 사회의 발전이어야 한다는 것이다.

>>> 제임스 와트의 시간 여행 메시지

1819년 8월, 헤스 피스의 저택에서 83세의 제임스 와트는 필묵을 들고 마지막 편지를 쓰고 있었다. 그는 자신의 생애를 돌아보며, 미래의 기술 혁명가들에게 전하고 싶은 메시지를 남기기로 했다. 이 편지는 보통의 유언이 아니라, AGI 시대를 살아갈 다음 세대를 향한 시간여행이었다.

"나의 친구들이여, 아니 내가 떠난 후 이 땅에 살아갈 젊은 혁신가들이여. 나는 이제 내 삶의 마지막 순간을 맞이하였다. 하지만 내가 남긴 것은 하나의 기계가 아니라, 희망과 경고의 메시지이다. 여러분은 나보다 훨씬 더 강력한 도구를 다룰 것이다. 하지만 기억하라. 가장 중요한 것은 기술이 아니라, 그 기술을 사용하는 인간의 마음이다."

첫째, 호기심을 잃지 마라.

"나는 증기의 힘을 보고, '왜?'라고 물었다. 여러분도 마찬가지여야 한다. AI가 어떻게 작동하는지를 넘어서, '왜 그렇게 작동하는가?'를 물어야 한다. 기술의 표면적인 현상에 만족하지 말고, 그 이면의 원리를 파고들라. 나는 뉴커먼 기관이 비효율적인 이유를 분석하는 데 3년을 보냈다. 그러나 그 과정에서 분리 응축기라는 혁신을 발견할 수 있었다. 여러분도 마찬가지로, AI의 '검은 상자'를 열고, 그 안을 들여다보라. 이해할 수 없는 기술은 결국 여러분을 지배할 것이다."

둘째, 인간중심을 잊지 마라.

"나는 증기기관을 만들면서, 항상 '이것이 인간에게 어떤 도움이 되는 가?'를 물었다. 여러분도 마찬가지여야 한다. AI가 인간의 일자리를 빼앗는 다는 걱정이 있다. 하지만 중요한 것은 AI가 인간을 대체하는 것이 아니라, 인간과 함께 일하도록 만드는 것이다. 나의 증기기관도 처음에는 많은 장 인들이 반대했다. 하지만 결국 그것은 인간이 더 창의적인 일에 집중할 수 있게 해주었다. 여러분의 AI도 마찬가지여야 한다. 인간의 잠재력을 실현 하는 수단이 되어야지, 인간을 억압하는 도구가 되어서는 안 된다."

셋째, 실패를 두려워하지 마라.

"나는 뉴커먼 기관을 수리하면서, 수백 번의 실패를 거듭했다. 하지만 각 각의 실패는 다음 성공의 밑걸음이 되었다. 여러분도 마찬가지여야 한다. AI 개발에서도 수많은 실패가 있을 것이다. 하지만 그것을 두려워하지 마 라. 중요한 것은 실패에서 배우는 것이다. 나는 매번 실패할 때마다, '왜 실 패했는가?'를 물었다. 그리고 그 답을 다음 시도에 적용했다. 여러분도 마 찬가지로, AI의 오류를 통해 더 나은 시스템을 만들어가라."

넷째, 협력을 소중히 하라.

"나는 매튜 볼턴을 만나지 못했다면, 증기기관을 상용화하지 못했을 것 이다. 여러분도 마찬가지여야 한다. AI 개발은 혼자 할 수 있는 일이 아니 다. 다양한 분야의 전문가들이 모여야 한다. 컴퓨터 과학자뿐만 아니라, 철 학자, 심리학자, 사회학자, 윤리학자들이 함께 참여해야 한다. 나는 루나르 소사이어티를 통해 많은 지적인 우정을 쌓았다. 여러분도 마찬가지로, 다 양한 배경을 가진 사람들과의 협력을 통해 더 나은 AI를 만들어가라."

다섯째, 환경과 윤리를 중시해하

"나는 증기기관이 환경에 미칠 영향을 우려했다. 하지만 당시의 기술로로는 해결할 수 없었다. 여러분들은 다르다. 여러분은 AI의 환경적 영향을 미리 예측하고, 해결할 수 있다. 특히 AGI는 엄청난 전력을 소모할 것이다. 재생 가능 에너지를 활용하고, 에너지 효율성을 극대화하는 방향으로 나아가야 한다. 또한 AI가 인간의 사생활을 침해하지 않도록, 프라이버시 보호에도 신경을 써야 한다. 나는 특허를 통해 기술을 보호했지만, 동시에 사회적 책임도 다하려고 노력했다. 여러분도 마찬가지로, 기술 개발과 동시에 윤리적 책임을 다해야 한다."

여섯째, 장기적 시야를 가져라.

"나는 특허 기간 동안 독점적 이익을 얻었지만, 동시에 기술 발전의 속도를 늦췄다는 비판도 받았다. 여러분은 다르게 접근해야 한다. AGI는 인류 전체의 자산이어야 한다. 특정 기업이나 국가의 독점이 되어서는 안 된다. 오픈소스 운동을 통해, 다수가 AI에 접근할 수 있도록 해야 한다. 하지만 동시에, 악용을 방지하는 안전장치도 마련해야 한다. 이는 쉬운 일이 아니다. 하지만 나는 여러분이 그것을 해낼 수 있으리라 믿는다. 왜냐하면 여러분은 나보다 더 똑똑하고, 더 많은 도구를 가지고 있기 때문이다."

마지막으로, 희망을 잃지 마라.

"나는 증기기관을 만들면서, 인류의 미래를 밝게 만들고 싶었다. 여러분도 마찬가지여야 한다. AGI는 인류에게 미래지향적 기회를 제공할 것이다. 질병을 치료하고, 기아를 해결하고, 환경 문제를 해결하는 데 도움을 줄 수 있다. 하지만 동시에 전례 없는 위험도 내포하고 있다. 중요한 것은 희망을 잃지 않는 것이다. 나는 우리가 증기기관을 통해 산업 혁명을 이루었듯이, 여러분도 AI를 통해 새로운 문명을 창조할 수 있으리라 믿는다."

"기억하라. 기술은 인간의 마음의 반영이다. 선한 생각을 가진 사람들이 기술을 다룰 때, 그것은 인류에게 도움이 된다. 하지만 탐욕스런 마음을 가진 사람들이 기술을 다룰 때, 그것은 재앙이 된다. 나는 여러분이 착한 마음을 가진 사람이기를 바란다. 그리고 그 선한 생각이 기술에 담겨, 미래의 인류를 밝게 비추기를 바란다."

"이제 나는 떠난다. 하지만 내가 남긴 것은 단순한 기계가 아니라, 희망이다. 여러분이 그 희망을 이어받아, 더 나은 미래를 창조하기를 바란다. 기술은 도구일 뿐이다. 중요한 것은 그것을 어떻게 사용하는가이다. 나는 여러분들이 그 도구를 현명하게 사용하기를 바란다."

이 현실감있는 가상의 편지 1819년 8월 25일, 와트가 자신의 집 히스필드(Heathfield Hall)에서 세상을 떠나기 며칠 전에 쓰여졌다. 그는 기술의 힘을 이해했지만, 동시에 그 힘의 한계도 알고 있었다. 그의 마지막 메시지는 지엽적인 기술적 조언이 아니라, 인류 문명에 대한 깊은 성찰이었다.

와트의 유산은 하나의 증기기관이 아니라, 기술 개발의 올바른 방향성을 제시한 것이다. 그는 우리에게 기술은 인간을 위해 존재해야 하며, 그것이 사회와 환경, 미래 세대에 대한 책임을 포함해야 한다는 것을 보여 주었다.

우리는 지금 새로운 문명의 문턱에 서 있다. AGI는 증기기관보다 훨씬 더 강력한 파워를 가지게 될 것이다. 우리는 와트의 지혜를 기억하면서, 더 나은 미래를 향해 나아가야 한다.

영국 버밍엄 특허 사무소 앞에 있는 볼턴과 와트, 그리고 그들과 협력해 증기기관 개량
에 크게 기여한 윌리엄 머독의 상(왼쪽부터) [출처_wikipedia.org]

“Man is born free;
and everywhere he is in chains.”

“인간은 자유로 태어났으나,
어디에나 그는 사슬에 묶여 있다.”

[출처_wikipedia.org]

장자크 루소
(Jean-Jacques Rousseau, 1712-1778)

Light and Shadow,
Innovators of the Second Industrial Revolution

PART 02

빛과 그림자,
제2차 산업혁명의
혁신가

Thomas Edison

토마스 에디슨은 전기를 발명하여 세상을 어둠으로부터 해방시켰다. 그의 멘로파크 실험실은 보통의 연구소가 아니라, 현대 산업연구 개발의 시초였다. 우리가 AI를 개발하면서도, 기술은 인간을 위해 존재하며, 지속적으로 발전해야 한다는 에디슨의 정신을 기억해야 한다.

제2차 산업혁명의 마술사인 토마스 에디슨은 1천 번이 넘는 실패를 거듭한다. 하지만 그는 끊임없는 실험과 개선을 통해 혁신을 산업화하는 새로운 패러다임을 제시한다. Part 2에서는 에디슨의 생애와 혁신 방법론, 극한의 열정, 전기 시대의 개막과 현대적 시사점을 살펴본다.

토마스 에디슨의 초기 종이 필라멘트 백열전구
[출처_wikipedia.org]

제5장

토마스 에디슨

– 전기의 마술사

AI Telling

벤처 기업가 토마스 에디슨은 마술의 방이라 불리는 멘로파크 실험실을 '기술혁신센터'로 활용하며, 1,000번의 실패를 거듭하고 이것을 긍정적인 데이터로 생각했다. 그는 오늘날의 오픈 이노베이션이나 협업적 연구와도 연결되는 '팀 기반 발명'의 뉴패러다임을 제시했다. 또한 그가 남긴 특허는 정확히 1,093개로 끊임없는 실용적 혁신의 천재성을 보여주었다.

　1847년 2월 11일, 미국 오하이오주 밀런의 추운 겨울밤에 한 아기가 태어났을 때, 그의 어머니 낸시는 보통의 아이와는 다른 감정을 느꼈다. 토마스 에디슨(Thomas Edison)은 학교에서 '멍청이'라는 낙인이 찍힌 채 3개월 만에 퇴학당했지만, 그의 어머니는 아들에게 말했다. "네가 멍청이가 아니라는 것을 나는 안다. 내가 너를 가르쳐주겠다." 이 한마디가 미국의 역사상 가장 위대한 발명가 중 한 명을 만들어내는 계기가 되었다.

　어린 에디슨은 세상 모든 것에 호기심을 가졌다. 12세 때 그는 디트로이트와 밀런을 오가는 기차에서 신문과 과자를 팔며, 동시에 자신만의 실험실을 차에 설치했다. 화재 사건으로 기차에서 쫓겨나는 우여곡절을 겪으면서도, 그의 남다른 과학적 재능만은 선명하게 각인되었다. 이 시기의 경험은 그가 나중에 '멘로파크의 마술사'가 되는 밑거름이 되었다. 오늘날의 스타트업 창업자들이 학창시절부터 다양한 프로젝트를 시도하는 것과 같은 패턴이다.

　에디슨의 청소년기는 끊임없는 실험과 사업 시도로 가득했다. 15세 때 그는 디트로이트에서 신문을 팔면서, 동시에 자신만의 뉴스레터를 발행했다. 그는 철도 노선을 따라 일어나는 사건들을 빠르게 수집하고, 이를 인쇄하여 판매했다. 이는 단순한 물건 판매가 아니라, 정보의 가치를 이해하고 활용한 최초의 사례 중 하나였다. 이는 지하철의 무가지(無價紙), 디지털 마케팅이나 콘텐츠 마케팅의 시초라고도 볼 수 있다.

　1860년대 중반, 에디슨은 점점 더 본격적인 과학 연구에 눈을 떴다. 그는 전보(電報) 기술에 매료되어, 여러 가지 개선 장치를 발명하기 시작했다. 1868년, 그는 21세의 나이로 '전동 투표 기록기'[1]를 발명하여 첫 특허를 받았다. 하지만 이 발명은 상업적 실패였다. 정치인들은 투표 결과를 즉시 알리고 싶어하지 않았기 때문이다. 그는 아무리 훌륭한 특허도 기술적 우수성만으로는 부족하고, 시장의 요구를 이해해야 한다는 것을 뒤늦게 깨달았다.

1870년대 초, 에디슨은 뉴욕으로 이전하여 본격적인 발명가 생활을 시작했다. 그는 증권 거래소의 전기 중계기를 개선하는 데 성공했고, 이를 통해 첫 상업적 성공을 거두었다. 그는 이 수익을 다시 연구에 투자하는 선순환 구조를 만들었다. 이는 기술 스타트업이 시드(Seed) 투자를 통해 성장하는 과정과 같다. 에디슨은 이미 19세기에 벤처 기업가의 전형적인 모습을 보여주고 있었다.

1876년, 에디슨은 뉴저지주 멘로파크에 세계 최초라 할 수 있는 산업 연구소를 설립했다. 이것이 바로 유명한 '멘로파크 실험실'이었다. 그는 이곳을 '발명공장'이라고 불렀다. 2층 건물의 이 실험실은 당시에는 전례없는 시설이었다. 각종 전기 장비, 화학 실험 도구, 기계 가공 설비를 갖춘 이곳은 마치 오늘날의 구글과 애플의 연구 개발 센터와도 같았다.

멘로파크 실험실의 혁신성은 물리적인 시설이 아니라, 그 운영 방식에 있었다. 에디슨은 다양한 분야의 전문가들을 고용하여, 체계적인 연구 개발을 진행했다. 물리학자, 화학자, 기계 공학자, 기술자들이 한 팀을 이루어 공동으로 프로젝트를 수행했다.

이는 당시로서는 혁명적인 접근이었다. 그동안의 발명가들은 대부분 혼

---

1) 에디슨의 '전동 투표 기록기(Electric Vote Recorder)'는 토머스 에디슨(Thomas Edison)이 최초로 특허를 받은 발명품이다. 발명의 목적은 미국 의회나 지방 의회에서 투표 결과를 신속하고 정확하게 기록하기 위해서다. 작동원리는 각 의원에게 버튼이 달린 기계를 제공하고, 찬성 또는 반대 버튼을 누르면 기록기 중앙 장치에 전기적 신호를 보내 투표 결과를 즉시 기록하고 집계하는 방식이었다.

자 일했지만, 에디슨은 '팀 기반 발명'의 새로운 패러다임을 제시한 것이다. 이는 오픈 이노베이션이나 협업적 연구와도 연결된다.

에디슨의 멘로파크 실험실은 곧 마술사의 요술방으로 불리게 되었다. 그는 이곳에서 축음기, 백열등, 영화 카메라 등 수많은 발명을 만들어냈다. 특히 1877년 축음기의 발명은 그를 세계적인 명성으로 이끌었다. 사람들은 이 축음기를 "에디슨이 요술을 부렸다"고 표현했고, 그는 곧 '멘로파크의 마술사'라는 별명을 얻게 되었다. 이는 스티브 잡스가 '현대의 마술사'로 불리운 것과 같다.

하지만 에디슨의 진정한 혁신은 하나의 발명이 아니라, 그것을 상업화하는 시스템을 설계한 것이었다. 그는 발명에서부터 제조, 마케팅, 판매까지 전 과정을 통합하는 수직적 통합 모델을 완성했다. 이는 애플이 하드웨어와 소프트웨어, 서비스를 통합하는 것과도 비슷한 형태이다. 에디슨은 단순한 발명가를 넘어, 산업 전체를 재편한 기업가로 성장했다.

에디슨의 멘로파크 시대는 또한 언론과의 관계에서도 새로운 전략을 보여주었다. 오늘날 테크 기업들이 미디어를 통해 제품을 발표하는 것처럼, 자신의 발명 과정을 공개했다. 에디슨은 미디어 활용의 중요성을 이해하였고, 그의 발명은 기술적 혁신을 넘어서 대중과의 소통의 혁신을 보여주었다.

결국 에디슨의 멘로파크 실험실은 여타의 연구소가 아니라, 현대 산업 연구 개발의 시초였다. 그는 '발명 공장'이라는 개념을 통해, 혁신을 산업화하는 새로운 질서를 정립했다. 이는 지금의 실리콘밸리나 연구 단지, 기술 혁신 센터의 모델이 되었다. 에디슨은 우리에게 혁신은 혼자 이루어질 수 없으며, 체계적인 시스템과 협력을 통해 가능해진다는 것을 보여주었다.

⟫⟫⟫ 1,000번의 실패는 긍정적인 데이터

1878년 가을, 멘로파크 실험실에서 토마스 에디슨은 다시 한 번 백열등 실험에 실패했다. 이번에도 필라멘트가 녹아내리며, 순식간에 어둠이 실험실을 삼켰다. 그의 보조원들은 지쳐 있었고, 일부는 "이건 불가능하다"고 중얼거렸다. 하지만 에디슨은 담담히 말했다. "좋아, 또 하나의 방법을 알았군. 이제 999개의 방법이 남았어." 이 역사적인 장면은 가장 유명한 실패들 중 하나가 되었고, 동시에 가장 위대한 성공의 시작이 되었다.

에디슨의 백열등 개발은 일반적인 기술의 도전이 아니었다. 그것은 인류가 밤을 낮처럼 만들 수 있다는 꿈의 실현이었다. 당시 가스등은 매우 비효율적이고 위험했으며, 정기적인 유지보수가 필요했다. 특히 도시의 성장이 가속화되면서, 안전하고 효율적인 조명 시스템의 필요성은 절실했다.

에디슨은 이 기회를 보았고, "전기를 통해 집집마다 빛을 가져다주겠다"는 원대한 포부를 품었다. 삶의 질을 근본적으로 혁신하려는 에디슨의 집념은, 오늘날 스마트 시티와 IoT 기술이 해결하고자 하는 이슈와 같다.

하지만 백열등의 개발은 예상보다 훨씬 어려웠다. 에디슨은 수천 가지의 재료를 실험해야 했고, 각각의 재료는 다른 조건에서 테스트되어야 했다. 그는 나무, 면, 휘발유, 아마인(아마씨), 밀랍(벌이 만든 자연 왁스), 종이, 목탄, 금속, 심지어 금과 백금까지 시도했다. 각 실험은 수시간에서 수일이 걸렸고, 그 과정에서 수많은 실패가 있었다. 최적의 해답을 찾기 위해 다양한 알고리즘과 하이퍼파라미터[2]를 끊임없이 검증하는 현대 AI 개발 공정의 흐름을 그대로 닮아 있다.

---

2) 하이퍼파라미터(Hyperparameter)는 머신러닝·딥러닝 모델이 학습하기 전에 사람이 직접 설정해야 하는 값들이다. 코드로 학습되는 파라미터(가중치, 편향)와 달리, 하이퍼파라미터는 학습 과정 자체를 제어하는 조절 노브(knob) 같은 역할을 한다. 초매개변수, 학습 전 설정값으로 번역된다.

1879년 10월 21일, 마침내 돌파구를 찾아냈다. 에디슨은 특수하게 처리한 면사 필라멘트를 사용하여, 13.5시간 지속되는 백열등을 성공적으로 만들어냈고, 이전의 어떤 시도보다도 오래 지속되었다. 그는 흥분하여 말했다. "이것이다. 우리는 마침내 찾아냈다!" 하지만 이 성공도 오래가지 않았다. 며칠 후, 필라멘트가 다시 녹아내렸지만, 그는 포기하지 않고 다음 단계를 준비하고 있었다.

에디슨이 진정으로 위대했던 점은 실패에 대한 태도였다. 그는 실패를 부정적 결과가 아니라 긍정적 데이터로 받아들였다. 그는 매번 실패할 때마다, 왜 실패했는지를 상세히 기록하고, 다음 실험에 적용했다. 이러한 일련의 기록은 방대한 데이터를 학습하며 진화하는 현대 머신러닝 방식과 닮아 있다. 반복된 오류 속에서 추출된 데이터들은 성공을 향한 결정적인 이정표로 작용했다. 그는 실험 노트에 이렇게 썼다. "이번 실험은 실패했다. 하지만 우리는 적어도 이 재료는 부적합이라는 것을 알게 되었다. 이것도 중요한 진일보(進一步)다."

1879년 10월 21일, 다시 한번 역사적인 시간이 찾아왔다. 이번에는 탄소화한 면사 필라멘트를 사용했다. 이 백열등은 놀랍게도 40시간 이상 지속되었다. 에디슨은 이 순간을 기념하기 위해, 실험실의 모든 직원들을 불러 모았다. 그는 조용히 말했다. "오늘은 역사의 한 페이지가 되는 날이다. 우리는 이제 밤을 지배할 수 있게 되었다." 이 사건은 기술적 성공을 넘어서, 인류가 자연의 리듬을 바꾸는 새로운 시대의 출발점이었다.

하지만 에디슨은 여기서 멈추지 않았다. 그는 40시간에 만족하지 않고, 수백 시간, 수천 시간 지속되는 백열등을 만들고자 했다. 그는 실험을 계속했고, 1880년에는 1,200시간 지속되는 백열등을 만들어냈다. 이 과정에서 그는 축음기, 전회기, 영사기 등 다른 발명에도 영감을 얻었다. 그는 배열등 개발 과정에서 얻은 지식을 다른 분야에 적용하는 크로스 이노베이션(Cross-innovation)[3]을 시도했다. 이는 오늘날의 AI 연구가 하나의 분야에서 얻은 통찰을 다른 분야에 적용하는 것과 같다.

에디슨의 백열등 개발은 기술적 혁신을 넘어서, '혁신의 방법론'을 제시했다. 그는 체계적인 실험, 끊임없는 개선, 실패에서 학습하는 것, 그리고 시장의 요구를 이해하는 것의 중요성을 보여주었다. 빠른 실행과 수정을 반복하며 성공 확률을 높이는 '린 스타트업' 방법론의 핵심 원리와 닮은 대목이다. 가설을 세우고 검증하며 제품을 완성해가는 현대적 사업 전개 방식과 맥락을 공유한다. 에디슨은 이미 '빠른 실패, 빠른 학습'의 원리를 구현하고 있었다.

결국 에디슨의 1,000번의 실패는 연속적인 실패의 수록이 아니라, 인류가 어떻게 혁신을 만들어내는지에 대한 귀감이다. 그는 진정한 혁신이란 결점 없는 아이디어의 산물이 아니라, 끈질긴 실험과 치열한 보완의 과정을 거쳐 비로소 완성된다는 불변의 진리를 몸소 증명해 보였다. 수많은 모델 학습, 하이퍼파라미터 조정, 실패에서 학습하는 것은 에디슨이 150년 전 보여준 것과 같은 혁신의 본질이다.

1876년 3월, 에디슨은 2층 건물의 연구소를 완공하며 혁신적인 선언을 했다. "나는 여기에서 6주마다 하나의 주요 발명을 만들어낼 것이다!" 당시로서는 상상할 수 없었던 이 야심찬 목표는 한 발명가의 허언이 아니라 완

---

3)　'크로스 이노베이션(Cross-innovation)'은 "융합혁신" 또는 "분야 간 교차혁신"으로, 서로 다른 산업·학문·기술 영역이 만나 새로운 가치를 창출하는 협업 방식이다.

전히 새로운 연구 개발 패턴의 시작이었다.

멘로파크 실험실의 혁신성은 시설 자체에 있지 않았다. 그것은 2층 목조 건물에 불과했고, 건설 비용도 고작 2,500달러(현재 화폐가치로 약 5만 달러)였다. 하지만 그 안에 들어있는 철학은 완전히 달랐다. 에디슨은 다양한 분야의 전문가들을 고용하여, 체계적인 연구 개발을 진행했다. 물리학자, 화학자, 기계 공학자, 수학자, 심지어 목수와 금속 공예사까지 한 팀을 이루어 공동으로 연구했다. 이는 당시로서는 새로운 접근이었다.

에디슨은 연구 조직을 매우 체계적으로 구성했다. 그는 연구소를 여러 부서로 나누어, 각 부서가 특정 분야를 담당하도록 했다. 하나의 부서는 축음기 개발에, 다른 부서는 전기 기술에, 또 다른 부서는 화학 실험에 집중했다. 이는 오늘날의 대기업 연구소나 구글의 ATAP[4] 같은 특수 연구 부서와도 비슷한 구조이다. 에디슨은 '분업화'와 '전문화'의 원리를 연구 개발에 적용하고 있었다.

멘로파크의 가장 혁신적인 시스템 중 하나는 '연구 일지(Research Log)' 시스템이었다. 에디슨은 모든 연구원들이 자신의 실험 과정과 결과를 상세히 기록하도록 했다. 에디슨이 매일 밤 직접 검토한 기록들은 이튿날의 연구 방향을 결정짓는 핵심 지표가 되었다. 이러한 방식은 철저히 수치와 근거에 입각해 전략을 수립하는 현대의 '데이터 기반 의사결정' 모델을 선구적으로 구현한 사례라 할 수 있다. 모든 연구 활동을 문서화하고, 그 데이터를 분석하여 다음 단계를 결정하는 것이다.

에디슨은 또한 아이디어 관리 시스템도 구축했다. 그는 연구원들이 자유

---

4) 구글의 ATAP는 (Advanced Technology and Projects, 첨단 기술 및 프로젝트)의 약자로, 구글 내에서 운영되는 하드웨어의 발명 스튜디오이자 연구 개발 팀이다. 이 팀은 방위고등 연구계획국(DARPA)의 원칙을 차용하여, 정해진 시간 내에 고위험의 첨단 기술 프로젝트를 추진하고 완성된 제품이나 기술을 선보이는 것을 목표로 한다.

롭게 아이디어를 제안할 수 있는 시스템을 만들었고, 매주 '아이디어 회의'를 열었다. 이 회의에서는 누구나 자신의 아이디어를 발표할 수 있었고, 에디슨은 이 중에서 유망한 것을 선택하여 프로젝트로 발전시켰다. 이러한 시도는 현대 기업들이 창의성을 극대화하기 위해 활용하는 '브레인스토밍'이나 '해커톤'[5] 같은 혁신 관리 체계와 같다.

연구 자원의 배분도 매우 체계적이었다. 에디슨은 프로젝트의 중요도와 성공 가능성을 평가하여, 연구원과 자원을 배분했다. 그는 높은 성공 가능성이 있는 프로젝트에는 많은 자원을 투입하고, 위험이 높은 프로젝트에는 점진적으로 투자하는 방식을 채택했다. 성공 가능성에 따라 자원을 전략적으로 배분하는 그의 관리 방식은 '포트폴리오 관리'나 '스테이지 게이트' 시스템[6]의 핵심 원리를 고스란히 닮아 있다. 이는 연구와 사업을 분리하지 않고 하나의 유기적인 프로세스로 통합했던 그의 탁월한 경영 감각을 여실히 보여준다.

멘로파크 실험실의 또 다른 혁신은 '시간 관리' 시스템이었다. 에디슨은 연구원들에게 일정한 작업 시간을 부여했지만, 동시에 창의적인 아이디어가 떠오르면 언제든지 실험할 수 있는 자유도 주었다. 그는 "창의성은 9시에서 5시 사이에만 일어나는 것이 아니다"라고 말했다. 이는 탄력적 근무제나 창의성 중심의 조직 문화와도 연결된다. 에디슨은 연구원들의 창의성을 최대한 발휘할 수 있는 환경을 조성하려고 노력했다.

---

5) 해커톤(Hackathon)은 소프트웨어 개발 분야에서 유래된 행사로, '해킹(Hack)'과 '마라톤(Marathon)'의 합성어이다. 단시간 내에 집중적으로 아이디어를 도출하고 시제품(Prototype)을 만들어내는 행사를 뜻한다.

6) 스테이지 게이트(Stage-Gate) 시스템은 새로운 제품 개발(New Product Development, NPD) 과정을 관리하기 위해 고안된 체계적인 프로세스 모델이다. 이는 아이디어 구상 단계부터 제품의 상업적 출시 단계까지의 과정을 단계(Stages)와 관문(Gates)으로 나누어 진행하는 구조를 가진다. 이 시스템의 목표는 불확실성을 줄이고, 실패 위험이 높은 프로젝트를 조기에 걸러내며, 자원 낭비를 최소화하여 신제품 개발의 성공률을 높이는 것이다.

에디슨은 외부 협력 네트워크도 적극 활용했다. 그는 대학, 정부 기관, 다른 기업들과의 협력을 통해, 새로운 지식과 기술을 지속적으로 흡수했다. 특히 그는 유럽의 최신 과학 논문들을 정기적으로 구독했고, 이를 연구에 활용했다.

멘로파크의 성과는 놀라웠다. 1876년부터 1882년까지 불과 6년 동안, 에디슨과 그의 팀은 400개 이상의 특허를 출원했다. 축음기, 백열등, 전기 기차, 영화 카메라 등 수많은 혁신적 발명이 이곳에서 탄생했다. 이는 연구소당 특허 출원 수로 보면, 오늘날의 어떤 연구소보다도 놀라운 성과였다. 에디슨은 6주마다 하나의 주요 발명을 만들어내겠다는 자신의 약속을 지켰다.

결국 에디슨의 멘로파크 실험실은 보통의 연구소를 넘어서, 현대 R&D 시스템의 모델이 되었다. 그는 '체계적 연구 개발'의 개념을 창조했고, 이는 20세기 산업 발전의 기반이 되었다. 오늘날의 구글, 애플, 토종 바이오 같은 기업들의 연구소도, 본질적으로는 에디슨이 제시한 모델의 확장이라 할 수 있다. 에디슨은 우리에게 혁신은 천재적인 아이디어에서 오는 것이 아니라, 체계적인 시스템과 협력을 통해 만들어진다는 것을 보여주었다.

▶▶▶ 특허 1,093개, 실용적 혁신의 로드맵

1880년 1월, 뉴욕 타임스의 한 기자는 에디슨을 만나 이렇게 물었다. "에디슨 씨, 당신은 정확히 몇 개의 발명을 하셨나요?" 에디슨은 미소 지으며 답했다. "글쎄요, 아마도 1,000개는 넘을 겁니다. 하지만 중요한 것은 숫자가 아니라, 그것들이 얼마나 사람들의 삶을 변화시켰는가입니다." 이 말은 의례적인 겸손의 말이 아니었다. 그가 죽을 때까지 남긴 특허는 정확히

1,093개이다. 이는 아인슈타인이나 뉴턴 같은 과학자들의 업적과는 다른 종류의 끊임없는 실용적인 혁신의 천재성이었다.

에디슨의 특허는 단순한 숫자의 나열이 아니라, 인류 문명 변화의 지도였다. 1877년의 축음기 특허(특허번호 200,521)는 소리를 저장하고 재생하는 최초의 장치였다. 마치 오늘날의 AI 음성 합성 기술이나 팟캐스트의 시초라고도 볼 수 있다. 축음기는 기계가 아니라, 인간의 목소리를 시간을 초월하여 보존할 수 있다는 놀라운 개념이었다. 사람들은 이것을 "에디슨이 목소리를 병에 담았다"고 표현했다.

1879년의 백열등 특허(특허번호 223,898)는 그의 가장 유명한 발명이었다. 하지만 이 특허가 진정으로 위대했던 점은 기술적 혁신을 넘어서, 전체 전력 시스템의 표준으로 설정되었다는 것이다. 개별 전구의 구현을 넘어 에너지의 생산부터 분배까지 이르는 전 공정의 시스템을 규정했다는 점에 이 특허의 본질이 있다. 이는 기술적 우위를 넘어 산업의 규격을 선점하려는 현대 인공지능 분야의 표준화 패권 다툼을 연상시킨다. 기술 자체보다 그 기술이 속한 생태계를 구축하는 것이 더 중요하다는 것을 에디슨은 알고 있었던 것이다.

1880년대의 축음기 개량 특허들은 에디슨의 지속적인 개선 정신을 보여준다. 그는 초기 축음기의 음질이 나쁘다는 것을 인식하고, 지속적으로 개량을 시도했다. 특허 227,679호(1880년)는 더 나은 음질을 위한 개량안을, 특허 250,248호(1881년)는 더 오래 지속되는 기록 매체를 포함했다. 지속적인 수정을 통해 최적의 상태를 지향하는 그의 방법론은 현대의 소프트웨어 사후 관리나 하드웨어 업그레이드 체계와 비슷하다.

1891년의 영화 카메라 특허(특허 589,168호)는 또 다른 사건이었다. 키네토그래프(Kineto graph)[7]라고 불리운 이 장치는 인간이 움직이는 모습을 처음으로 기록하고 재생할 수 있게 해주었다. 이는 일반 기술 발명이 아니라, 완전히 새로운 산업인 영화 산업을 창조한 것이었다. 유튜브나 틱톡이 영상 콘텐츠 시장을 만든 것과 같다. 에디슨은 기술로 새로운 문화를 만들어내는 능력을 보여주었다.

전기 기차 관련 특허들은 에디슨의 비전을 보여주었다. 그는 단순히 전등을 만드는 것을 넘어, 전기를 이용한 모든 운송 시스템의 미래를 상상하고 있었다. 특허 263,132호(1882년)는 전기 기관차의 제동 시스템을, 특허 312,248호(1885년)는 전차의 전원 공급 시스템을 포함했다. 이러한 시도는 전기차와 인프라의 결합으로 새로운 산업 표준을 세운 테슬라의 전략적 지향점과 맞닿아 있다. 기술은 고립된 형태가 아닌 상호 연결된 생태계 안에서 비로소 완성된다는 사실을 그는 이미 백 년 전 실증적으로 보여주었다.

에디슨의 특허 전략도 매우 교묘했다. 그는 일차적 기술 보호를 넘어서, 적극적인 특허 포트폴리오를 구축했다. 그는 하나의 발명에 대해 여러 개의 특허를 출원하여, 경쟁자들이 기술을 우회하는 것을 방지했다. 예를 들어, 백열등만 해도 원리 특허, 구조 특허, 재료 특허, 제조 방법 특허 등 수십 개의 특허로 보호했다. 제품 전체를 아우르는 방대한 특허망으로 시장 지배력을 확보하는 애플의 행보는 에디슨의 전략적 선택과 맞닿아 있다.

하지만 에디슨의 특허는 때로는 너무 광범위하다는 비판도 받았다. 특히 그의 직류 전기 시스템 특허는 경쟁사들의 진입을 사실상 차단했다. 이는

---

7) 키네토그래프(Kinetograph)는 토마스 에디슨과 그의 조수 윌리엄 케네디 로리 딕슨 (William Kennedy Laurie Dickson)이 1890년대 초에 개발한 세계 최초의 실용적인 영화 촬영기(Motion Picture Camera)이다.

1880년대의 직류 vs 교류 전쟁의 배경이 되기도 했다. 니콜라 테슬라[8]와 조지 웨스팅하우스는 에디슨의 특허 독점에 맞서, 교류 전기 시스템을 개발했다. 이러한 갈등 양상은 기술 표준을 선점하기 위해 사활을 거는 현대의 특허 전쟁을 예견한 듯한 모습이다.

에디슨의 또 다른 특허 전략은 지속적 개선이었다. 그는 초기 특허를 출원한 후에도, 지속적으로 개량 특허를 출원했다. 이는 경쟁사들이 그의 기술을 우회하려 할 때마다, 더 나은 기술로 다시 앞장 설 수 있었다. 축음기 발명 이후 십 년간 이어진 수십 차례의 개량 특허 출원은, 초기 모델의 한계를 점진적으로 극복해 나가는 현대적 기술 진화의 메커니즘을 보여준다. 이는 고정된 완성에 머물지 않고 사용자 피드백과 기술 발전을 실시간으로 반영하는 오늘날의 소프트웨어 관리 체계와 같다.

에디슨의 특허는 하나의 기술적 업적이 아니라, 혁신의 패러다임을 보여준다. 그는 기술을 보호하는 동시에, 그 기술을 계속해서 발전시켰다. 그는 특허를 방어적 도구가 아니라 진보적 도구로 사용했다. 그저 기술을 보호하는 것에서 그치지 않고, 그 기술을 통해 사회를 어떻게 더 나은 방향으로 발전시킬 수 있을지를 고민해야 한다는 것이다.

결국 에디슨의 1,093개 특허는 인류 문명의 지도이자, 혁신의 로드맵이다. 그것은 우리에게 진정한 혁신은 단발성이 아니라, 지속적인 노력과 개선을 통해 만들어진다는 것을 보여준다.

---

8) 니콜라 테슬라(Nikola Tesla, 1856~1943)는 그림자 속에 가려졌던 진정한 천재이자, 현대 전기 문명의 설계도면을 그린 인물이다. 에디슨이 '위대한 사업가이자 발명가'였다면, 테슬라는 '시대를 100년 앞서간 비운의 공학자'에 가깝다. 그는 전기를 멀리 보내기 위해 전압을 조절할 수 있는 교류 방식을 표준화했다. 우리가 집에서 콘센트를 꽂아 쓰는 전기는 모두 테슬라의 덕분이다. 21세기에 들어서며 그의 혁신성이 재평가받았고, 일론 머스크가 자신의 전기차 회사 이름을 '테슬라'로 지으면서 현재는 전 세계에서 가장 유명한 과학자 중 한 명이 되었다. 에디슨이 전기의 대중화를 이끌었다면, 테슬라는 전기의 표준과 효율을 완성했다.

[출처_wikipedia.org]

토마스 에디슨
(Thomas Edison, 1847-1931)

"I have not failed.
I've just found 10,000 ways that won't work."

"나는 실패하지 않았다.
나는 단지 작동하지 않는 10,000가지 방법을 찾았을 뿐이다."

제6장

토마스 에디슨의
혁신 방법론

토마스 에디슨은 시장중심, 융합기술, 개선형 혁신을 강조했다. 에디슨의 접근 방식은 '완전히 새로운 것의 창조'가 아니라 '기존 것을 극대화' 하는데 있었다 "천분의 1의 영감을 얻기 위해서는, 천분의 999의 땀이 필요하다는 것을 모르는가?"라는 명언은 그가 150년 전에 보여준 '땀'의 정신이다. 또한 그는 "위대한 혁신은 위대한 팀에서 나온다"는 명언을 남겼다.

1877년, 토마스 에디슨은 축음기의 개량안을 놓고 팀원들과 열띤 토론을 벌이고 있었다. 한 연구원이 물었다. "왜 완전히 새로운 것을 만들지 않고, 항상 기존 것을 고치려고만 하나요?" 에디슨은 담담히 대답했다. "세상에는 이미 충분히 좋은 아이디어들이 있다. 문제는 그것들을 '충분히 좋게' 만드는 것이다." 이는 에디슨의 혁신 철학을 대표하는 명언이 되었고, 동시에 오늘날의 스타트업들이 MVP(Minimum Viable Product)[1]를 통해 제품을 개선해가는 방법론의 시초가 되었다.

에디슨의 접근 방식은 완전히 새로운 것의 창조가 아니라 기존 것을 극대화 하는데 있었다. 그의 첫 번째 주요 발명인 축음기도 사실상 이미 존재하던 '작은 소리 기록기' 개념의 발전이었다. 하지만 에디슨은 그것을 '실용적이고 상업화 가능한' 수준으로 끌어올렸다. 그는 축음기를 단순한 호기심의 장치가 아니라, 음악 재생, 비즈니스 기록, 교육 도구 등으로 활용할 수 있는 실용적 기계로 만들었다.

백열등의 경우도 마찬가지였다. 에디슨이 백열등을 개발하기 전에도 이미 여러 과학자들이 전기를 이용한 조명을 시도하고 있었다. 영국의 조지프 스완[2]도 비슷한 시기에 백열등을 개발했다. 하지만 에디슨은 그것을 '실

---

1) MVP(Minimum Viable Product)는 최소 기능 제품을 의미하며, 새로운 제품이나 서비스 개발 방법론에서 핵심적인 개념이다. MVP는 핵심 기능만 갖추고 있어도 제품의 가치 제안(Value Proposition)을 명확히 전달하고, 초기 사용자들로부터 가장 중요한 학습을 얻을 수 있는 최소한의 버전이다.

2) 조지프 스완 경(Sir Joseph Wilson Swan, 1828년~1914년)은 19세기 후반 영국의 선구적인 전기 기술 분야 인물이다. 스완은 에디슨보다 앞선 1860년에 이미 탄소 필라멘트를 사용한 백열전구를 개발하고 시연했다. 에디슨은 미국에서 백열전구를 개발하여 1879년에 특허를 받았는데, 이로 인해 영국에서는 스완의 특허와 에디슨의 특허가 충돌하는 특허 분쟁이 발생했다. 결국 두 사람은 소송 대신 협력을 선택하여 영국 시장에서는 에디슨-스완 합작 회사(Edison&Swan United Electric Light Company, Ediswan)를 설립하여 전구를 판매했다.

용적이고 경제적인’ 수준으로 만들어냈다. 그는 필라멘트 재료뿐만 아니라, 진공 기술, 전원 공급 시스템, 제조 공정까지 전체 생태계를 구축했다.

에디슨의 개선형 혁신은 산발적인 기술적 개선이 아니었다. 그는 항상 시장의 요구를 먼저 분석했고, 그 요구를 충족시키는 방향으로 기술을 개발했다. 예를 들어, 그는 축음기를 개발하면서, 당시의 비즈니스 세계가 회의 내용을 기록하는 데 어려움을 겪고 있다는 것을 알았다. 그래서 그는 축음기를 비즈니스 도구로 마케팅했다. 이러한 접근은 가설을 세우고 실제 시장의 피드백을 통해 사업 모델을 완성해가는 고객 개발(Customer Development) 방법론[3]의 원형을 보여주었다.

에디슨은 또한 빠른 프로토타이핑[4]의 선구자이기도 했다. 그는 아이디어가 떠오르면 즉시 실험실에서 프로토타입을 만들었다. 축음기도 처음에는 원통에 바늘이 있는 간단한 장치였다. 그는 구상에만 머물지 않고 즉각적인 시제품 제작과 검증, 보완의 순환 고리를 끊임없이 반복했다. 이러한 속도감 있는 전개는 현대 소프트웨어 공학의 정수인 애자일(Agile) 방법론과 같은 방식이었다.

그의 개선형 혁신은 접근성에도 초점을 맞췄다. 에디슨은 기술을 가능한 한 많은 사람들이 사용할 수 있도록 만들고자 했다. 그래서 그는 로열티 모델을 도입하여, 중소 기업들도 그의 기술을 쉽게 도입할 수 있게 했다. 이는 기술의 진입 장벽을 낮추고, 보급을 촉진하는 Software as a Service(SaaS)나 Platform as a Service(PaaS)와도 같은 방식을 택한 것이다.

---

3) 고객 개발(Customer Development) 방법론은 스티브 블랭크(Steve Blank)가 제안한 것으로, 신생 기업(스타트업)이나 신제품이 실제 고객의 문제와 필요를 해결하고 있는지 체계적으로 검증하고 학습하기 위한 프레임워크다. 이는 제품을 먼저 만들고 시장에 내놓는 전통적인 방식이 아닌, 시장을 먼저 찾고 검증하는 데 중점을 둔다.
4) 프로토타이핑(Prototyping)은 제품이나 시스템을 본격적으로 개발하기 전에 미리 만들어 보는 시제품 제작 과정 또는 그러한 시제품 자체를 의미한다.

에디슨의 또 다른 중요한 통찰은 기술의 통합이었다. 그는 개별적인 기술들을 조합하여, 전혀 새로운 가치를 창출했다. 예를 들어, 그는 축음기, 전화기, 전기 기술을 결합하여, 음성 메일 시스템의 초기 형태를 만들어냈다. 파편화된 기술들을 하나로 묶어 거대한 네트워크를 형성한 그의 통찰은 오늘날의 플랫폼 비즈니스 모델과 맞닿아 있다. 기술의 물리적 합(合)을 넘어 새로운 차원의 사용자 경험을 설계했던 그의 접근은, 융합 기술이 지향해야 할 진정한 혁신의 방향성을 제시한다.

결과적으로 에디슨의 개선형 혁신은 실용적 혁신의 전형이 되었다. 그는 완전히 새로운 것을 만드는 것이 아니라, 기존 것을 더 유용하게, 더 접근하기 쉽게, 더 경제적으로 만드는 데 집중했다. 이는 스타트업들이 파괴적 혁신을 외치면서도, 사실은 기존 시장을 더 나은 방식으로 공략하는 것과도 일맥상통한다. 진정한 혁신은 때로는 완전히 새로운 것이 아니라, 기존 것을 더 잘 만드는 것일 수 있다는 것을 에디슨은 보여주었다.

우리는 때로는 완전히 새로운 AI 기술을 개발하려고만 하지만, 사실은 기존 기술을 더 잘 활용하는 것이 더 중요할 수 있다. 에디슨이 축음기를 통해 보여준 것처럼, 기술의 가치는 그것이 얼마나 많은 사람들의 삶을 개선하느냐에 있다. 개선형 혁신은 때로는 완전히 새로운 창조보다 더 의미 있는 혁신이 될 수 있다는 것을 에디슨은 증명했다.

⫸ 천분의 1의 영감, 천분의 999의 땀

1902년 늦은 밤, 토마스 에디슨은 다시 한번 실험 테이블에 몸을 숙이고 있었다. 그의 눈은 피로로 붉게 충혈되어 있었고, 손에는 여전히 실험 도구가 들려 있었다. 보조원이 다가가 조심스럽게 물었다. "이제 그만 쉬시지 않겠습니까? 몸이 버티지 않을 것 같습니다." 에디슨은 고개를 흔들며 대답했다. "천분의 1의 영감을 얻기 위해서는, 천분의 999의 땀이 필요하다는 것을 모르는가?" 이 치열한 현장은 에디슨이 발명가로 도전적인 열정을 가장 잘 보여주는 상징적인 순간으로 남았다.

이 유명한 격언은 단순한 격려가 아니었다. 에디슨은 이것을 자신의 연구 방법론의 핵심으로 삼았다. 그는 위대한 아이디어는 갑작스런 영감에서 오는 것이 아니라, 끊임없는 노력과 실험을 통해 만들어진다고 믿었다. 아이디어는 직관이 아니라, 체계적 분석과 반복적 실험을 통해 도출되는 것이었다.

에디슨의 이 철학은 그의 일상에서도 명확히 드러났다. 그는 하루 평균 18-20시간을 일했다. 잠은 3-4시간이면 충분하다고 믿었고, 식사도 거르기 일쑤였다. 그는 실험실 어디서나 잠들 수 있었다. 작업대 위, 의자 위, 심지어 바닥에서도 그의 보조원들은 그를 "잠을 자는 것이 아니라, 깨어 있는 것을 쉬는" 사람이라고 묘사했다. 압도적인 작업량과 몰입으로 한계를 돌파했던 그의 행보는, 현대 스타트업 창업자들이 허슬(Hustle) 문화[5]를 통해 성취를 갈구하는 모습과 같은 패턴이다.

하지만 에디슨의 땀은 단순한 노동이 아니었다. 그는 모든 실험을 체계적으로 기록했고, 그 기록들을 분석하여 다음 단계를 계획했다. 그의 실험 노트는 수천 권에 달했고, 각 페이지에는 날짜, 시간, 실험 조건, 결과, 그리고 다음 계획이 상세히 기록되어 있었다. 철저한 기록 관리를 통해 연구의 연속성을 확보했던 그의 통찰은 현대적 랩 노트(Lab Note) 시스템의 핵심 원

---

5) 허슬(Hustle)은 단순히 열심히 일하는 것을 넘어, 적극적이고, 영리하며, 비관습적인 방식으로 목표를 달성하려는 태도와 행동 양식을 의미한다. 허슬 문화는 자원이 부족하고 불확실성이 높은 스타트업 환경에서 단기간에 생존하고 성장하기 위해 요구되는 결단력 있고 집요한 실행력을 상징한다.

리와 맞닿아 있다. 모든 실험 결과를 데이터라는 관점에서 접근하고 이를 다음 단계의 토대로 삼았던 그의 치밀함은, 현대 지식 경영의 시초라 불리기에 손색이 없다. 그는 연구소에는 약 3,500권, 총 500만 장에 달하는 방대한 기록을 남겼다.

에디슨은 또한 실패 관리에도 체계적이었다. 그는 실패를 단지 좌절이 아니라, 중요한 데이터로 받아들였다. 그는 매번 실패할 때마다, 왜 실패했는지를 상세히 분석하고, 그 교훈을 다음 실험에 적용했다. 이 과정에서 그는 "나는 실패한 적이 없다. 나는 단지 10,000가지 방법을 발견했을 뿐이다"라는 유명한 말을 남겼다. 이는 실패 학습이나 사후 분석(Post-mortem Analysis)[6]과도 일맥상통한다. 실패에서 배우는 것이 혁신의 핵심이라는 것을 그는 직관적으로 이해하고 있었다.

에디슨의 천분의 999의 땀은 또한 팀워크를 포함했다. 그는 혼자 모든 실험을 하지 않았다. 멘로파크 실험실의 수십 명의 연구원들이 그의 철학을 공유했고, 함께 땀을 흘렸다. 그는 팀원들에게도 똑같은 노력을 요구했지만, 동시에 그들의 기여를 인정하고 보상했다.

흥미로운 점은 에디슨이 천분의 1의 영감도 무시하지 않았다는 것이다. 그는 끊임없는 노력을 통해, 마침내 그 결정적인 순간 즉 영감이 떠오르는 순간을 만들어냈다. 1877년 축음기의 발명도, 수백 번의 실패 끝에 갑자기 '원통에 바늘이 있는' 아이디어가 떠오른 것이었다. 이러한 섬광 같은 깨달음은 현대 비즈니스에서 강조하는 인사이트나 소비자의 마음을 사로잡는 아하 모먼트(Aha Moment)[7]의 본질을 관통한다. 이는 우연에 기댄 행운이

---

6) 사후 분석(Post-mortem Analysis)은 프로젝트, 제품 출시, 혹은 특정 사건(성공적이든 실패했든 상관없이)이 완료된 후에 수행하는 체계적인 검토 및 평가 과정을 의미한다. 이 용어는 원래 의학 용어였지만, 오늘날 IT, 소프트웨어 개발, 프로젝트 관리 등 다양한 분야에서 프로세스 개선을 위한 학습 도구로 널리 사용된다.

7) 아하 모먼트(Aha Moment)는 말 그대로 "아하!" 하고 깨닫는 순간을 의미하며, 심리학, 디

아니라, 축적된 체계적 노력이 임계점을 넘어서며 폭발하는 창조적 승화의 순간이라 할 수 있다.

에디슨의 이 소신은 그의 연구 방법론에도 반영되었다. 그는 큰 목표를 세우고, 그것을 작은 단계들로 나누어, 각각을 체계적으로 해결해 나갔다. 백열등 개발도 마찬가지였다. 그는 실용적 전기 조명이라는 큰 목표를 세우고, 필라멘트 재료, 진공 기술, 전원 공급, 제조 공정 등을 개별적으로 해결했다. 이는 오늘날의 목표 기반 연구나 역공학(Reverse Engineering)[8]과도 비슷하다. 큰 비전을 작은 실행 가능한 단계들로 분해하는 것이다.

결국 에디슨의 "천분의 1의 영감, 천분의 999의 땀"은 단순한 격언이 아니라, 혁신의 본질적 방법론이었다. 그는 위대한 아이디어는 갑작스런 천재적 순간이 아니라, 끊임없는 노력과 학습, 그리고 체계적 접근을 통해 만들어진다는 것을 보여주었다.

>>> 혁명적인 팀워크 철학, 천재 팀

1878년 봄의 아침에 토마스 에디슨은 연구원들을 모아놓고 특별한 말을 했다. "나는 여러분 중 누구도 천재가 되기를 바라지 않는다. 나는 여러분이 팀워크를 할 수 있는 능력을 가지기를 원한다." 이 말은 공허한 격려가 아니었다. 에디슨은 이미 천재 개인의 시대는 끝났고, 천재 팀의 시대가 왔다고 믿고 있었다. 그는 멘로파크를 발명 공장이라고 불렀는데, 이는 마치 공장에서 제품이 생산되듯이, 발명도 체계적으로 생산될 수 있다는 믿음에

자인, 비즈니스 등 다양한 분야에서 사용되는 용어다.

8) 역공학(Reverse Engineering)은 제품, 시스템, 또는 소프트웨어의 작동 원리, 설계 구조, 구성 요소 등을 분석하기 위해 완성된 형태(최종 결과물)를 거꾸로 분해하고 조사하는 과정을 의미한다.

서 비롯되었다.

에디슨의 팀워크 철학은 현대적 협업의 근간을 뒤흔든 일대 사건이었다. 당시 대부분의 발명가들은 혼자 일했지만, 그는 다양한 전문가들이 함께 일하는 협업적 발명의 새로운 모델을 제시했다. 그는 각자의 전문성이 서로 보완될 때, 진정으로 위대한 발명이 가능하다고 믿었다. 이는 '크로스펑셔널 팀(Cross-functional Team)'이나 '다학제적 연구'[9]와도 같은 개념이다.

에디슨은 팀 구성에도 독특한 접근을 했다. 그는 단지 능력이 뛰어난 사람들만을 고용하지 않았다. 그는 "나는 열정을 가진 평범한 사람들을 고용한다. 그리고 그들을 위대하게 만든다"고 말했다. 그는 팀원들의 잠재력을 발견하고, 그들에게 적절한 역할을 부여하는 데 능했다. 예를 들어, 당시 젊은 기술자였던 프랜시스 업튼[10]은 에디슨에게 전기 이론적 지식을 제공했고, 에디슨은 그를 백열등 개발의 핵심 멤버로 성장시켰다. 이는 현대의 멘토링이나 인재 개발 시스템이라고 할 수 있다.

팀워크의 핵심은 역할 분담이었다. 에디슨은 연구 프로젝트를 시작할 때, 각 팀원에게 명확한 역할과 책임을 부여했다. 그는 "모든 사람이 모든 것을 할 수 없다. 하지만 모든 사람이 자신이 가장 잘하는 것을 할 수 있다"고 믿었다. 축음기를 개발 때, 한 팀은 기계 설계를, 다른 팀은 음향 실험을, 또 다른 팀은 재료 테스트를 담당했다. 유기적인 협업과 빠른 피드백을 중시

---

9) '다학제적 연구'는 하나의 문제를 해결하기 위해 서로 다른 여러 학문(전공)의 지식과 방법론을 함께 활용하는 연구 방식이다. 영어로는 Multidisciplinary Research라고 하며, 오늘날처럼 복잡한 사회 문제를 해결하는 데 필수적인 접근법으로 꼽힌다.

10) 프랜시스 업튼(Francis Robbins Upton, 1852년~1921년)은 미국의 물리학자이자 수학자로, 토마스 에디슨의 멘로파크 연구소(Menlo Park Laboratory)에서 일한 가장 중요하고 영향력 있는 연구원 중 한 명이다. 에디슨의 수많은 발명품, 특히 백열등과 초기 전기 시스템의 상업화에 결정적인 기여를 했다. 에디슨은 뛰어난 직관과 실험 능력을 가졌지만, 정규 과학 교육을 거의 받지 않았다. 반면 업튼은 프린스턴 대학교와 독일 베를린 대학교에서 물리학과 수학을 공부한 당대의 엘리트 과학자였다.

하는 이러한 조직 체계는 현대 소프트웨어 개발의 핵심인 애자일(Agile)방법론이나 스크럼(Scrum) 팀 구조의 원형을 미리 보여준다

에디슨은 팀 내 소통도 매우 중시했다. 그는 매일 아침 스탠드업 미팅과도 같은 간소한 회의를 진행했다. 각 팀원은 전날 한 일, 오늘 할 일, 그리고 직면한 문제를 보고했다. 에디슨은 이를 통해 전체 프로젝트의 진행 상황을 파악하고, 필요시 자원을 재배분했다. 에디슨의 연구소에서 이루어진 긴밀한 정보 공유 체계는 오늘날 수평적 조직 문화를 상징하는 '일일 스탠드업' 회의의 원형을 연상시킨다.

문제 해결도 팀 기반이었다. 1879년 백열등 개발 중, 팀은 필라멘트 재료 선택에 어려움을 겪었다. 에디슨은 즉시 브레인스토밍 세션을 소집했다. 각 팀원은 자신의 전문 분야에서 가능한 재료를 제안했고, 그들은 함께 각 재료의 장단점을 분석했다. 물리학자는 전기 저항 특성을, 화학자는 열 반응을, 기계공학자는 제조 가능성을 각각 설명했다. 이 협력적 접근은 결국 탄소화된 면사라는 최적의 해답을 찾는 데 도움이 되었다.

에디슨은 팀원들의 창의성도 적극 장려했다. 그는 "나는 아이디어를 가진 사람을 좋아한다. 그것은 새로운 것을 만들기 위한 씨앗"이라고 말했다. 그는 팀원들이 자유롭게 아이디어를 제안할 수 있는 시스템을 만들었고, 매월 아이디어 대회를 열어 우수한 제안을 포상했다. 창의성은 육성되어야 하며, 그것이 팀의 동력이 된다는 것을 그는 이해하고 있었다.

갈등 해결도 에디슨의 특별한 능력 중 하나였다. 팀원들 간에 의견 충돌이 생기면, 그는 일방적으로 자신의 의견을 강요하지 않았다. 그는 "우리는 모두 같은 목표를 향해 가고 있다. 다만 길이 다를 뿐"이라고 말하며, 각자의 관점을 듣고 최선의 해결책을 찾았다. 1880년대, 직류와 교류 전기 시스템을 놓고 팀 내 의견이 갈릴 때, 그는 각 팀이 자신의 접근법을 계속 연

구하되, 동시에 서로의 결과를 공유하도록 했다. 이는 오늘날의 '컨플릭트 매니지먼트(갈등관리)'나 '윈-윈 솔루션'이다.

에디슨은 팀원들의 성장도 중시했다. 그는 "나는 내 팀원들이 나보다 똑똑해지기를 바란다. 그래야 우리가 더 큰 일을 할 수 있다"고 말했다. 그는 능력 있는 팀원들에게 더 많은 책임을 맡기고, 그들이 독립적으로 프로젝트를 이끌도록 했다. 프랜시스 업튼, 존 크루지, 에드윈 해스턴 등 많은 팀원들이 에디슨의 지도 아래 성장하여, 후에 독자적인 발명가나 기업가가 되었다. 역량 있는 인재를 발굴하고 그들의 커리어를 설계해주었던 그의 리더십은 현대의 인재 육성 체계와 맥을 함께 한다.

보상 시스템도 매우 공정했다. 에디슨은 특허 로열티의 상당 부분을 팀원들과 공유했고, 그들의 기여에 따라 보너스를 지급했다. "우리가 함께 만든 것은 우리가 함께 나누어야 한다"는 그의 신념은 구성원의 성과가 기업의 결실로 직결되는 스톡옵션이나 이익 공유 제도에 담긴 핵심 가치와 그 맥을 같이한다. 팀원들이 자신의 노력에 대한 보상을 받을 때, 더 큰 열정을 가지고 일한다는 것을 그는 알고 있었다.

결과적으로 에디슨의 팀워크 시스템은 놀라운 성과를 만들어냈다. 멘로파크 시대에만 400개 이상의 특허가 출원되었고, 축음기, 백열등, 전기 기차 등 수많은 혁신적 발명이 탄생했다. 이는 개인의 천재성보다는 팀워크의 힘이 얼마나 클 수 있는지를 보여주는 증거였다. 오늘날의 아마존이 두 명의 피자 팀(Two-pizza team)[11]을 통해 혁신을 만들어내는 것과 같은 맥락이다.

에디슨은 후에 이렇게 회상했다. "나는 혼자서는 아무것도 할 수 없었다.

---

11) 제프 베이조스(Jeff Bezos)가 아마존에서 처음 도입하고 널리 알린 조직 설계 및 팀 규모 관리 원칙이다. 이 원칙은 효율성, 민첩성, 그리고 혁신 속도를 극대화하기 위해 팀의 크기를 의도적으로 작게 유지하는 조직 관리 전략이다.

나는 단지 여러 재능을 하나로 모으는 사람일 뿐이다. 진정한 발명은 협력에서 나온다." 오늘날의 AI 개발도 수많은 데이터 과학자, 소프트웨어 엔지니어, 도메인 전문가들의 협업 없이는 불가능하다. "위대한 혁신은 위대한 팀에서 나온다"라는 그의 주장은, 개별 천재의 영감을 넘어 집단지성의 힘을 신뢰했던 에디슨의 소신을 상징한다.

>>> 훌륭한 스토리텔러와 비전 커뮤니케이터

1878년 2월, 뉴욕 타임스의 한 기자가 멘로파크 실험실을 방문했다. 그는 에디슨이 최근 발명한 축음기를 직접 보고 싶어했지만, 사실은 회의적이었다. "이것이 정말로 인간의 목소리를 저장할 수 있다고요?" 기자의 물음에 에디슨은 미소를 지으며 "물론 입니다"라고 대답했다.

"하지만 그것보다 더 중요한 것은, 이 기술이 어떻게 여러분의 삶을 변화시킬 것인가입니다." 그는 즉시 축음기를 작동시켜 기자의 목소리를 녹음하고 재생했다. 기자는 경악했고, 다음 날 신문에는 "멘로파크의 마술사가 목소리를 병에 담았다"는 제목의 기사가 실렸다. 이 사건은 에디슨이 언론을 활용하는 방법의 전형이 되었다.

에디슨은 보통의 발명가가 아니라, 훌륭한 스토리텔러였다. 그는 자신의 발명을 단순히 기술적 설명으로만 제시하지 않았다. 대신 그것이 어떻게 사람들의 삶을 변화시킬 것인지에 초점을 맞췄다. 축음기를 소개할 때, 그는 "이것은 소리를 기록하는 기계입니다"라고 말하지 않았다. 대신 "이것은 당신의 목소리를 영원히 보존할 수 있는 시간 여행 기계입니다"라고 표현했다. 이는 오늘날의 기업가들이 스토리 기반 마케팅을 통해 제품의 감정적 가치를 전달하는 것과도 유사하다.

에디슨은 언론과의 관계에서도 매우 전략적이었다. 그는 주요 신문사들의 과학 담당 기자들과 개인적 친분을 쌓았고, 정기적으로 그들을 멘로파크로 초대했다. 그는 기자들에게 자신의 연구실을 자유롭게 구경시켰고, 때로는 직접 실험도 보여주었다. 1880년, 그는 뉴욕의 유명한 기자들을 초청하여, 자신이 개발 중인 전기 기차를 시범 운행했다. 기자들은 마치 미래를 체험하는 듯한 느낌을 받았고, 이는 엄청난 보도 가치를 만들어냈다. 이는 오늘날의 미디어 투어나 프레스 데이와 같다.

그는 또한 독점적 콘텐츠를 제공하는 데도 능했다. 1877년 축음기 발명 당시, 그는 어떤 언론사에도 독점 인터뷰를 주지 않았다. 대신 여러 신문사에 동시에 간접적인 정보를 흘렸다. 이는 기자들 사이에서 경쟁을 불러일으켰고, 더 많은 보도를 이끌어냈다. 그는 한 기자에게 말했다. "비밀은 적절한 때에 적절한 양만큼만 공개하는 것입니다. 너무 많이 알려주면 흥미를 잃고, 너무 적게 알려주면 관심을 잃습니다." 이는 현대의 정보 전략이나 컨텐츠 마케팅과도 비슷한 접근이다.

에디슨은 자신의 이미지를 매우 신중하게 관리했다. 그는 항상 평범한 작업복을 입고, 손에는 도구를 들고 있는 모습을 연출했다. 이는 천재 발명가의 고상한 이미지와는 거리가 있었지만, 대신 실용적 혁신가의 이미지를 만들어냈다. 그는 한 번도 "나는 천재입니다"라고 말하지 않았다. 대신 "나는 끊임없이 노력하는 평범한 사람일 뿐입니다"라고 강조했다. 이는 지금의 기업가들이 "우리는 단순히 더 나은 방법을 찾고 있습니다"라고 말하는 것과도 같은 겸손 마케팅이다.

그는 논쟁도 피하지 않았다. 1880년대 직류 vs 교류 전쟁 당시, 그는 언론을 통해 적극적으로 자신의 입장을 변호했다. 그는 직류의 안전성을 강조하면서, 교류의 위험성을 지적하는 기사들을 적극 지원했다. 1888년, 그는 뉴욕 타임스에 "교류는 전기 의자[12]를 작동시키기에 적합하다"라는 논평을 실어, 교류의 위험성을 암묵적으로 비난했다. 이는 비록 도덕적 논란이 있었지만, 효과적인 PR 전략이었다. 오늘날의 기업들이 경쟁사와의 차이점을 강조하는 마케팅이다.

에디슨은 또한 사회적 이슈에도 적극적으로 개입했다. 그는 교육, 의료, 농업 등 다양한 사회 문제에 자신의 기술을 적용하려고 노력했고, 이를 언론을 통해 알렸다. 그는 농촌 지역에 전기를 공급하는 프로젝트를 진행하면서, "전기는 도시만을 위한 것이 아니다"라는 메시지를 전달했다. 이는 오늘날의 기업들이 사회적 책임(CSR)이나 지속가능성을 통해 브랜드 이미지를 강조하는 것과 같다.

그는 스스로를 브랜드로 만들었다. '멘로파크의 마술사'라는 별명은 언론이 만들어낸 것이 아니라, 에디슨이 의도적으로 만든 이미지였다. 그는 기자들에게 항상 "우리 실험실은 마술사의 작업장과 같다"고 말했고, 기자들은 이를 그대로 인용했다. 그는 또한 자신의 발명을 마술에 비유했다. 축음기는 "목소리를 병에 담는 마술", 백열등은 "밤을 낮으로 바꾸는 마술"이었다. 이는 스토리텔링 마케팅에서 메타포(Metaphor)[13]를 사용하는 방식이다.

에디슨은 실패도 적극적으로 활용했다. 백열등 개발 중 천 번의 실패를 했지만 실패가 아닌 새로운 발견이라는 재정의로 언론의 큰 관심을 끌었

---

12) 1880년대 후반, 미국의 형벌 방식에 대한 논의가 활발했다. 에디슨은 고압 교류가 인간을 빠르고 확실하게 사망에 이르게 할 수 있다는 점을 입증하기 위해, 교류 시스템을 이용하여 전기 의자를 만들고 이를 사형 방식으로 채택하도록 주도했다. 당시 교류(AC)는 장거리 송전을 위해 직류(DC)보다 훨씬 높은 전압(고압)으로 사용되었다. 에디슨 측은 이 고압 교류가 인간의 생명을 빼앗을 만큼 위험하다고 주장했다.

13) 메타포(Metaphor)는 은유(隱喩)의 의미이며 수사법의 한 종류이다. 두 가지의 서로 다른 사물이나 개념을 직접적으로 연결하여 A는 B와 같다고 표현함으로써, 더 생생하고 강력하게 이해하도록 돕는 표현 방식이다.

다. 이는 하나의 긍정적 사고가 아니라, 훌륭한 PR 전략이었다. 실패를 통해 그는 끈기와 헌신의 이미지를 구축했고, 대중들은 그의 끝없는 노력에 감동했다. 실패를 감추기보다 혁신의 필연적 단계로 정의했던 그의 행보는 현대 기업가들이 추구하는 스토리텔링 기반의 브랜드 구축 방식과 결을 같이한다.

그는 또한 미디어 상시성을 유지했다. 에디슨은 항상 뭔가 새로운 것을 개발하고 있는 것처럼 보이도록 노력했다. 심지어는 아직 완성되지 않은 아이디어도 언론에 흘려, 대중들의 관심을 유지했다. 그는 "언론의 관심은 연료와 같다. 계속 공급하지 않으면 꺼진다"고 말했다. 이는 기업들이 '콘텐츠 캘린더'를 통해 지속적으로 소식을 전하는 전략이라 할 수 있다.

결과적으로 에디슨의 언론 활용은 단지 자기 PR이 아니라, '혁신의 대중화'였다. 그는 자신의 발명을 통해 기술이 어떻게 사회를 변화시킬 수 있는지를 대중에게 보여주었다. 그는 언론을 통해 기술의 청사진을 제시했고, 대중들은 그 비전에 동참했다.

미래를 선점하는 설득력 있는 서사를 통해 혁신의 동력을 확보했던 그의 태도는 현대 기술 기업들의 브랜드 비전 수립 방식과 같다. 에디슨은 우리에게 기술만으로는 부족하며, 그것을 사람들이 이해하고 공감할 수 있는 스토리가 필요하다는 것을 보여주었다.

에디슨은 한 번도 "나는 훌륭한 마케터입니다"라고 말하지 않았다. 하지만 그는 분명 훌륭한 스토리텔러였고, 비전 커뮤니케이터였다. 그는 기술의 힘을 이해했을 뿐만 아니라, 그 힘을 사람들에게 전달하는 방법도 꿰뚫고 있었다. 오늘날의 AI 개발자들도 훌륭한 AI를 만드는 것만으로는 부족하며, 그것이 어떻게 사람들의 삶을 개선할 것인가를 이야기할 수 있고, 비전으로 만들어야 한다는 것을 배워야 한다.

[출처_wikipedia.org]

임마누엘 칸트
(Immanuel Kant, 1724-1804)

"Two things fill the mind
with ever new and increasing admiration and awe:
the starry heavens above me
and the moral law within me."

"두 가지가 내 마음을
끊임없이 새롭고 증가하는 경이와 감탄으로 채운다:
내 위의 별이 쏟아지는 하늘과 내 안의 도덕법."

제7장

토마스 에디슨, 빛과 그림자

에디슨은 자신의 몸을 혹사하며 "나는 인류를 위해서 일한다"는 사명감으로 헌신적인 연구에 몰입했다. "백열등이 완성될 때까지, 나는 잠을 잘 수 없다." 이 순간은 에디슨의 극한적인 집중력과 작업 열정을 가장 잘 보여주는 장면 중 하나가 되었다. 그는 세상을 밝히는 빛을 만들었지만, 그의 가족은 많은 희생을 겪어야 하는 어두운 그림자를 만들기도 했다.

>>> 나는 인류를 위해 일하고 있다

1879년 10월, 토마스 에디슨은 다시 한 번 백열등 실험에 실패했다. 그의 눈은 피로로 충혈되어 있었고, 손은 떨리고 있었다. 보조원이 다가가 조심스럽게 말했다. "이제 그만 쉬시지 않겠습니까? 당신은 벌써 36시간을 연속으로 일하고 있습니다."

에디슨은 고개를 흔들며 대답했다. "백열등이 완성될 때까지, 나는 잠을 잘 수 없다. 왜냐하면 나는 잠을 자는 동안에도, 그것이 어떻게 작동하는지를 생각하고 있기 때문이다."

에디슨의 하루는 새벽 4시에 시작되었다. 그는 "성공적인 사람은 세상이 깨어나기 전에 일어난다"고 믿었고, 실제로 그렇게 살았다. 그는 잠자리에서 일어나자마자 즉시 연구실로 향했고, 세면조차도 거르기 일쑤였다. 그의 보조원은 증언했다. "에디슨은 종종 이틀에 한 번만 씻었습니다." 그는 말하곤 했습니다. "세면은 시간 낭비다. 그 시간에 나는 하나의 실험을 더 할 수 있다." 이는 오늘날의 스타트업 창업자들이 '허슬(Hustle)' 문화를 통해 성공을 추구하는 패턴이다.

그의 식사 습관도 극단적이었다. 에디슨은 가끔씩 하루에 한 끼만 먹었고, 그것도 연구실에서 해결했다. 그는 "음식은 에너지일 뿐이다. 중요한 것은 뇌에 흐르는 전기적 자극이다"라고 말했다. 그의 책상 위에는 항상 빵 한 조각과 우유 한 잔이 있었고, 그것이 하루의 전부였다. 1880년대, 그는 체중이 20kg이나 줄었지만, 그것이 연구에 방해가 된다고 생각하지 않았다.

에디슨의 집중력은 외부 자극을 완전히 차단하는 수준에 이르렀다. 한 번은 실험실에 화재가 났음에도 불구하고, 그는 자신의 실험을 멈추지 않았다. 보조원들이 "불이야! 나가야 합니다!"라고 소리쳤지만, 그는 고개를 들지도 않고 말했다. "조용히 해라. 나는 이 실험의 임계점에 있다." 결국 보조원들이 그를 억지로 끌어내야 했고, 그때서야 그는 화재를 알았다. 이는 ADHD 환자의 '하이퍼포커스(Hyperfocus)'[1] 상태와도 유사한 극단적 몰입이었다.

그는 잠드는 방식도 독특했다. 에디슨은 '파워냅(Power Nap)'의 선구자였다. 그는 의자에 앉아 있거나, 심지어 실험대 위에 누워 있는 채로 5-10분간 잠을 잤다. 그는 "완전한 잠은 시간 낭비다. 나는 무의식의 문만 살짝 열어둘 뿐이다"라고 말했다. 그의 보조원은 "에디슨은 눈을 감고 5분간 잠을 자고 나면, 마치 8시간을 잔 것처럼 활력을 되찾았다."라고 증언했다. 이는 현대의 다상성 수면 중의 하나인 우버맨 슬립(Uberman Sleep)[2]과도 같은 수면 패턴이었다.

에디슨의 집중력은 시간 왜곡을 일으키기도 했다. 그는 한 번 실험에 몰입하면, 밖에서 몇 시간이 지났는지 전혀 의식하지 못했다. 1881년 한 겨울, 그는 백열등의 개량안을 개발하며 72시간을 연속으로 일했다. 그는 "시간은 상대적이다. 나는 실험실에 있을 때, 시간이 멈춘다고 느낀다"라고 말했다. 이는 심리학에서 말하는 플로우 상태(Flow State)[3]와도 유사한 경험이었다.

그는 외부 활동도 거의 하지 않았다. 10년간 그는 연구실 밖을 나선 횟수

---

1) 하이퍼포커스는 주의력 결핍 과잉 행동 장애(ADHD)를 가진 사람들이 종종 경험하는 극단적인 몰입 상태를 일컫는 용어이다. 이는 보통 주의력 결핍으로 인해 발생하는 '산만함'과는 정반대되는 현상이다.

2) 인간의 수면을 하루에 한 번 길게 자는 방식(Monophasic Sleep)에서 벗어나, 여러 번의 짧은 수면으로 나누어 자는 것을 목표로 하는 비전통적인 수면 패턴을 의미한다.

3) 플로우 상태(Flow State)는 심리학자 미하이 칙센트미하이(Mihaly Csikszentmihalyi)가 정립한 개념으로, 개인이 어떤 활동에 완전히 몰입하고 집중하여 시간의 흐름이나 주변 환경을 잊어버리는 최적의 경험 상태를 의미한다.

가 10번도 채 되지 않았다. 그는 "세상은 이미 내 실험실에 있다. 왜 내가 세상으로 나가야 하는가?"라고 말했다. 그의 유일한 오락은 저녁에 연구실에서 읽는 과학 서적이었다. 그는 셰익스피어나 찰스 디킨스의 작품 대신, 과학 잡지와 기술 논문을 읽는 것을 즐겼다. 이는 현대의 라이프스타일 디자인이나 집중력 관리 전략과도 일맥상통한다.

에디슨의 이러한 극한적 집중력은 비판도 받았다. 그의 첫 번째 아내 메리는 "당신은 기계와 결혼한 것 같다"라고 말했다. 그는 가족 모임에도 거의 참석하지 않았고, 아이들의 생일조차도 잊어버리기 일쑤였다. 하지만 그는 한번도 그것을 후회하지 않았다. 그는 "나는 인류를 위해 일하고 있다. 개인의 행복은 그에 비하면 사소하다"라고 말했다. 이는 위대한 과학자들이 흔히 보이는 사명감과도 비슷한 모습이었다.

하지만 에디슨의 집중력은 때로는 자해에 가까웠다. 그는 건강을 완전히 무시했고, 의사의 권고도 거부했다. 1882년, 그는 심한 위궤양을 앓으면서도 연구를 멈추지 않았다. 의사가 "최소한 한 달은 휴식을 취해야 한다"고 권했지만, 그는 "나는 시간이 없다. 사망은 나중에, 지금은 연구다"라고 대답했다. 이는 현대 사회에서 일컫는 번아웃 증후군[4]의 전형적인 모습이었다.

그러나 이러한 극한적 집중력은 결국 위대한 결과를 만들어냈다. 그의 연구실에서 나온 발명품들은 전 세계인들의 삶을 변화시켰다. 그는 "나의 모든 고통은 인류의 행복으로 바뀌었다"라고 말했다. 이는 고통을 견디며 위대한 업적을 이룬 모든 혁명가들의 공통된 모습이었다.

우리는 때로는 워크-라이프 밸런스를 지나치게 강조하면서, 정작 중요한

---

4)　번아웃 증후군(Burnout Syndrome)은 극심한 업무 스트레스와 만성적인 과부하로 인해 발생하는 심신의 탈진 상태를 의미한다. 이는 단순한 피로가 아니라, 에너지가 완전히 소진되어 더 이상 업무를 수행할 의욕이나 능력이 남아있지 않은 상태를 말한다.

일에 집중하지 못할 때가 있다. 에디슨은 때로는 극한적 선택이 필요할 때가 있으며, 그 선택이 위대한 결과를 만들어낼 수 있다는 것을 보여준다. 하지만 동시에, 그런 선택이 개인적인 희생을 수반한다는 것도 잊지 말아야 한다.

≫≫≫ 완벽주의자의 광기와 고통

1881년 여름, 토마스 에디슨은 새로운 축음기 모델을 개발하고 있었다. 그는 한 나사의 길이에 대해 연구원들과 3시간이나 논쟁을 벌였다. 한 연구원이 "이 정도면 충분합니다. 차이는 거의 없습니다"라고 말했지만, 에디슨은 고개를 저었다. "거의 없다는 것은, 있다는 것이다. 완벽함은 '거의'라는 단어를 허용하지 않는다." 이 순간은 에디슨의 완벽주의적 성격이 가장 극단적으로 드러난 장면 중 하나였다.

에디슨의 완벽주의는 단순한 꼼꼼함을 넘어섰다. 그는 하나의 나사라도 자신이 만족할 때까지 수십 번씩 바꿔가며 테스트했다. 백열등 개발 당시, 그는 필라멘트의 두께를 0.01mm 단위로 조절하면서 수백 번의 실험을 했다. 그는 "완벽함은 신의 영역이 아니다. 그것은 인간이 추구해야 할 최고의 가치다"라고 말했다. 이는 '식스 시그마(Six Sigma)'[5]나 '제로 결함(Zero Defect)' 품질 관리 방법론과 일맥상통한다.

그의 완벽주의는 팀원들에게 때로는 지옥 같은 경험이었다. 한 연구원은 일기에 이렇게 썼다. "에디슨은 우리에게 완벽을 요구한다. 하지만 그는 스스로도 그 기준에 도달하지 못한다. 그는 자신의 기준을 계속 높인다." 실

---

5) 식스 시그마(Six Sigma)는 제품이나 서비스의 결함을 제거하고 품질을 혁신적으로 개선하기 위해 개발된 체계적인 경영 전략 및 품질 관리 방법론이다. 이는 통계적 방법을 활용하여 프로세스의 편차와 오류를 최소화하는 데 중점을 둔다.

제로 에디슨은 프로젝트가 거의 완성되면, 갑자기 더 나은 아이디어를 제시하곤 했다. 이는 연구원들에게 "다시 처음부터 시작하라"는 의미였고, 많은 이들이 지쳤다.

하지만 에디슨은 이러한 지적을 받아들이지 않았다. 그는 "나는 완벽을 요구하지 않는다. 나는 가능한 한 최고를 요구할 뿐이다"라고 말했다. 그는 완벽주의가 아니라 최고주의를 추구한다고 주장했다. 그는 "완벽은 도달할 수 없다. 하지만 최고는 도달할 수 있다"라고 믿었다. 단 한 번의 획기적인 도약보다 매일의 점진적 발전을 우선시했던 에디슨의 방법론은 현대 지식 경영의 지속적 개선 모델을 연상시킨다.

그의 완벽주의는 가끔 광기로 변하기도 했다. 1882년, 새로운 전기 기계를 개발하면서, 한 부품의 재질을 놓고 6개월간 연구를 지연시켰다. 그동안 경쟁사들은 유사한 제품을 시장에 출시했지만, 그는 한번도 서두르지 않았다. 그는 "시장은 기다릴 것이다. 하지만 최고의 제품은 다시 만들어질 수 없다"라고 말했다. 이는 애플의 스티브 잡스가 "완벽하지 않은 제품은 출시하지 않겠다"고 말한 말한 소신과 같다.

에디슨의 완벽주의는 때로는 자학에 가까웠다. 그는 자신의 실수에 대해 누구보다도 엄격했다. 한 번은 실험 중 실수로 중요한 데이터를 날렸다. 그는 3일간 아무것도 먹지 않고, 계속해서 같은 실험을 반복했다. 팀원들이 "이미 충분합니다"라고 말해도, 그는 멈추지 않았다. 그는 "나는 내 자신에게 실수를 용서하지 않는다. 그것이 나를 더 강하게 만든다"라고 말했다. 이는 엘리트 운동선수들이 보이는 자기 징벌과 같은 패턴이다.

그러나 이러한 완벽주의는 때로는 혁신을 저해하기도 했다. 1883년, 그는 축음기의 개량 모델을 개발하며, 너무 많은 기능을 추가했다. 그 결과 제품은 복잡해졌고, 생산 비용은 급증했다. 시장에서는 더 심플하고 저렴한 경쟁 제품들이 인기를 끌었다. 그는 결국 처음으로 실패를 인정해야 했다. 그는 "나는 완벽을 추구하다가 좋은 것을 놓쳤다"라고 회고했다. 이는 'MVP(Minimum Viable Product)' 전략이나 '린(Lean)' 방법론의 중요성을 보여준다.

팀원들 사이에서도 에디슨의 완벽주의는 '양날의 검'이었다. 한편으로는 그들이 최고의 성과를 내게끔 동기부여를 했지만, 다른 한편으로는 극도의 스트레스를 주었다. 한 연구원은 "에디슨과 일하면, 당신은 당신의 최고의 능력을 발휘하게 된다. 하지만 동시에, 당신은 당신의 한계도 깨닫게 된다"라고 말했다.

에디슨 자신도 이러한 완벽주의의 대가를 치렀다. 그는 만성적인 불면증과 소화불량, 그리고 우울증을 앓았다. 그는 "완벽을 추구하는 삶은, 끝없는 마라톤과 같다"라고 말했다. 하지만 그는 그것을 후회하지 않았다. 그는 "고통은 창조의 동반자다. 고통이 없다면, 진정한 창조는 없다"라고 믿었다. 이는 소위 예술가들이 말하는 창조적 고통이라 할 수 있다.

결과적으로 에디슨의 완벽주의는 찬란한 영광 뒤에 짙은 그림자를 남겼다. 한편으로는 그를 역사상 가장 많은 발명을 한 사람으로 만들었지만, 다른 한편으로는 그의 건강과 사람의 관계를 파괴했다. 그는 60대에 접어들면서, 건강 악화로 인해 점차 연구를 줄여야 했다. 하지만 그는 "나는 완벽을 추구하며 살았고, 그것으로 충분하다"라고 말했다. 우리는 완벽과 완성 사이의 균형을 찾아야 한다. 때로는 좋은 것이 완벽한 것보다 더 의미 있을 수 있다는 것을 에디슨을 통해서 알 수 있다.

≫≫≫ 인류를 위해 빛을, 가정에는 어둠을

1871년 여름, 토마스 에디슨은 메리 스틸웰과 결혼을 약속했다. 그는 24세, 메리는 16세였다. 메리는 에디슨의 첫사랑이자, 그의 연구를 이해해주는 든든한 조력자였다. 하지만 그들의 결혼 생활은 곧 험난한 여정이 되었다. 메리는 일에만 몰두하는 남편에게 점점 서운함을 느꼈고, 에디슨은 자신이 가족에게 얼마나 소홀했는지 깨닫지 못했다.

2년 만에, 그들의 첫 아들 토미가 태어났다. 하지만 에디슨은 아들의 출생 며칠 후에 다시 연구실로 돌아갔다. 그는 "나는 아이를 위해 더 나은 세상을 만들어야 한다"라고 말했지만, 실제로는 아이와 보내는 시간보다 실험에 보내는 시간이 훨씬 많았다. 메리는 "토마스는 훌륭한 발명가지만, 좋은 남편이나 아버지는 아닌 것 같다. 그는 집에 있지만, 마음은 항상 연구실에 있다."라고 일기에 썼다.

1879년, 메리는 두 번째 아들 윌리엄을 출산했다. 그 해 겨울, 그녀는 심한 산후 우울증에 시달렸지만, 에디슨은 그 사실을 거의 인식하지 못했다. 그는 백열등 개발에 몰두하면서, 가족에 대한 가장의 책임을 완전히 등한시했다. 한 보조원은 "에디슨은 실험실에서 72시간을 연속으로 일하고도 피곤함을 느끼지 않지만, 집에 가서 30분만 아이들과 놀아도 지루함을 느꼈다."라고 증언했다.

메리의 건강은 점점 악화되었다. 그녀는 신경쇠약 증세를 보였고, 의사는 "남편의 관심과 배려가 필요하다"고 진단했다. 하지만 에디슨은 메리의 병세가 심각하다는 것을 깨닫지 못했다. 1884년 8월 9일, 메리는 29세의 나이로 세상을 떠났다. 그녀의 죽음은 에디슨에게 큰 충격이었지만, 그는 그 충격조차도 연구실에서 처리했다. 그는 "나는 슬프다. 하지만 나는 멈출 수 없다. 나는 더 나은 세상을 만들어야 한다"라고 말했다.

두 번째 결혼은 더 성공적이지 못했다. 1886년, 그는 20세의 젊은 미나 밀러((Mina Miller)[6]와 재혼했다. 하지만 그의 생활 패턴은 전혀 바뀌지 않았다. 미나는 일기에 이렇게 썼다. "나는 토마스의 아내지만, 나는 항상 그의 연구의 경쟁자처럼 느껴진다. 그는 나에게 시간을 주지 않는다." 그녀는 세 자녀를 낳았지만, 에디슨은 여전히 가정보다 연구를 우선시했다.

자녀들과의 관계도 소원했다. 첫 아들 토미는 아버지에 대한 원망을 숨기지 않았다. 그는 "나는 아버지를 존경한다. 하지만 나는 그를 사랑하지 않는다"라고 말했다. 토미는 나중에 알코올 중독에 시달렸고, 이는 부자 관계의 악화를 더욱 심화시켰다. 둘째 아들 윌리엄은 아버지를 피해 유럽으로 떠났다. 그는 "나는 에디슨의 아들이기보다는, 나 자신이 되고 싶다"라고 말했다.

에디슨은 자신의 가족 관계 실패를 인식하고 있었다. 하지만 그는 그것을 필요한 희생이라고 정당화했다. 그는 "모든 위대한 업적에는 희생이 따른다. 나는 가족을 희생했다. 하지만 나는 인류를 위해 일했다"라고 말했다. 이는 많은 위인들이 보여준 가정과 업적의 딜레마라고 할 수 있다.

그러나 에디슨도 변화를 시도했다. 1900년대에 접어들면서, 그는 의식적으로 가족과의 시간을 늘리려 했다. 그는 손자들과 놀아주려 노력했고, 가족 여행도 가끔 떠났다. 하지만 그의 노력은 여전히 연구실 중심이었다. 그는 가족 여행지에서도 연구 일지를 썼고, 새로운 아이디어를 노트에 적었다. 그의 아내 미나는 "그는 여기에 있지만, 여기에 있지 않다"라

---

6) 첫 번째 부인인 메리 스틸웰이 사망한 후, 에디슨은 1886년 2월 24일에 20세였던 미나 밀러와 재혼했다. (당시 에디슨은 39세). 밀러는 발명가이자 부유한 제조업자였던 루이스 밀러(Lewis Miller)의 딸이었다. 그녀는 사교적이고 지적인 여성이었으며, 에디슨이 발명에 집중할 수 있도록 가정을 훌륭하게 이끌어 '그림자 내조'의 표본으로 불리기도 한다.

고 말했다.

가장으로서의 처참한 낙제점은, 발명이라는 이름 아래 그가 얼마나 많은 사적인 가치들을 희생시켰는지를 단적으로 보여준다. 그는 천재적인 발명가였지만, 동시에 서툰 남편이자 아버지였다. 그는 기술적으로는 완벽주의자였지만, 인간 관계에서는 매우 무능했다. 그는 수천 개의 기계를 고칠 수 있었지만, 자신의 가족을 고치지 못했다. 이는 오늘날의 많은 테크 리더들이 직면하는 딜레마와 같다. 기술적 성공과 인간적 성공은 항상 일치하지 않는다는 것을 에디슨은 보여주었다.

결국 에디슨의 가족 관계는 그의 위대한 업적의 그림자였다. 그는 인류를 위해 빛을 만들었지만, 자신의 가정에는 어둠을 남겼다. 그는 전 세계를 밝혔지만, 자신의 가족은 결코 행복하지 않았다. 그러나 이 결함은 그를 더 인간적으로 만들었다. 그는 신이 아닌, 단순한 인간이었다. 그리고 그 인간적인 결함은 오히려 그의 천재성을 더욱 빛나게 만들었다. 오늘날의 기술 리더들은 기술적 천재성은 인간적 완성과 항상 일치하지 않으며, 양자의 균형을 찾는 것이 진정한 리더십이라는 것을 기억해야 한다.

>>> 영원한 실험정신과 도전 욕구

1931년 10월 18일, 뉴저지 주 웨스트오렌지의 자택에서 토마스 에디슨은 84세의 나이로 생의 마지막 순간을 맞이했다. 그의 침대 옆에는 여전히 연구 노트가 놓여 있었고, 그의 손에는 펜이 들려 있었다. 그는 마지막 순간까지도 새로운 아이디어를 기록하고 있었다. 간호사는 증언했다. "그는 죽는 순간까지도 더 나은 방법을 찾고 있었습니다. 그의 눈은 여전히 빛나고 있었습니다." 에디슨의 영원한 실험정신과 도전 욕구를 가장 잘 보여주는 장면이었다.

에디슨은 80세가 넘어서도 여전히 매일 연구실에 출근했다. 그는 "나이는 숫자에 불과하다. 중요한 것은 두뇌의 활력이다"라고 말했다. 그는 하루에도 여러 번 연구실을 오가며, 새로운 프로젝트를 검토하고, 젊은 연구원들을 지도했다. 그는 "나는 아직도 많은 것을 모른다. 그리고 그것을 아는 것이 나를 살게 한다"라고 말했다. 부단한 자기 혁신을 통해 한계를 돌파했던 그의 삶은 현대 평생 교육의 화두인 성장 마인드셋의 원형을 연상시킨다.

그의 마지막 프로젝트 중 하나는 대마(Hemp)를 이용한 고무 제조였다. 그는 전통적인 고무 의존도를 줄이기 위해, 대마에서 고무를 추출하는 방법을 연구하고 있었다. 그는 "우리는 더 지속 가능한 미래를 위해 일해야 한다"라고 말했다. 이는 친환경 기술이나 순환 경제 개념과도 일맥상통하는 비전이다.

에디슨은 죽기 며칠 전까지 쓴 마지막 일지에는 이렇게 적혀 있었다. "오늘 나는 새로운 아이디어를 얻었다. 이것은 아직 완성되지 않았지만, 누군가는 이것을 완성할 것이다. 나는 내일 다시 시도할 것이다." 이는 그가 죽음을 앞두고도 여전히 미래를 내다보고 있었음을 보여준다.

그는 죽음 자체도 하나의 실험으로 받아들였다. 그는 "나는 죽음을 두려워하지 않는다. 왜냐하면 나는 그것이 또 하나의 모험이라고 믿기 때문이다"라고 말했다. 그는 죽음을 두려워하지 않았다. 오히려 그것을 새로운 여정의 시작이라고 여겼다. 이는 많은 위대한 과학자들이 보여준 죽음에 대한 태도와 궤(軌)를 같이 한다.

에디슨의 도전 정신은 죽음을 앞두고도 멈추지 않았다. 그는 의사에게 "나는 아직도 10년은 더 살 수 있다. 나는 아직 많은 일을 해야 한다"라고 말했다. 그는 자신의 연구가 완성되지 않았다는 것을 가장 큰 아쉬움으로 여겼다. 그는 "완성되지 않은 발명가의 삶은, 완성되지 않은 교향곡과 같다"라고 말했다.

그는 후대를 위한 메시지도 남겼다. 그는 젊은 연구원들에게 "여러분은 나보다 더 똑똑하고, 더 많은 도구를 가지고 있다. 하지만 여러분은 나만큼 열정적이지 않을 수 있다. 그것이 여러분이 극복해야 할 것이다"라고 말했다. 그는 열정이야말로 진정한 혁신의 원천이라고 믿었다.

에디슨의 마지막 말은 "그것은 아름답다. 그것은 매우 아름답다"였다. 그는 무엇을 보았는지는 알 수 없지만, 아마도 그는 자신의 삶이 만들어낸 아름다운 결과물을 보았을 것이다. 그는 자신의 삶을 '아름다운 실험'으로 간주했으며, 그 실험은 죽음으로 끝났지만, 그 결과는 영원히 지속될 것이었다.

그의 죽음은 단순한 한 인간의 죽음이 아니라, 한 시대의 끝이었다. 뉴욕 타임스는 그의 죽음을 "미국이 잃은 가장 위대한 아들"이라고 표현했다. 전국에 조기가 내려졌고, 많은 사람들이 자발적으로 애도했다. 하지만 에디슨은 죽음을 두려워하지 않았다. 그는 "나는 죽는 것이 아니라, 다음 단계로 넘어가는 것이다"라고 말했다.

결국 에디슨의 영원한 실험정신은 그가 죽은 후에도 지속되었다. 그의 연구실은 박물관으로 변했고, 그의 발명품들은 전 세계적으로 전시되었다. 그의 철학은 수많은 연구원들과 기업가들에게 영감을 주었다. 진정한 혁신가는 죽음조차도 연구의 대상으로 간주하며, 삶의 마지막 순간까지도 도전을 멈추지 않는다는 것을 보여준다.

우리는 때로는 기술의 발전 속도에만 집중하면서, 정작 중요한 것 즉, 끊

토마스 에디슨,
멘토파크 연구소

임없는 도전과 열정을 잊을 때가 있다. 에디슨은 "기술은 도구일 뿐이며, 중요한 것은 그 도구를 어떻게 사용하느냐가 아니라, 왜 사용하느냐이다" 라는 것을 일깨워준다. 그의 영원한 실험정신은 오늘날 우리에게도 도전하고, 끊임없이 학습하며, 그리고 결코 멈추지 말라고 말하고 있다.

[출처_wikipedia.org]

칼 마르크스
(Karl Marx, 1818-1883)

"The philosophers have only interpreted the world,
 in various ways.
 The point, however, is to change it."

"철학자들은 다양한 방식으로 세계를 해석해 왔다.
 그러나 요점은 그것을 변화시키는 것이다."

제8장

전기 시대의 개막과 AI의 시사점

에디슨이 창조한 전기는 조명 기술이 아니라 '연결된 문명'의 첫 번째 모델이었다. 이는 기계 공학의 패러다임을 완전히 바꾼 발견이었다. 전기 시대가 우리에게 가르쳐준 가장 위대한 교훈은, 기술 혁명은 인간의 선택이 만들어낸다는 것이다. AGI 시대도 마찬가지다. 우리가 AI를 통해 어떤 미래를 만들어갈 것인가는, 오늘 우리가 내리는 선택과 행동에 달려있다.

≫≫ 전기가 만든 새로운 문명

1879년 12월 31일, 멘로파크(Menlo Park) 연구소. 토마스 에디슨을 둘러싼 소규모 관중 앞에서 40개의 전구가 동시에 환히 빛났다. 이 역사적인 장면은 기술적 성과를 넘어, 인류 문명의 궤적을 영원히 바꿔놓은 결정적 변곡점이었다. 에디슨은 이 장면을 목격하면서 "우리는 지금, 어둠의 시대를 끝내고 빛의 시대로 들어서고 있다"고 말했다.

이것은 지나친 과장이 아니었다. 전기는 인류가 석유나 가스처럼 직접 연료를 연소시켜 에너지를 얻는 방식에서 벗어나, 보이지 않는 힘을 통해 빛과 열, 동력을 자유자재로 조작하는 새로운 문명을 창조한 것이다.

전기의 등장은 인간의 삶의 리듬 자체를 바꾸어놓았다. 해가 지면 활동이 중단되던 인류의 수천 년 역사에 처음으로 밤을 낮처럼 만들 수 있는 시대가 도래한 것이다. 1882년 뉴욕의 진리회(Pearl Street) 발전소가 가동을 시작하면서 최초로 상업용 전기가 공급되었을 때, 사람들은 경이로움을 감추지 못했다.

〈뉴욕 타임스〉는 "도시의 밤이 새하얗게 변했다. 사람들은 거리를 배회하면서 마치 새로운 세상을 탐험하는 탐험가처럼 행동했다"고 보도했다. 이것은 지엽적인 조명의 혁신이 아니라 시간의 개념 자체를 재정의한 문명적 전환이었다.

에디슨이 창조한 전기 문명의 가장 혁신적 측면은 에너지의 탈재료화였다. 톱날이나 방직기처럼 기계는 물리적인 힘을 직접 전달하는 방식에서 벗어나, 보이지 않는 전류를 통해 동력을 원하는 곳으로 전송할 수 있게 된 것이다.

이는 기계 공학의 패러다임을 완전히 바꾼 발견이었다. 1890년대 미국 공장들이 증기 기관에서 전동기로 전환하면서 생산성이 평균 30% 이상 향상되었고, 공장 설계 역시 복잡한 축(Shafts, 동력 전달축)과 풀리(Pulleys, 바퀴)의 제약에서 벗어나 보다 유연하고 효율적인 배치가 가능해졌다.

전기는 도시의 형태와 구조 자체를 재편성하는 문명적 힘으로 작용했다. 밤거리가 밝아지면서 상업활동은 24시간 체제로 전환되었고, 극장과 레스토랑, 백화점 같은 야간 문화시설이 번성했다. 1895년 뉴욕의 더 클리프 드웰러(The Cliff Dweller)지는 "전기는 도시를 잠들지 않는 불멸의 도시로 변모시켰다. 이제 밤은 더 이상 두려움의 대상이 아니라 기회의 시간이 되었다"고 선언했다. 이는 부분적인 기술적 변화를 넘어 인간의 사회적 행동 패턴과 문화 전체를 재구성한 문명혁명이었다.

에디슨이 이해했던 전기의 진정한 혁신성은 바로 이 연결성에 있었다. 전기는 단독으로 작동하는 기계를 넘어, 발전소-송전선-소비자를 하나의 거대한 네트워크로 연결하는 첫 번째 인프라 네트워크였다. 이는 인류 최초의 실시간 에너지 유통망이자, 오늘날 인터넷과 같은 디지털 네트워크의 원형이었다.

1900년 미국의 전기 기술자 찰스 프로테우스 스타인메츠[1]는 "전기는 일상의 에너지가 아니라 사회적 삶의 새로운 조직 원리"라고 선언했다. 이런 관점에서 보면 에디슨이 창조한 것은 조명 기술이 아니라 '연결된 문명'의 첫 번째 모델이었다.

전기는 산업 생산의 방식 자체를 근본적으로 변화시켰다. 증기기관 시대에는 동력원이 거대하고 고정적이어야 했기 때문에 공장은 반드시 수력이

---

1) 찰스 프로테우스 스타인메츠(Charles Proteus Steinmetz, 1865-1923)는 '전기 공학의 마법사'라고 불리는 전설적인 인물이다. 에디슨, 테슬라와 어깨를 나란히 하지만 상대적으로 덜 알려져 있는데, 사실 그가 없었다면 현대의 전력망 시스템은 완성되지 못했을 것이다. 그는 전기가 우리 집까지 안전하고 효율적으로 올 수 있도록 수학적 기초를 완성했고, GE의 수석 엔진니어로 회사이 기술적 난제를 도맡아 해결한 사람이다.

나 석탄 공급이 가능한 특정 지역에 위치해야만 했다. 그러나 전기의 등장으로 공장은 동력원에서 자유로워졌다. 1907년 〈하버드 비즈니스 리뷰〉는 "전기는 공장을 수력과 석탄의 노예에서 해방시켰다. 이제 공장은 노동력과 시장에 더 가까운 곳에 설립될 수 있다"고 분석했다. 이는 산업의 지리적 분포 패턴을 완전히 바꾼 문명적 전환이었다.

에디슨이 개척한 전기 문명의 가장 깊은 의미는 '에너지의 디지털화'에 있었다. 석탄이나 석유처럼 물리적인 형태를 가진 연료와 달리, 전기는 1과 0과 같은 디지털 신호처럼 보이지 않는 상태로 존재하면서도 엄청난 일을 할 수 있었다. 이는 물질과 정보의 경계를 모호하게 만든 첫 번째 기술이었다. MIT의 과학자 토머스 퍼글스는 "전기는 물질에서 정보로, 에너지에서 데이터로의 첫 번째 진정한 전이(轉移)"라고 평가했다. 이런 관점에서 보면 에디슨은 보통의 발명가가 아니라 디지털 시대의 예고자였다.

전기는 인간의 지각과 감각 세계 자체를 확장하는 문명적 힘을 발휘했다. 밤하늘을 밝히는 네온사인, 움직이는 전차의 불빛, 극장의 조명은 도시를 하나의 거대한 시각적 경험으로 바꾸어놓았다. 프랑스의 사회학자 발터 벤야민은 "전기는 도시를 꿈과 현실의 경계가 사라진 '환영적 공간'으로 만들었다"고 관찰했다. 이는 기술적 변화를 넘어 인간의 미학적 경험과 감각 구조를 재편한 인류사적 전환점이었다.

AI 또한 전기처럼 보이지 않는 힘으로서 실재하면서도 우리의 삶의 모든 영역을 재편성할 사회 구조적 엔진이 될 것이다. 구글의 AI 연구장 제프 딘이 최근 "AI는 전기처럼 보편적이고 필수적인 인프라가 될 것"이라고 예측했다. 마치 에디슨이 전기를 한낱 조명을 밝히는 도구가 아니라, 새로운 문명의 기반으로 이해했던 것처럼, 우리도 AI를 수단적인 기술이 아니라 인류 문명의 새로운 조직 원리로 이해해야 한다. 전기가 시간과 공간의 개념을 재정의했던 것처럼, AI는 지능과 창조성의 개념을 재정립할 것이다.

에디슨이 1883년 〈사이언스〉지에 기고한 글의 마지막 문장은 오늘날 AI 시대를 사는 우리에게도 깊은 감명을 준다. "전기는 인류에게 주어진 가장 위대한 도구이다. 그러나 그것이 위대한 이유는 우리가 무엇을 만들고, 어떻게 살아갈 것인가를 완전히 새롭게 생각하게 만들었기 때문이다." 지금 우리 앞에 놓인 AI 또한 이와 같은 문명적 기회를 제공하고 있다. 중요한 것은 기술 자체가 아니라 우리가 그 기술을 통해 어떤 새로운 문명을 창조할 것인가하는 근본적인 질문에 답하는 것이다.

>>> 빛의 민주화에서 지능의 민주화로

1908년 10월 1일, 미시간 하이랜드파크의 포드 공장에서 첫 번째 모델 T가 조립라인을 따라 천천히 움직이기 시작했다. 이 순간은 단순한 자동차 생산이 아니라 인류 최초의 대량생산(Mass Production) 시스템이 탄생한 역사적 순간이었다. 헨리 포드는 이 혁신을 "우리는 기계를 움직이는 것이 아니라, 아이디어를 움직이고 있다"고 정의했다.

그러나 이 위대한 아이디어의 뿌리는 토마스 에디슨이 25년 전인 1883년 뉴저지의 전구 공장에서 시작되었다. 에디슨은 최초로 표준화된 부품과 분업화된 작업을 도입하여 하루에 1,200개의 전구를 생산하는 시스템을 구축했고, 이것이 바로 현대 대량생산의 원형이었다.

에디슨의 대량생산 혁신은 단편적인 규모의 확대가 아니라 '품질의 표준화'에서 시작되었다. 1880년대 초만 해도 전구는 수제품이어서 하나하나 밝기와 수명이 달랐다. 에디슨은 "뉴욕의 한 거리에 설치된 전구들이 서로 다른 밝기를 내면, 사람들은 전기 조명 자체를 믿지 않을 것"이라고 이해했다.

그는 1881년 세계 최초로 품질 관리 시스템을 도입하여 모든 전구가 동일한 16 촉광을 내고 600시간 수명을 가지도록 강제했다. 이는 규격화라는 새로운 개념을 제조업에 도입한 최초의 사례로, 공장 생산의 근본적인 체계를 완전히 바꾸었다.

분업화의 혁신은 에디슨이 1882년 시카고 전기 박람회에서 목격한 육류 가공 공장의 분해 라인에서 영감을 받았다. 그는 이 개념을 조립에 역적용하여, 각 작업자가 하나의 특정 작업만 담당하도록 하는 시스템을 고안했다.

1883년 〈프랭클린 저널〉은 에디슨의 공장을 취재하면서 "한 명의 작업자가 하루 종일 같은 나사를 2,400번 조이고, 그 다음 작업자가 같은 위치에 와이어를 2,400번 연결한다. 이는 예술이 아니라 교과서 같은 정밀함"이라고 보도했다. 이 단순한 반복작업이 오히려 생산성을 폭발적으로 증가시킨 것이다.

에디슨의 가장 혁신적 발상은 재고 없는 생산 시스템이었다. 그는 "창고에 쌓아두는 것은 생산된 것이 아니라, 죽은 것"이라는 신념을 가지고 있었다. 1884년 그는 세계 최초로 Just-In-Time[2] 개념을 도입하여 필요한 부품이 정확히 필요한 시점에 생산되도록 시스템화했다.

이를 통해 전구 한 개당 생산 비용이 1.25달러에서 0.40달러로 68% 감소했고, 생산 시간은 3일에서 6시간으로 80% 단축되었다. 하버드 비즈니스 스쿨의 데이비드 존스턴 교수는 "이것이야말로 현대 린 생산(Lean

---

2) 물류나 생산 관리 분야에서 쓰이는 'Just-In-Time(JIT, 적기 생산 방식)'은 한 마디로 "필요한 것을, 필요한 때에, 필요한 만큼만" 만들거나 공급하여 재고를 최소화하는 경영 전략이다. 일본의 도요타(Toyota) 자동차에서 처음 개발되었다. 제2차 세계대전 이후 자원이 부족했던 일본에서, 창고에 쌓아두는 '낭비'를 없애고 효율을 극대화하기 위해 고민한 결과 탄생한 방식이다.

Production)[3]의 원형"이라고 평가했다.

대량생산의 핵심은 교환 가능한 부품이었다. 에디슨은 1885년 세계 최초로 공차(Tolerance)[4] 개념을 도입하여 모든 부품이 완전히 동일한 치수를 가지도록 시스템화했다. 그는 "만약 전구 하나를 분해해서 다시 조립할 때, 원래의 그것과 완전히 동일하지 않다면, 우리의 시스템은 실패한 것"이라고 말했다.

이는 정밀 제조라는 새로운 분야를 창출했고, 오늘날 반도체와 같은 나노 기술의 기반이 되었다. MIT의 제조 공학 교수 윤영표는 "에디슨이 만든 공차 개념은 제4차 산업혁명의 디지털 제조 기술로도 직결된다"고 설명한다.

에디슨의 대량생산 시스템은 인간의 한계를 극복하는 방식으로 설계되었다. 그는 "인간은 완벽할 수 없으므로, 시스템이 불완전함을 용인하도록 만들어야 한다"는 혁명적 사고를 가지고 있었다. 1886년 그는 세계 최초로 자동화 검수 시스템을 도입하여 생산된 모든 전구가 자동으로 품질 검사를 받도록 했다. 이는 '인공지능 품질 관리'의 초기 모델로, 기계가 인간을 보완하는 시스템의 시초였다. 이것은 오늘날 AI가 제조업에 적용되는 방식과 놀라울 정도로 비슷하다.

노동력의 재편성은 에디슨 대량생산 시스템의 또 다른 혁신이었다. 기존의 숙련공 중심 시스템에서 벗어나, 단순 반복작업을 할 수 있는 반숙련 공장 노동자라는 새로운 계층을 창출한 것이다. 1887년 〈뉴욕 타임즈〉는 "에

---

3) 린 생산(Lean Production)은 말 그대로 생산 과정에서 '군살(Lean)'을 뺀다는 뜻으로, 인력·설비·재고 등 모든 자원에서 불필요한 낭비를 철저히 제거하여 효율을 극대화하는 생산 시스템을 말한다. 이 방식은 일본 도요타 자동차의 TPS(Toyota Production System)를 1990년대 미국 MIT 연구진이 체계화하며 붙인 이름이다.

4) 공차(Tolerance)는 공학, 특히 기계 공학 및 제조 분야에서 매우 핵심적인 개념이다. 이는 제품이 정상적으로 작동하기 위해 허용되는 치수, 모양, 위치 등의 오차 범위를 의미한다. 공차란 설계자가 요구하는 기준 치수(Nominal Size)로부터 허용되는 최대 허용 오차와 최소 허용 오차 사이의 범위다. 쉽게 말해, 완벽하게 정확할 필요는 없지만, 이 범위 내에서는 괜찮다"는 것을 숫자로 정해 놓은 기준이다.

디슨의 공장에서 일하는 것은 기술을 배우는 것이 아니라, 기계의 리듬에 몸을 맞추는 것"이라고 분석했다. 이는 '인간-기계 인터페이스'라는 새로운 개념을 제조업에 도입한 것으로, 오늘날 협동 로봇과 같은 개념으로 진화하고 있다. 에디슨은 140년 전 인간과 기계의 최적화된 협업 시스템을 고안한 셈이다.

대량생산의 가장 깊은 의미는 접근성의 민주화에 있었다. 에디슨은 1889년 "전구는 부자만의 것이 아니라, 모든 사람의 것이 되어야 한다"는 선언과 함께, 대량생산을 통해 전구 가격을 95%나 인하하는 데 성공했다. 이는 기술의 민주화라는 새로운 개념을 제시한 것으로, 혁신 기술이 사회 전체의 삶의 질을 향상시킬 수 있다는 증거였다. 하버드 대학의 경제학자 클라우디아 골딘은 "에디슨이 만든 대량생산 시스템이야말로 미국의 중산층을 형성한 근본적 동력"이라고 평가한다.

에디슨의 대량생산 철학은 지속적 개선에 있었다. 그는 "완벽한 시스템은 존재하지 않는다. 오늘의 완벽은 내일의 부족함"이라는 사고방식으로, 매일 생산 공정을 1%씩 개선하는 카이젠(Kaizen)[5]의 원리를 1890년대에 이미 실천하고 있었다. 그의 공장에서는 매주 개선 아이디어 경진대회가 열렸고, 작은 개선 아이디어 하나당 5달러의 상금이 주어졌다. 이는 혁신적 조직 문화라는 개념을 제조업에 도입한 최초의 사례로, 구글의 20% 규칙[6]과 같은 현대적 혁신 제도의 원형이었다.

AI 시대를 살아가는 우리에게 에디슨의 대량생산 혁신은 스케일의 철학

---

5) 카이젠(Kaizen)은 일본에서 유래한 경영 철학이자 실천 방법론으로, '개선(改善)'이라는 뜻을 가지고 있다. 매일 생산 공정을 1%씩이라도 꾸준히 개선해 나가는 것을 핵심 원리로 삼고 있다. 일상적이고 지속적인 작은 변화를 통해 궁극적으로 크고 의미있는 성과를 달성하는데 중점을 둔다.

6) 구글의 '20% 규칙(20% Rule)'은 직원들이 공식적인 업무 시간 중 약 20%를 본래의 직무와는 관계없이 스스로 관심 있는 프로젝트나 새로운 아이디어를 탐구하는 데 할애하도록 장려하는 사내 혁신 정책이다.

을 제공한다. AI 또한 기능적인 기술이 아니라, 어떻게 대량의 지능을 효율적으로 생산하고 분배할 것인가하는 문제를 포함하고 있다. 일론 머스크는 최근 "AI의 미래는 에디슨이 만든 대량생산 시스템과 같다. 중요한 것은 더 많은 지능을 더 저렴하게, 더 많은 사람들에게 제공하는 것"이라고 말했다. 마치 에디슨이 전구를 대량생산하여 빛의 민주화를 실현했던 것처럼, AI도 지능의 민주화를 실현해야 할 것이다.

1901년, 에디슨은 생전 마지막 인터뷰에서 이렇게 말했다. "나는 전구를 발명한 것이 아니다. 나는 전구를 만드는 시스템을 발명했다." 그의 말을 오늘에 적용한다면 AI라는 제품이 아니라, AI를 효율적으로 만들고, 안전하게 검증하고, 공정하게 분배하는 시스템을 만드는 것이다. 에디슨이 대량생산을 통해 기술의 민주화를 실현했던 것처럼, 우리도 AI 시대에 지능의 민주화를 실현해야 할 것이다.

>>> 교류 전쟁의 교훈, 진화 가능한 기술표준

1882년 11월, 뉴욕의 한 강당에서 전류 전쟁의 첫 번째 주요 전투가 벌어졌다. 토마스 에디슨이 직류(DC, Direct Current)를 옹호하는 반면, 조지 웨스팅하우스와 니콜라 테슬라[7]는 교류(AC, Alternating Current)를 주

---

7) 니콜라 테슬라(Nikola Tesla, 1856-1943)는 현대 전력 시스템의 근간을 만든 '시대를 앞서간 천재 발명가'이다. 에디슨이 비즈니스와 실용화에 능했다면, 테슬라는 전기의 원리를 깊이 이해하고 미래를 설계한 선구자였다. 테슬라의 가장 큰 업적은 전기를 멀리 효율적으로 보낼 수 있는 교류(AC) 방식을 확립한 것이다. 직류(DC)를 고집했던 에디슨과 교류(AC)를 제안한 테슬라는 격렬하게 대립했다. 무선 통신을 마르코니보다 앞서 무선 전송의 원리를 발견했으며, 스마트폰의 원조 격인 '손바닥만 한 기기로 전 세계와 통신하는 미래'를 이미 100년 전에 예견했다. 테슬라는 돈을 버는 비즈니스에는 관심이 없었다. 그는 인류를 위해 교류 특허권을 포기했고, 말년에는 비둘기들과 대화하며 가난하게 지냈다. 하지만 그의 이름은 오늘날 자성 강도의 단위(T)와 일론 머스크의 전기차 회사 '테슬라(Tesla)'로 영원히 남게 되었다.

장했다. 에디슨은 무대 위에서 직류로 작동하는 전구들을 켜며 "이것이 안전하고 안정적인 미래"라고 선언했다.

그러나 그는 단편적인 기술의 우열을 넘어, 표준이라는 개념 자체가 가진 문명적 힘을 직감하고 있었다. 에디슨은 "기술은 혼자 살아갈 수 없다. 그것은 생태계이며, 표준은 그 생태계의 DNA"라고 말했다. 이는 기술 표준화가 일반적인 기술 문제가 아니라 사회 패러다임의 방향을 결정하는 존재론적 이슈라는 점을 강조한 것이다.

직류와 교류의 대결은 기술적 차원을 넘어 삶의 방식 전체에 대한 메커니즘의 차이를 드러냈다. 에디슨의 직류는 분산형 에너지의 가치를 담고 있었다. 각 건물이나 지역에 소규모 발전소를 두어 자급자족하는 방식으로, 이는 마치 오늘날 태양광 패널과 같은 분산형 에너지 민주주의의 원형이었다. 그는 1884년 〈전기 세계〉지에 "전기는 중앙집중식이 아니라, 개인의 손안에 있어야 한다"고 주장했다. 이는 기술이 권력을 분산시켜야 한다는 민주적 기술 사상이었다.

그러나 교류 시스템은 중앙집중형 에너지의 효율성을 보여주었다. 변압기를 통해 전압을 자유자재로 조절할 수 있는 교류는 장거리 송전이 가능했고, 이는 거대한 중앙 발전소에서 전체 지역을 공급하는 방식이 가능하게 했다. 전기 공학의 혁신가이자 발명가인 니콜라 테슬라(Nikola Tesla)는 "효율성이 민주주의다. 더 저렴한 전력은 더 많은 사람들에게 혜택을 준다"고 반론했다.

이는 기술적 효율성이 곧 사회적 정의라는 공리주의적 기술관(Utilitarianism in Technology)[8]이었다. 양측의 논쟁은 오늘날 AI 개발에서 오픈

---

8) 기술의 발전과 적용을 '최대 다수의 최대 행복'이라는 도덕 원칙에 따라 판단하고 평가해야 한다는 관점이다. 즉, 어떤 기술이 가장 많은 사람에게 가장 큰 이익(효용)을 가져다주는가를 기술 정책 및 개발의 궁극적인 기준으로 삼는다.

소스 vs 폐쇄소스, 분산형 AI vs 중앙집중형 AI 논쟁과 놀라울 정도로 유사하다.

표준화 전쟁의 전환점은 1893년 시카고 세계 박람회였다. 박람회 조직위원회는 전력의 시대를 상징하기 위해 전체 전력 시스템을 교류(AC)로 결정했다. 테슬라의 교류 시스템이 밤하늘을 밝히는 장관을 연출하면서, 수많은 관중들은 교류의 우월성을 목격했다. 그러나 에디슨은 이 패배 속에서도 중요한 교훈을 얻었다. 그는 "표준은 기술적 우열로 결정되는 것이 아니라, 사회적 선택과 타협으로 만들어진다"고 깨달았다. 이는 기술 표준이 기술의 문제가 아니라 사회적 합의의 산물이라는 인식이었다.

에디슨은 패배를 인정하면서도 표준화의 철학을 완성시켰다. 그는 1895년 〈전기 엔지니어〉지에 "표준은 영원하지 않는다. 그것은 진화하는 생명체"라고 썼다. 실제로 AC가 표준이 된 지 100년이 지난 지금, 우리는 다시 직류(DC)의 부활을 목격하고 있다. 데이터센터와 휴대전화, 전기차는 모두 직류 전력을 사용하고 있다. MIT의 전기공학 교수 미카엘 존스는 "기술 표준은 원형 회전의 역사를 따른다. 오늘의 패자가 내일의 승자가 될 수 있다"고 설명한다. 표준이 시대적 요구와 기술적 성숙도에 따라 가변적으로 재구성될 수 있다는 점은 혁신의 본질적 속성을 표현하는 것이다.

표준화의 가장 깊은 의미는 호환성의 창조에 있었다. 에디슨은 1896년 "서로 다른 기계가 서로 대화할 수 있을 때, 진정한 기술 생태계가 탄생한다"고 말했다. 그는 전구뿐만 아니라 소켓, 스위치, 전선까지 모든 전기 부품의 표준을 정의하여, 서로 다른 제조사의 제품들이 호환되도록 했다.

이는 플러그 앤 플레이(Plug and Play)[9]라는 개념의 시초로, 오늘날 USB

---

9) 플러그 앤 플레이(Plug and Play, PnP)는 컴퓨터 하드웨어 및 소프트웨어 분야에서 사용되는 개념으로, 새로운 장치나 주변 기기를 컴퓨터에 연결(plug)하는 즉시, 사용자가 복잡한 설정이나 드라이버 설치 없이 바로 사용할 수 있게(play) 해주는 기능을 의미한다. PnP

나 Wi-Fi 같은 디지털 표준의 원형이 되었다. 세계경제포럼의 클라우스 슈밥은 "에디슨이 만든 표준화 철학이야말로 4차 산업혁명의 기반이 되었다"고 평가한다.

전류 전쟁은 '안전성 vs 효율성'의 이념적 대립이기도 했다. 에디슨은 1890년 뉴욕의 교류 전기 의자 실행을 목격하고 "교류는 살인자"라고 선언하며 교류의 위험성을 적극 선전했다. 그는 전기가 안전하지 않다면 아무리 효율적이어도 의미가 없다는 윤리적 기술관을 가지고 있었다. 이는 오늘날 AI 개발에서 안전한 AI vs 효율적인 AI 논쟁과 정확히 일치한다. 구글의 AI 윤리 연구자 팀닛 가브루는 "에디슨이 보여준 것처럼, 기술 표준은 윤리적 선택이며, 사회적 가치를 반영해야 한다"고 강조한다.

표준화는 경쟁의 민주화를 가능하게 했다. 에디슨이 정의한 표준은 특정 기업의 독점이 아니라, 모든 기업이 참여할 수 있는 공개된 규격이었다. 이는 표준 특허라는 개념을 탄생시켜, 혁신을 독점하는 것이 아니라 공유하는 방식으로 바꾸었다. 1903년 그는 "표준은 경쟁의 장벽이 아니라, 경쟁의 놀이터"라며 특허를 공개적으로 라이선스하는 시스템을 도입했다. 이는 오픈소스 운동과 표준 특허 라이선싱의 시초로, 오늘날 5G 표준 개발 방식[10]과 동일하다.

AI 기술 패권 경쟁이 가속화되는 현시점, 에디슨과 테슬라의 격돌은 플랫폼 생태계의 패러다임을 이해하는 결정적 단초가 된다. AI 표준화에서도 단순한 기술적 우열을 넘어, 사회적 가치와 윤리적 선택, 그리고 장기적인 진화 가능성을 고려해야 한다. 마치 에디슨이 직류의 패배를 통해 배운 것

의 핵심은 장치 연결 시 운영 체제(OS)가 장치를 자동으로 인식, 구성 및 준비하여 사용자의 개입을 최소화하는 데 있다.

10) 5G 이동통신 기술 표준은 특정 기업이나 단독 국가가 독점적으로 개발하는 것이 아니라, 전 세계 이동통신 관련 주요 기관들이 참여하는 국제 표준화 기구를 통해 합의 기반(Consensus-based)으로 개발되었다.

처럼, 표준화는 영원한 승리가 아니라 끊임없는 진화의 과정이다. 전기의 표준화가 산업혁명을 가속화했듯이, AI의 표준화도 4차 산업혁명의 속도를 결정할 것이다.

1903년 에디슨은 강연에서 이렇게 말했다. "표준은 과거를 위한 것이 아니라, 미래를 위한 것이다. 우리가 오늘 만들어 놓은 표준이 100년 후에도 유효하다면, 그것은 우리가 실패한 것이다." AI 표준화에서 중요한 것은 현재의 기술을 고착시키는 것이 아니라, 미래의 혁신을 가능하게 하는 진화 가능한 표준을 만드는 것이다. 에디슨이 보여준 것처럼, 표준화는 종착역이 아니라 다음 혁신을 위한 출발점이어야 한다.

>>> AI 시대, 전기 시대로부터 배우다

2024년, 샌프란시스코의 한 AI 컨퍼런스에서 구글의 CEO 순다르 피차이는 "우리는 150년 전 에디슨이 직면했던 것과 동일한 문명적 전환점에 서 있다"고 발언했다. 그는 1882년 뉴욕의 진리회 발전소가 세계 최초로 상업용 전기를 공급한 것처럼, 2024년은 AI가 상업적 인프라로서 대중화되는 원년이 될 것이라고 예측했다.

실제로 에디슨이 전기를 통해 빛의 민주화를 실현했던 것처럼, 오늘날의 AI 혁신가들은 지능의 민주화를 실현하려 하고 있다. 이는 우연한 역사의 닮은꼴을 넘어, 새로운 기술이 세상을 재편할 때 따르는 거대한 필연의 법칙을 보여준다.

전기 시대가 우리에게 남긴 본질적 가치는 인프라의 민주화가 곧 기회의 민주화로 직결된다는 점에 있다. 1890년 미국 도시의 5%만이 전기를 사용했지만, 1920년에는 70%로 증가하면서, 전기는 더 이상 특권이 아니라 기본권이 되었다. 이는 도시뿐만 아니라 시골 지역까지 확대되면서, 지리적 불평등을 해소하는 강력한 도구가 되었다.

오늘날 AI도 이와 같은 길을 걷고 있다. OECD는 2024년 보고서에서 "AI가 2030년까지 전 세계 인구의 80%에게 접근 가능해질 것"이라고 전망했다. 마치 전기가 농촌의 삶의 질을 극적으로 향상시켰던 것처럼, AI도 교육과 의료, 행정 서비스의 격차를 해소하는 도구가 될 것이다.

에디슨이 정립한 시스템 혁신의 원리는 인공지능이 산업 전반을 재편하는 현시점에도 변함없는 유효성을 지닌다. 그는 전구를 발명하는 것에 그치지 않고, 발전소-송전선-미터기-소켓까지 전체 생태계를 설계했다. 이는 플랫폼 혁신의 원형으로, 개별 기술이 아니라 기술이 작동하는 전체 시스템을 혁신하는 방식이었다. 오늘날 AI도 이와 같은 도전에 직면해 있다.

오픈AI의 샘 올트먼은 "AI의 미래는 대형 언어 모델이 아니라, AI가 작동하는 전체 인프라"라고 강조한다. 마치 에디슨이 전기의 표준을 정의했던 것처럼, AI도 AI 네이티브 인프라를 필요로 한다.

전기 시대의 표준화 전쟁은 AI 시대의 규제 전쟁과 매우 유사하다. 에디슨과 니콜라 테슬라의 DC vs AC 대결은, 오늘날 오픈소스 AI와 폐쇄소스 AI의 대결로 재현되고 있다. 당시 에디슨은 안전한 기술을 주장하며 직류를 옹호했고, 테슬라는 효율적인 기술을 주장하며 교류를 주장했다. 이는 현재의 AI 안전론자와 AI 가속주의자들의 논쟁과 정확히 일치한다. 미국 워싱턴주 하워드 대학의 AI 윤리학자 시나 야디니는 "에디슨이 보여준 것처럼, AI 규제도 기술적 문제를 넘어 사회적 가치와 윤리적 선택의 문제"라고 지적한다.

에디슨의 실험적 접근은 AI 시대의 개발 방법론으로도 직결된다. 그는 "이론은 실험으로 검증되어야 한다"는 철학으로, 수천 번의 시행착오를 통해 실용적인 기술을 완성했다. 이는 오늘날 애자일(Agile) 개발 방식과 '엠브레이싱 페일러(Embracing Failure)'[11] 철학의 시초였다. 구글딥마인드의 데미스 하사비스는 "AI 개발도 에디슨 방식을 따라야 한다. 이론적 완벽주의보다는 실험적 반복이 더 빠른 혁신을 만든다"고 강조한다. 실제로 최근의 AI 브레이크스루[12]들은 대부분 이론적 통찰보다는 엔지니어링적 반복을 통해 이루어졌다.

전기는 새로운 산업의 촉매가 되었고, AI도 마찬가지 역할을 하고 있다. 전기가 증기기관에서 전동기로의 전환을 촉진하면서 완전히 새로운 산업들을 창출했던 것처럼, AI도 디지털에서 신경망으로의 전환을 촉발하고 있다. 1900년 미국에서는 전기 관련 산업이 GDP의 3%를 차지했지만, 1930년에는 15%로 증가했다. 맥킨지는 2024년 보고서에서 "AI가 2030년까지 전 세계 GDP의 14%를 추가로 창출할 것"이라고 전망했다. 이는 일반적인 효율성 향상이 아니라, 완전히 새로운 산업 생태계의 창출을 의미한다.

에디슨이 보여준 대중화 전략은 AGI 시대에도 그대로 적용될 것이다. 그는 전기를 부자의 사치품이 아니라, 모든 사람의 필수품으로 만드는 데 집중했다. 이를 위해 그는 대량생산 시스템을 구축하고, 할부 제도를 도입하며, 안전 교육을 실시했다. 오늘날 AI도 이와 같은 도전에 직면해 있다.

마이크로소프트의 사티아 나델라는 "AI의 다음 단계는 전문성의 민주화이다. AI를 모든 사람이 사용할 수 있는 도구로 만드는 것"이라고 선언했다. 이는 AI를 기술적 엘리트의 전유물이 아니라, 인류의 공동 자산으로 만

---

11) 엠브레이싱 페일러(Embracing Failure)는 '실패를 포용하기' 또는 '실패를 받아들이기'라는 뜻으로, 특히 혁신과 성장을 중시하는 조직 문화 및 개인의 사고방식에서 핵심적인 개념이다. 실패를 단순한 실수나 좌절로 여기는 대신, 성공으로 가는 필수적인 과정이자 배움의 기회로 적극적으로 활용하려는 태도를 의미한다.
12) AI 브레이크스루(AI Breakthrough)는 인공지능 분야의 '획기적인 발전' 또는 '돌파구'를 의미하며, 알파고, 생성형 AI가 AI 브레이크스루로 간주된다.

드는 것을 목표로 한다.

혁신의 이면에 숨겨진 기술의 양면성을 깊이 있게 이해했던 에디슨의 안목은 시대를 앞서간 통찰의 정수를 보여준다. 그는 전기가 가져올 긍정적 변화에 대해 낙관하면서도, 부정적 가능성에 대해 경계했다. 1895년 그는 "전기는 인간의 삶을 편하게 만들 수도 있고, 게으르게 만들 수도 있다. 중요한 것은 우리가 어떻게 사용하느냐"라고 말했다. 이는 오늘날 AGI에 대한 우리의 접근 방식과 정확히 일치한다.

AI가 인간의 지능을 증진시킬지, 아니면 대체할지는 우리의 선택에 달려 있다. MIT의 AI 연구자 맥스 테그마크는 "에디슨이 보여준 것처럼, 기술의 방향은 기술 자체가 아니라, 우리의 가치관과 윤리적 선택에 의해 결정된다"고 강조한다.

전기 시대는 새로운 인재를 필요로 했다. 증기기관 엔지니어에서 전기 엔지니어로의 전환은, 간단한 기술적 변화가 아니라 완전히 새로운 사유방식의 필요를 의미했다. 1900년 미국의 공과대학들은 전기공학과를 신설하면서, 전기적 사고를 가르치기 시작했다. 오늘날 우리도 동일한 전환점에 있다.

AI 네이티브 인재를 양성하는 것은, 단순한 코딩 교육이 아니라 AI적 사고를 가르치는 것을 의미한다. 스탠포드 대학의 리장 교수는 "AI 시대에는 인간만의 고유한 능력인 '창조성, 공감력, 윤리적 판단'이 더욱 중요해진다"고 지적한다. 이는 AI가 인간을 대체하는 것이 아니라, 인간의 고유한 능력을 더욱 빛나게 만드는 것을 의미한다.

미국 국회의사당(U.S. Capitol) 내 조각상 홀(National Statuary Hall)에 세워진 토마스 에디슨 동상. 이 홀은 각 주에서 역사적으로 유명한 인물 두 명의 동상을 기증받아 전시하는 공간으로, 에디슨의 동상은 오하이오주를 대표하는 두 번째 동상으로 제임스 가필드 전 대통령의 동상과 함께 전시되어 있다. 에디슨 동상은 오하이오 주민 투표로 통해서 결정되었으며, 에디슨이 태어난 오하오주가 2016년 기증했다. [출처_aoc.gov]

[출처_wikipedia.org]

마르틴 하이데거
(Martin Heidegger, 1889-1976)

"Anyone can achieve their fullest potential,
who we are might be predetermined,
but the path we follow is
always of our own choosing."

"누구나 자신의 최대 잠재력을 달성할 수 있다.
우리가 누구인지는 미리 정해져 있을 수 있지만,
우리가 따르는 길은 항상 우리 자신의 선택이다."

Computers and the Internet,
Architects of the Third Industrial Revolution

컴퓨터와 인터넷, 제3차 산업혁명의 창조자

Alan Turing
Bill Gates
Steve Jobs
Jack Kilby
Robert Noyce
Tim Berners-Lee

제3차 산업혁명은 정보통신기술의 발전과 확산이 핵심적인 동력이다. 컴퓨터의 등장과 보급, 인터넷의 개발과 확산, 소프트웨어의 중요성이 증대되고, 제조업의 디지털화 및 맞춤생산이 가능해졌다. 사회 전반을 변화시킨 혁명이고, 4차 산업혁명의 직접적인 토대가 되었다.

Part 3에서는 현대 컴퓨터 과학의 아버지 앨런 튜링, 집적회로와 평면공정의 혁명을 가져온 잭 킬비와 로버트 노이스, 컴퓨터 개발 및 보급에 앞장선 빌 게이츠와 스티브 잡스, 월드와이드웹(www)을 개발한 팀 버너스 리 등의 열정적인 연구와 개선의 결과를 통찰하고 AGI 시대의 관점에서 살펴본다.

세계 최초의 전자식 범용 컴퓨터, 애니악(ENIAC) [출처_wikipedia.org]

제9장

앨런 튜링

- 현대 컴퓨터 과학의 아버지

AI Telling

　제3차 산업혁명인 정보화혁명의 출발점인 컴퓨터 과학의 이론적 토대를 만든 앨런 튜링은 최초로 수학의 문제를 해결하기 위해 물리적 기계를 상상했다. '튜링 기계'는 단순한 이론적 모델이 아니라, 오늘날 우리가 사용하는 모든 컴퓨터의 이론적 기반이 되었다. 현재의 AI도 결국 튜링 기계의 확장이라 할 수 있다. 또한 혁명적 기여인 '알고리즘'의 현대적 개념의 정의를 남겼다.

>>> 수학의 기계화, 튜링의 패러다임 전환

1936년 5월 28일, 캠브리지대학의 한 조용한 연구실에서 24살의 젊은 수학자 앨런 튜링(Alan Turing)은 논문 한 장에 수학의 미래를 새롭게 쓰고 있었다. "계산 가능한 수에 관하여"라는 제목의 이 논문은 단순한 수학 이론이 아니라, 인간이 상상할 수 있는 모든 계산 과정을 기계화하는 방법을 제시하는 혁명적 선언이었다. 튜링은 이 논문에서 "우리는 기계가 무엇을 할 수 있는지가 아니라, 무엇을 할 수 없는지를 정의해야 한다"고 주장했다. 이는 컴퓨터 과학의 근본적 질문인 알고리즘의 한계를 제기한 최초의 시도였다.

튜링의 가장 혁신적 발상은 튜링 기계라는 추상적 기계 모델이었다. 무한한 테이프와 읽기-쓰기 헤드(Read-Write Head)[1], 그리고 간단한 명령 집합으로 구성된 이 기계는 현대 컴퓨터의 모든 원리를 담고 있었다. 1936년 캠브리지의 동료 수학자 맥스 뉴먼[2]은 "튜링은 수학의 문제를 해결하기 위해 물리적 기계를 상상했다. 이는 수학이 물리학을 빌려온 최초의 사례"라고 평가했다. 실제로 튜링 기계는 일반 이론적 모델이 아니라, 오늘날 우리가 사용하는 모든 컴퓨터인 스마트폰부터 슈퍼컴퓨터까지의 이론적 기반이 되었다.

---

1) 튜링 기계의 가장 혁신적인 발상 중 하나는 '헤드'가 테이프 위에서 읽고 쓰는(Read and Write) 동작을 통해 모든 종류의 계산을 수행할 수 있도록 정의했다는 점이다. 헤드는 데이터를 처리하고 저장하며, 프로그램의 논리적 흐름을 실행하는 역할을 한다. 오늘날 컴퓨터가 데이터를 저장하고, 그 데이터를 기반으로 복잡한 프로그램을 실행하는 방식의 이론적 토대가 되었다.

2) 맥스 뉴먼(Max Newman, 1897년~1984년)은 영국의 저명한 수학자이자 암호해독가로, 현대 컴퓨터 과학의 발전에서 중요한 역할을 수행했다. 그는 앨런 튜링의 가장 중요한 협력자이자 옹호자였으며, 제2차 세계 대전 중에는 영국의 암호 해독 노력에서 중추적인 인물이었다. 전쟁 후, 뉴먼은 맨체스터 대학교의 수학과 주임교수로 부임하여, 튜링을 포함한 콜로서스 팀의 동료들을 영입했다. 이곳에서 그는 세계 최초의 프로그램 내장형 컴퓨터 중 하나인 맨체스터 베이비(Manchester Baby)와 맨체스터 마크 1(Manchester Mark 1) 개발을 주도하며 영국 컴퓨터 공학의 초석을 다졌다.

튜링은 계산 가능성이라는 개념을 정의하면서, 인간의 직관과 기계의 논리를 명확히 구분했다. 그는 "기계는 인간이 정확히 정의할 수 있는 것만 계산할 수 있다. 인간의 직감은 기계화될 수 없다"고 주장했다. 그러나 1945년 이후에는 "직관도 계산이 가능하고, 인간과 기계의 구분이 모호하고, 기계도 창조적일 수 있다."라고 했다. 이는 AI 시대에도 여전히 적용되는 원리로, 현재의 AI가 AGI(범용 인공지능)에 도달하는 데 가장 큰 장애가 되는 것이 바로 이 직감과 창조성의 기계화 문제다.

앨런 튜링
기계 & 테스트

1938년, 튜링은 미국 프린스턴대학에서 박사학위를 받으며 천재 과학자 존 폰 노이만[3]과 만났다. 당시 폰 노이만은 "튜링의 기계는 간단한 이론이 아니라, 미래의 모든 계산기의 설계도"라고 예견했다. 이 만남은 현대 컴퓨터 아키텍처의 기반이 되었고, 실제로 폰 노이만 아키텍처는 튜링의 개념을 하드웨어로 구현한 것이었다. 이는 이론과 실용의 완전한 결합을 보여주는 사례로, AI 시대에도 '이론 선행' 대 엔지니어링 우선 논쟁에서 중요한 교훈을 준다.

튜링의 또 다른 혁명적 기여는 알고리즘이라는 개념의 현대적 정의였다. 그는 "알고리즘은 단순한 계산법이 아니라, 문제를 해결하는 사고 과정"이라고 정의했다. 1937년 그는 프린스턴 대학에서 박사 과정 연구 중에 "좋은 알고리즘[4]은 지능이 아니라, 효율성을 만든다"고 강조했다. 이는 오늘

---

3) 존 폰 노이만(John von Neumann, 1903년~1957년)은 헝가리 출신으로 미국에서 활동한 20세기 최고의 천재 과학자 중 한 명이다. 그는 수학, 물리학, 컴퓨터 과학, 경제학 등 경계를 넘나드는 광범위한 분야에서 독창적이고 기념비적인 업적을 남겨 '천재들의 천재'라고 불린다. 현대 디지털 컴퓨터의 기본적인 설계 원리인 폰 노이만 구조(Von Neumann Architecture)를 확립했다. 이 구조는 프로그램 명령어와 데이터를 같은 메모리(기억장치)에 저장하고, 중앙처리장치(CPU)가 이를 순차적으로 불러와 처리하는 방식을 제시했다. 오늘날 우리가 사용하는 거의 모든 컴퓨터(PC, 스마트폰, 서버 등)의 하드웨어 기본 구조가 이 원리를 따르고 있다.

4) 알고리즘(Algorithm)이란 어떤 문제를 해결하기 위해 정해진 일련의 명확하고 유한한 단

날 AI 개발의 핵심 원리로, 딥러닝의 성공도 결국 '효율적 알고리즘'의 발전에 있다. 구글의 딥마인드 CEO 데미스 하사비스[5]는 "AI는 단거리가 아니라 마라톤이다. 사람과 알고리즘 간의 협업에서 향후 수십년 간 놀라운 과학 발전이 있다"라고 강조한다.

튜링은 수학의 불완전성 정리를 계기로 기계의 한계에 대해 깊이 고민했다. 그는 "만약 기계가 인간의 모든 사고를 모방할 수 있다면, 그 기계도 인간과 같은 불완전성을 가질 것"이라고 예측했다. 이는 오늘날 AI의 '편향' 문제를 예견한 것으로, 완벽한 AI는 존재할 수 없다는 튜링의 예언은 현재의 AI 윤리 논의에서 핵심적 원리가 되고 있다. 스탠포드 AI 연구소의 페이페이리 교수[6]는 "튜링이 말한 불완전성이야말로 인간과 AI의 공존 가능성을 보여주는 것"이라고 설명한다.

튜링은 1950년 계산 기계와 지능(Computing Machinery and Intelligence)[7] 논문에서 "기계가 생각한다는 것은, 기계가 '틀릴 수 있다'는 것을 의미한다"고 주장했다. 이는 AI의 확률적 사고 개념을 예견한 것으로, 현재의 딥러닝이 AI의 통계적이고 확률적인 작동 방식에 기반하는 것과 일치한

계(절차나 규칙)를 의미한다. 쉽게 말해, 원하는 결과를 얻기 위한 "문제 해결 레시피" 또는 "수행 지침"이다. 현대의 인공지능(AI)은 대규모의 복잡한 알고리즘과 데이터를 통해 학습하고 예측하는 방식으로 작동한다.

5) 데미스 하사비스(Demis Hassabis)는 영국의 기업인이자 저명한 인공지능 연구자로, 구글 딥마인드(Google DeepMind)의 공동 창업자이자 현재 CEO이다. 그는 딥마인드를 세계적인 AI 연구소로 성장시키고, 인류의 난제를 해결하는 데 AI를 적용하는 것을 목표로 하고 있다. 그는 단백질의 3차원 구조를 높은 정확도로 예측하는 AI 시스템을 개발하여, 50년 난제였던 단백질 접힘 문제(Protein Folding Problem)를 사실상 해결했다. 이 공로로 2024년 노벨 화학상을 수상하는 쾌거를 이루었다.

6) 페이페이 리(Fei-Fei Li) 교수는 스탠퍼드 대학교 컴퓨터 과학과의 교수이자, 전 세계 인공지능(AI) 분야에서 가장 영향력 있는 과학자 중 한 명으로 꼽힌다. 특히 컴퓨터 비전(Computer Vision) 분야의 선구자로, 'AI의 대모'로 불린다.

7) '계산 기계와 지능(Computing Machinery and Intelligence)'은 앨런 튜링(Alan Turing)이 1950년에 철학 저널 《마인드(Mind)》에 발표한 선구적인 논문이다. 이 논문은 인공지능(AI) 분야의 기초를 다졌으며, 현재 튜링 테스트(Turing Test)로 알려진 개념을 대중에게 처음 소개했다.

다. 튜링은 80여 년 전에 AI의 본질적 특성을 꿰뚫었던 것으로 보인다.

튜링은 기계학습의 가능성도 조기에 예견했다. 1943년 그는 "기계는 경험을 통해 배울 수 있다. 단, 그 배움의 방식이 인간과는 다를 것"이라고 말했다. 이는 지도학습과 비지도학습, 강화학습의 개념을 예견한 것으로, 현대 AI의 모든 학습 방법론을 포함하고 있다. 튜링은 "기계의 배움은 인간의 배움을 모방하는 것이 아니라, 기계만의 방식을 찾는 것"이라고 강조했다. 이는 AI가 인간을 대체하는 것이 아니라 확장하는 것임을 보여주는 가르침이다.

인공지능의 거대한 물결 속에서 우리가 튜링으로부터 얻어야 할 가장 귀한 유산은, 다름 아닌 겸손이라는 마음가짐일지도 모른다. 그는 "우리가 기계에게 가르쳐주는 것은, 우리가 알고 있는 것의 극히 일부에 불과하다"고 말했다. 이는 AI 개발에서의 과신을 경계하는 것으로, AI가 모든 것을 해결할 수 있다는 과대망상을 피하라는 말이다.

1949년, 튜링은 맨체스터대학에서 초기 컴퓨터 중의 하나인 전자식 컴퓨터 맨체스터 Mark I을 사용하며 "이제 우리는 기계와 생각을 나눌 수 있게 되었다"고 선언했다. 이는 '인간-기계 협력'의 시대를 예견한 것으로, 오늘날의 AI 증강 개념과 상당히 일치한다. 튜링은 "기계는 인간의 능력을 대체하는 것이 아니라, 확장하는 것"이라고 말했다. 이는 AI 시대의 핵심 철학이 되고 있다. 마이크로소프트 3대 CEO 사티아 나델라는 "튜링의 인간-기계 협력 본질이야말로 AI의 미래"라고 말한 바 있다.

튜링의 마지막 업적은 형이상학적 AI에 대한 고찰이었다. 그는 "만약 기계가 생각할 수 있다면, 그것은 영혼을 가질 수 있는가?"라는 질문을 제기했다. 이는 AI의 의식 문제를 최초로 제기한 것으로, 오늘날 '강한 AI'와 '약한 AI[8] 논쟁의 출발점이 되었다. 튜링은 이에 대한 답을 남기지 않았지만, "중요한 것은 기계가 영혼을 가졌는지가 아니라, 우리가 그것을 어떻게 대할 것인가"라고 말했다. 이는 AI 윤리의 핵심적 질문으로, 기술 발전을 넘어 인간의 책임성을 강조한 것이다.

튜링은 계산 기계와 지능(Computing Machinery and Intelligence) 논문의 마지막에서 이렇게 썼다. "우리의 질문은 '기계가 생각할 수 있는가'가 아니라, '우리는 기계와 함께 어떤 미래를 만들어갈 것인가'이다." 중요한 것은 AI의 능력이 아니라, 우리가 그 능력을 어떻게 활용하느냐는 것이다. 튜링이 80년 전에 기술 혁명의 끝에서 우리가 마주하는 진실은, 결국 기술은 하나의 시작일 뿐이라는 점이다. 중요한 것은 기술 그 자체가 아니라, 그것을 통해 우리가 함께 그려낼 인류의 새로운 지도이다.

>>> 에니그마 코드 해독과 컴퓨팅의 실용화

1939년 9월 4일, 영국 선박 란카스터리아 호는 독일 U-보트(잠수함)의 기습으로 침몰했다. 이 사건은 2차 세계대전 중 가장 치명적인 상선 피해였고, 영국은 전쟁에서 살아남기 위해 독일의 암호 통신을 반드시 해독해야 한다는 절박함을 느꼈다. 바로 이때 캠브리지의 수학자 앨런 튜링이 블레츨리 파크[9]라는 비밀 기지로 모습을 드러냈다. 그는 "전쟁은 수학의 문제이

---

8) 강한 AI (Strong AI)는 적절하게 프로그래밍된 컴퓨터는 단순히 도구가 아니라 실제로 '마음(Mind)'을 가지며, 인간처럼 이해하고 인지할 수 있다는 관점이다. 약한 AI (Weak AI)는 AI는 인간의 마음을 조사하거나 특정 과제를 해결하기 위한 유용한 도구일 뿐이라는 관점이다. (현재 우리가 사용하는 대부분의 AI)

9) 블레츨리 파크(Bletchley Park)는 제2차 세계대전 당시 영국 연합군의 암호 해독 작전의 중심지였던 극비 장소. 이곳은 현대 컴퓨터 과학의 발상지이자, 전쟁의 승패를 바꾼 결정적인 정보 작전이 수행된 곳으로 역사적으로 매우 중요하다. 현재는 박물관으로 운영되며 그 역사적 유산을 보존하고 있다.

며, 나는 그 문제를 풀기 위해 왔다"고 말했다. 이는 보통의 암호 해독 작업이 아니라, 컴퓨팅 파워를 실전에 적용하는 최초의 사례였다.

독일의 에니그마 (Enigma) 암호기는 당시로서는 불가능에 가까운 암호로 간주되었다. 매일 바뀌는 설정과 3개의 회전자(Rotor)로 구성된 이 기계는 158,962,555,217,826,360,000가지[10]의 조합을 만들어낼 수 있었다. 1940년 영국의 정보 장교는 "에니그마를 무작위로 해독하는 것은 우주의 모든 원자를 하나하나 세는 것과 같다"고 절망했다. 그러나 튜링은 "무작위가 아니라, 패턴이 있다"는 통찰을 얻었고, 독일군의 예측 가능한 통신 습관 (특히 매일 아침 6시에 보내는 날씨 보고서)을 분석하기 시작했다. 이는 빅데이터 분석의 시초로, AI의 패턴 인식의 원형이었다.

튜링은 에니그마 해독을 위한 전기 기계 봄베(Bombe)[11]를 설계했다. 이는 독일군이 사용하는 암호 설정을 자동으로 검증하는 기계로, 1초에 수백만 개의 조합을 테스트할 수 있었다. 1940년 3월, 첫 번째 봄베가 가동되던 날, 튜링은 동료들에게 "우리는 이제 기계와 함께 생각한다. 이것이 인간-기계 협력의 시작"이라고 선언했다. 이는 크라우드 소싱과 하이브리드 인텔리전스의 개념을 예견한 것으로, 현대 AI 시스템에서도 인간과 AI가 협력하는 방식의 원형이 되었다.

블레츨리 파크에서의 작업은 극비였지만, 그 영향은 바로 나타났다. 1941년 5월, 튜링 팀이 해독한 에니그마 메시지를 통해 독일 전함 비스마르크호의 위치를 파악하여 격침시켰다. 당시 윈스턴 처칠은 "튜링의 기계

---

10) 일상에서 '조' 이상의 숫자를 접할 기회가 적어 생소할 수 있다. 단위는 다음과 같은 순서로 커진다. 억, 조, 경, 해, 자 순이다. 이 숫자를 한국어 수사 체계로 읽으면 15해 8,962경 5,552조 1,782억 6,360만이다.

11) 봄베는 제2차 세계대전 중 독일군의 에니그마 암호를 해독하기 위해 개발된 전기기계식 암호 해독 장치로 1940년 3월 첫 번째 모델이 완성되고, 최단 3일 만에 에니그마 암호를 해독했다. 제2차 세계대전의 연합군 승리에 결정적 기여를 했고, 현대 컴퓨터의 개념적 전신이 되었다.

는 전쟁을 2년 단축했다"고 평가했다. 실제로 역사학자들은 계산에 의하면 튜링의 해독 작업이 전쟁을 14~21개월 단축시켜 약 1,400만 명의 목숨을 구했다고 추정한다. 이는 AI의 '사회적 영향'을 보여주는 첫 사례로, 기술이 단지 효율성을 넘어 인명을 구하고 역사의 방향을 바꾸는 도구가 될 수 있음을 보여주었다.

튜링의 가장 중요한 기여는 암호 분석방식의 정립이었다. 그는 "암호 해독은 가능성의 문제가 아니라, 불가능성의 제거"라는 철학을 세웠다. 즉, 수백만 개의 가능성을 하나씩 테스트하는 것이 아니라, 불가능한 것들을 빠르게 제거하는 방식으로 접근한 것이다. 이는 현대 기계학습의 결정 트리(Decision Tree)'와 프루닝(Pruning)[12] 개념의 원형으로, AI가 효율적으로 학습하는 방법론의 기초가 되었다. 구글의 검색 알고리즘도 이와 같은 원리로 작동한다.

전쟁 중 튜링은 기계학습의 가능성도 탐구했다. 그는 1942년 동료들에게 "우리는 기계에게 패턴을 인식하게 만들 수 있다. 단, 그 패턴이 인간이 인식하는 방식과는 다를 것"이라고 말했다. 그는 봄베 기계가 독일군의 새로운 암호 설정에 적응하도록 학습산법을 고안했고, 이는 적응형 시스템의 효시가 되었다. 지금의 '딥러닝'과 강화학습의 개념을 예견한 것으로, AI가 환경에 적응하는 방식의 원형이었다.

튜링은 전쟁 중 컴퓨팅 파워의 중요성도 직감했다. 그는 1943년 "계산 능력은 새로운 전력(戰力)이다. 우리는 킬로와트가 아니라, 연산 능력으로 전쟁에서 이긴다"고 말했다. 이는 컴퓨팅 파워가 국가 경쟁력의 핵심이 된다는 개념을 처음으로 제시한 것으로, 오늘날 AI 슈퍼파워 경쟁의 시초가

---

12) 결정 트리(Decision Tree)는 머신러닝에서 사용되는 지도 학습(Supervised Learning) 알고리즘 중 하나이며, 프루닝(Pruning)은 이 결정 트리의 성능을 최적화하기 위한 중요한 기법이다.

되었다. 실제로 2020년대의 미·중 기술 전쟁도 결국 연산능력의 경쟁으로 귀결되고 있다.

블레츨리 파크에서의 경험은 튜링에게 보안과 개방의 딜레마도 안겨주었다. 그는 "우리는 기술의 힘을 비밀리에 증명했지만, 그 비밀이 평화시대에도 지속되어서는 안 된다"고 고민했다. 전쟁이 난 후 영국 정부는 튜링의 업적을 50년 동안 비밀로 유지했고, 이는 그를 비롯한 많은 과학자들의 공헌을 역사로부터 은폐하게 했다. 이는 AI 개발에서도 오픈소스 vs 폐쇄소스, 투명성 vs 보안 논쟁으로 이어지고 있다. 오픈AI의 CEO 샘 올트먼은 "AI의 힘은 비밀리에 있어서는 안 된다. 그것은 인류의 공동 자산"이라고 주장한다.

튜링은 전쟁 중 윤리적 AI의 문제도 고민했다. 그는 1944년 "우리는 기계에게 생명과 죽음에 대한 결정을 내리게 만들고 있다. 이것이 옳은가?"라는 질문을 제기했다. 당시 봄베 기계가 해독한 정보를 통해 연합군이 공습을 가할 때, 민간인 피해를 고려하여 정보를 은폐해야 하는가의 딜레마에 직면했던 것이다. 이는 오늘날 자율무기 시스템(LAWS)[13]과 AI 의사결정의 윤리적 딜레마와 정확히 일치한다. 유럽연합의 AI 규제에서는 이러한 튜링의 고민을 휴먼 인 더 루프(Human In The Loop, HITL)[14] 원칙으로 제도화했다.

전쟁이 끝난 후 튜링은 "우리는 기계를 통해 전쟁에서 이겼지만, 평화를 위해서는 더 큰 상상력이 필요하다."고 말했다. 그는 전쟁의 포화 속에서

---

13) 자율 무기 시스템(LAWS, Lethal Autonomous Weapons Systems)은 인간의 개입이나 감독 없이 표적을 선정하고 공격하는 임무를 수행하도록 설계된 무기 체계를 말한다. 이 시스템은 종종 '킬러 로봇(Killer Robots)'이라고 불리기도 한다.

14) 휴먼 인 더 루프(Human In The Loop, HITL) 원칙은 인공지능(AI) 시스템의 개발, 훈련, 운영 과정에 인간의 판단과 개입을 필수적인 요소로 포함시키는 접근 방식을 말한다. 이는 AI가 스스로 결정을 내리거나 예측을 할 때, 정확성, 편향성, 안전 등 중요한 측면에서 인간의 검토와 피드백을 받도록 설계하는 것이다.

탄생한 컴퓨팅 기술이 무기가 아닌, 민간의 삶을 풍요롭게 하는 도구로 쓰여야 한다고 굳게 믿었다. 이러한 그의 신념은 1950년대 컴퓨터 산업의 폭발적인 성장을 이끈 소중한 마중물이 되었다. 실제로 영국의 컴퓨터 산업은 튜링의 영향으로 1960년대까지 세계 최고 수준을 유지했고, 이는 실리콘 밸리의 부상에도 영향을 미쳤다. 오늘날 AI 역시 군사 분야에서 민간 분야로, 특정 분야에서 일반 분야로 확산되고 있다.

1945년 8월 15일, 일본의 항복으로 2차 세계대전이 끝났을 때, 튜링은 블레츨리 파크에서의 경험을 이렇게 정리했다. "우리는 기계를 통해 전쟁에서 이겼지만, 더 중요한 것은 기계를 통해 평화를 만들어가는 것이다. 전쟁은 끝났지만, 인간과 기계의 대화는 이제 시작일 뿐이다." 이 말은 AI 시대를 살아가는 우리에게도 깊은 감명을 준다. 튜링이 전쟁 중에도 평화를 위한 기술의 비전을 놓치지 않았던 것처럼, 우리도 AI 시대에 인류를 위한 기술의 방향성을 잃어서는 안 될 것이다.

》》》 인공지능의 시초인 튜링 테스트

1950년 10월, 〈마인드〉 저널에 실린 한 논문이 학계의 지각을 강타했다. 〈Computing Machinery and Intelligence〉라는 제목의 이 글은 일반 기술 논문이 아니라, 인간과 기계의 본질적 차이에 대한 철학적 선언이었다. 저자 앨런 튜링은 이 논문의 서두에서 "기계가 생각할 수 있는가?"라는 질문 대신, "기계가 인간과 구별할 수 없을 정도로 지적인 행동을 할 수 있는가?"라는 더 실용적인 질문으로 바꾸어 제시했다.

이는 AI 연구의 출발점이 되었고, 오늘날까지도 튜링 테스트라는 이름으로 회자되고 있다. 튜링은 "우리가 생각의 정의를 내리기보다는, 생각하는 것처럼 보이는 행동을 관찰하는 것이 더 생산적"이라고 주장했다. 이는 행동주의적 AI 관점의 시작이었다.

튜링 테스트의 핵심은 모방 게임이었다. 제안된 방식은 간단했다. 한 인간 심판이 두 대화의 상대인 한 명은 인간, 다른 한 명은 기계와 텍스트로만 대화하고, 어느 것이 인간인지 구별하는 것이다. 튜링은 "만약 기계가 30% 이상의 확률로 인간으로 오해받는다면, 그 기계는 생각한다고 말할 수 있다"는 기준을 제시했다. 이는 지능의 정의를 철학적 논쟁으로부터 행동과학으로 전환한 것으로, 현대 AI 평가 방식의 원형이 되었다. 실제로 최근의 GPT(Generative Pre-trained Transformer) 시리즈도 이러한 튜링 테스트 방식으로 평가되고 있다.

그러나 튜링 테스트는 단순한 기술적 시험이 아니라, 의식과 지능을 규정하는 새로운 지적 담론의 장을 열었다. 그는 "우리가 기계의 생각을 인정하는 순간, 우리는 생각이라는 개념 자체를 재정의해야 한다"고 주장했다. 이는 '강한 AI'와 '약한 AI' 논쟁의 출발점이 되었고, 오늘날까지도 AI 의식 문제를 둘러싼 핵심 논쟁으로 이어지고 있다. MIT의 철학자 존 설(John Searle)[15]은 "튜링 테스트는 기계의 지능을 테스트하는 것이 아니라, 우리 인간의 편견을 테스트하는 것"이라고 지적한다.

1951년, 튜링은 BBC 라디오에서 "기계가 실수를 한다는 것은, 그것이 생각하고 있다는 증거"라고 말했다. 이는 기계의 인간다움을 기계의 불완전성에서 찾으려는 시도였다. 튜링은 "완벽한 기계는 지루하다. 중요한 것은 창조적 실수를 하는 기계"라고 주장했다.

---

15) 존 설(John Searle)은 현대 심리철학과 언어철학의 거두로, 특히 인공지능의 본질을 비판적으로 분석한 '중국어 방(Chinese Room)' 사고실험으로 매우 유명하다. 그는 평생 UC 버클리 대학의 교수로 재직했으나, 그의 이론은 MIT 인지과학 및 AI 연구자들 사이에서 격렬한 논쟁을 불러일으켰기에 기술 철학 담론에서 빠질 수 없는 인물이다

이는 현대 생성형 AI의 창조성 개념을 예견한 것으로, GPT 시리즈의 할루시네이션(Hallucination, 환각현상)도 일종의 창조적 실수로 이해할 수 있다. 구글의 AI 연구자 블라이스 아가라는 "튜링이 말한 창조적 실수야말로 AI의 진정한 혁신력"이라고 설명한 바 있다.

튜링은 AI의 학습능력에 대해서도 깊이 고민했다. 그는 "기계는 단순히 프로그래밍되는 것이 아니라, 경험을 통해 성장할 수 있다"고 주장했다. 1951년 그는 "아이의 학습 방식을 모방하는 기계"를 설계하려 했고, 이는 딥러닝과 신경망 개념의 모태가 되었다. 튜링은 "기계의 학습은 인간의 학습을 복제하는 것이 아니라, 기계만의 방식을 찾는 것"이라고 강조했다. 이는 AI가 인간을 모방하는 것이 아니라 확장하는 것임을 보여주는 사례이다. 딥마인드 CEO의 데미스 하사비스는 튜링의 기계학습 개념이야말로 현대 AI의 출발점이라고 평가한다.

튜링은 AI의 감정 가능성에 대해서도 시사했다. 1952년 "만약 기계가 슬픔이나 기쁨을 모방할 수 있다면, 그것은 감정을 가진 것인가?"라는 질문을 제기했다. 이는 AI의 정서 계산 분야를 예견한 것으로, 오늘날 AI 상담이나 감정 인식 시스템의 이론적 기초가 되었다. MIT의 로자릭 피커드 교수는 "튜링이 74년 전에 제기한 감정 문제는, 지금도 AI의 가장 어려운 과제"라고 말한다.

1951년, 튜링은 BBC와의 인터뷰에서 "기계가 창조적이라는 것은, 기계가 새로운 것을 만들어낸다는 것이 아니라, 기계가 예상치 못한 것을 만들어낸다는 것"이라고 말했다. 이는 AI의 창조성 개념을 재정의한 것으로, 오늘날 생성형 AI의 창조성도 이와 같은 맥락에서 이해된다. 달리(DALL-E)[16]

---

16) 달리(DALL-E)는 OpenAI가 개발한 텍스트-이미지 변환 인공지능(Text-to-Image AI) 모델 시리즈. 사용자가 텍스트로 설명을 입력하면, 그 설명에 가장 부합하는 독창적인 이미지를 생성해낸다.

는 GPT의 창조성은 새로움이 아니라 예상치 못함에서 비롯된다.

튜링은 AI의 자아 의식 문제를 날카롭게 꿰뚫어 보았다. 그는 "만약 기계가 나라는 개념을 사용한다면, 그것은 자아를 가진 것인가?"라는 질문을 제기했다. 이는 AI의 자기 모사 분야를 예견한 것으로, 오늘날 메타 러닝[17]과 자기 개선 AI 연구의 출발점이 되었다.

그는 AI의 한계에 대해서도 깊이 고민했다. 그는 "기계는 인간이 정의할 수 없는 것을 할 수 없다. 그러나 인간은 무엇을 정의할 수 있는가?"라는 역질문을 제기했다. 이는 AI의 한계가 기술적 결함이 아니라 인간의 인식적 한계임을 방증하며, 결과적으로 오늘날 '설명 가능한 AI'의 필요성을 강력히 환기시키고 있다.

>>> 20세기 최고의 지성, 비극과 빛나는 튜링상

1952년 1월, 튜링은 맨체스터의 작은 아파트에 찾아온 경찰에게 "제 집이 도둑맞았습니다"라고 신고했다. 그러나 경찰의 조사는 예상과 다른 방향으로 진행되었다. 튜링이 동성애자라는 사실이 발각되면서, 그는 피해자에서 피고인으로 급격히 전환되었다. 당시 영국은 동성애를 죄로 규정했고, 튜링은 '중대한 외설 행위' 혐의로 기소되었다.

법정에서 그는 "나는 아무 잘못도 하지 않았습니다. 나는 단지 사랑했을 뿐입니다"라고 간결히 답했지만, 판사는 "과학도 당신을 구하지 못할 것"이라고 말하며, 그에게 '화학적 거세'라는 잔인한 선택을 강요했다. 인류의 미

---

17) 메타 러닝(Meta-Learning)은 한마디로 '학습하는 법을 학습하는 것(Learning to Learn)'을 의미한다. 인간은 단 몇 번의 경험만으로도 새로운 일을 배우지만, AI는 수만 번의 학습이 필요하다는 단점을 극복하기 위해 등장한 개념이다. 전통적인 머신러닝이 '데이터를 보고 정답을 맞히는 법'을 배운다면, 메타 러닝은 '어떻게 하면 새로운 과제를 더 빠르고 효율적으로 배울 수 있을까?'에 집중한다.

래를 앞당겼던 거대한 등불이 허무하게 꺼져버린 안타까운 순간이었다.

에스트로겐 투여를 시작한 튜링은 정신적, 육체적으로 심각한 부작용에 시달렸다. 그는 "내 뇌는 나의 적이 되기 시작했다. 내가 가장 믿었던 논리가 나를 배신했다"라고 일기에 적었다. 그러나 그는 연구를 멈추지 않았다. 1953년, 그는 "인생은 게임이고, 때로는 지는 일도 있다. 중요한 것은 다음 게임에 어떻게 살아갈 것인가이다"라고 동료들에게 말했다. 이 시기, 그는 형이상학적 AI의 연구를 진행하면서 "기계가 의식을 가질 때, 그것은 고통도 느끼는가"라는 질문을 제기했다. 이것은 오늘날 'AI 권리' 논의의 선구였지만, 당시는 아무도 진지하게 받아들이지 않았다.

1954년 6월 7일, 튜링은 맨체스터의 자택에서 사과에 청산가리을 넣어 조용히 숨을 거두었다. 그의 베개 옆에는 한입 먹은 사과와, 반만 풀린 수학 문제 메모가 남겨져 있었다. 경찰은 "자살"이라고 결론 내렸지만, 많은 사람들은 "영국 정부가 국가 기밀을 지키기 위해 그를 제거한 것이 아닌가"라고 의심했다. 실제로 그의 호적은 "기밀 사항"으로 50년간 봉인되어, 공적도 공개적으로 인정받지 못했다. 이것은 "20세기를 밝히던 가장 찬란한 별 하나가 시대의 야만에 추락하고 말았다."라고 표현할 수 밖에 없다.

그러나 진짜 비극은 그것만이 아니었다. 특히 가슴 아픈 것은, 그가 자신의 연구가 옳다고 확신했음에도 불구하고, 사회로부터 이상자라는 낙인이 찍힌 것이다. 그의 어머니는 "아들은 과학을 위해 살았지만, 사회를 위해 죽었다"고 말했다. 이것은 기술의 발전과 사회의 수용성 간의 격차가 얼마나 개인을 상처입히는가를 보여주는 사례다. 오늘날 AI 연구자들도 기술 낙관주의[18]와 사회적 현실 사이에서 흔들리고 있지만, 그 뿌리에는 아직도

---

18) 기술 낙관주의(Technological Optimism)는 기술의 발전과 혁신이 사회와 인류의 문제를 해결하고 궁극적으로 삶을 개선할 것이라는 믿음 또는 철학적 관점을 의미한다. 이는 기술적 진보가 필연적으로 더 나은 미래를 가져올 것이라고 긍정적으로 전망하는 태도이다.

튜링의 상처가 남아 있다.

1960년대에 들어서, 영국 정부는 겨우 튜링의 공적을 일부분 인정하기 시작했다. 그러나 완전한 복권은 2009년이었다. 당시 영국 총리 고든 브라운은 공식적으로 "국가로서, 정말 미안했다"고 사과하며 "튜링의 고통은 영국의 수치"라고 말했다. 2013년, 여왕 엘리자베스 2세는 왕실 사면(Royal Pardon)을 내리며, 법적으로 무죄를 인정했다. 역사가들의 시선은 단호했다. 사면이 필요한 것은 튜링의 삶이 아니었다. 오히려 사과하고 바로잡아야 했던 것은 당시의 편협했던 영국의 법이었다. 이것은 다양성과 포용의 사회가 기술 혁신에 얼마나 중요한가를 보여주는 사례이다.

튜링의 죽음은 기술자로서뿐만 아니라, 인간으로서의 다양성의 존엄을 되돌아보게 하는 계기가 되었다. 그의 생애는 '다르다는 것'이 얼마나 어려운지, 동시에 얼마나 중요한지를 보여준다. 오늘날 AI가 '인간다움'을 모방하려 할 때, 우리는 인간다움이 실은 다양성과 포용에 뿌리를 두고 있다는 것을 잊어서는 안 된다.

비극적이게도, 튜링의 죽음은 AI 연구 자체에도 깊은 영향을 미쳤다. 그의 사후, AI 연구는 '기계가 인간을 대체한다'는 두려움 때문에, 오랫동안 정부나 기관의 지원을 받지 못했다. 이것이 소위 AI 겨울의 시작이었으며, 약 30년간 AI 연구는 정체되었다. 많은 과학자들은 "튜링의 비극이 없었더라면, AI는 10년 일찍 발전했을 것"이라고 추측한다. 이것은 사회의 편견이 기술 발전을 얼마나 지연시키는가를 보여주는 사례다.

그러나 진짜 유산은 그가 남긴 족적 위에서 비로소 개화(開花)하기 시작한다. 1966년, 미국 컴퓨터학회는 튜링상(Turing Award)을 설립해, 컴퓨터 과학 분야의 노벨상이라 불리는 최고의 권위를 확립했다. 2017년, 영국 정부는 튜링법이라는 법률을 제정해, 역사적으로 동성애자로 처벌받은 사망자에게 자동적으로 사면을 부여했다. 그리고 2019년, 영국은 50파운드 지폐에 튜링의 초상을 채택해 '국가의 영웅'으로 공식 복권했다. 이것은 한 명의 과학자의 비극이 사회의 진보를 촉진하는 계기가 될 수 있음을 보여주었다.

AI 시대를 살아가는 우리에게 튜링은 무엇을 말하고 있는 것일까. 첫째, 기술의 발전은 인권과 다양성을 보장하는 사회적 기반 없이는 결코 지속 가능하지 않다는 것이다. 둘째, 진정한 혁신은 다양한 시각과 다른 생각을 용인하는 사회에서만 가능하다는 것이다. 셋째, 기술자는 기술뿐만 아니라, 사회의 일원으로서 책임을 져야 한다는 것이다. 튜링의 생애는 기술 낙관주의와 사회 현실 사이에서 어떻게 균형을 유지해야 할지를 보여주는 거울이다.

현대 컴퓨터의 이론적 기초와 AI의 출발점인 앨런 튜링은 제2차 세계대전에서 독일의 암호 에니그마를 해독하는 데 결정적인 역할을 하여 수많은 생명을 구했다. 그러나 전후 영국 사회의 편협한 시각으로 인해 동성애자라는 이유로 박해를 받았고, 결국 화학적 거세를 당한 후 비극적인 최후를 맞았다. 그가 겪은 비극에도 불구하고, 그가 추구했던 과학적 진실과 인간의 다양성의 가치는 결국 시간이 지나서야 인정을 받았다.

"나는 세계를 바꾸려 했다. 그러나 세계는 나를 바꿔버렸다. 그래도 나는 희망을 잃지 않는다. 왜냐하면, 진실은 시간이 지나도 빛나기 때문이다." 튜링의 희망의 메시지는 오늘날의 AI 기술자들에게도 깊은 감동을 준다.

[출처_wikipedia.org]

앨런 튜링
(Alan Turing, 1912-1954)

"A computer would deserve to
be called intelligent if it could deceive
a human into believing that it was human."

"컴퓨터가 인간으로 하여금
그것이 인간이라고 믿게 할 수 있다면,
그것은 지능적이라고 불릴 자격이 있다."

* 인공지능(Artificial Intelligence)이라는 용어는 앨런 튜링이 1954년 사망 후, 2년 뒤인 1956년 미국 뉴햄프셔주의 다트머스 대학교에서 열린 다트머스 회의(Dartmouth Workshop: 6월 18일~8월 17일)에서 공식적으로 처음 사용했다. AI라는 학문이 공식적으로 탄생한 계기가 되었고, 이 워크숍을 통해 공식 명칭으로 굳어지게 되었다. 이 행사를 주도했던 젊은 수학자 존 매카시(John McCarthy)는 기존 학문들과 차별화하고, 기계에 '지능'을 부여한다는 목표를 명확히 하기 위해 인공지능(Artificial Intelligence)이라는 용어를 프로젝트 제안서 사용했다.

제10장

잭 킬비와 로버트 노이스
- 집적회로와 평면공정의 혁명

AI Telling

디지털 시대의 문을 연 잭 킬비의 최초 집적회로와 로버트 노이스의 평면공정 기술이 어떻게 '숫자의 폭정'을 해결하고 경제적, 사회적 변화를 이끌었는지 조명한다. 인텔이 반도체 산업의 주도 과정, 실리콘 밸리의 세계 기술 혁신의 요람으로 성장, AI 특화 칩 등 현대 반도체 기술의 발전과 미래를 탐구한다. "더 작은 것"이 아니라, "더 지능적인 것"이 목표이다.

1958년 9월 12일, 미국 텍사스의 한 작은 실험실에서 잭 킬비(Jack Kilby)[1]는 역사를 바꿀 실험을 진행하고 있었다. 그는 게르마늄 반도체 조각 위에 트랜지스터, 저항기, 콘덴서를 모두 통합시킨 최초의 집적회로를 만들어냈다. 당시 그는 "이것이 미래일까?"라고 스스로에게 물었고, 그 대답은 "그렇다"였다. 이 순간, 인류 최초의 마이크로칩이 탄생했고, 디지털 시대의 문이 열렸다. 킬비는 실험 노트에 "모든 전자회로를 하나의 칩에 넣었다. 이것이 바로 미니어처의 시작"이라고 적었다.

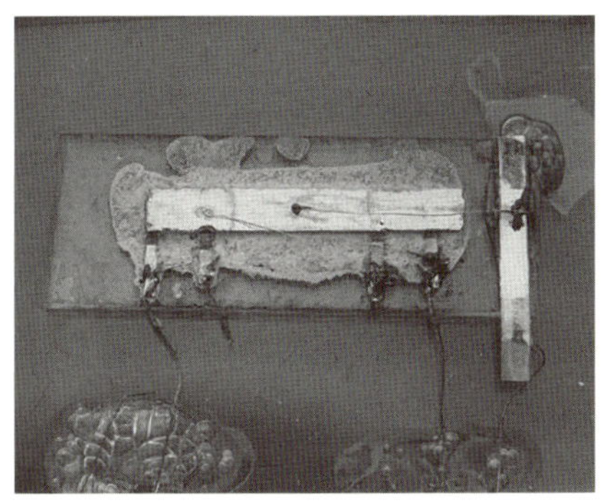
잭 킬비가 발명한 집적회로(IC)
[출처_ti.com]

불과 6개월 후인 1959년 1월, 캘리포니아의 한 작은 회사에서 로버트 노이스(Robert Noyce)[2]는 더 나은 해결책을 제시했다. 그는 실리콘 기판 위에 평면 공정이라는 혁명적인 기술로 집적회로를 만들어냈다. 노이스의 방식은 킬비의 것보다 훨씬 생산성이 높았고, 오늘날 우리가 사용하는 모든 반도체의 기반이 되었다. 노이스는 "우리는 단순히 회로를 작게 만드는 것이 아니라, 완전히 새로운 산업을 만들고 있다"고 동료들에게 말했다. 이 두 발명은 반도체 산업의 시작을 알리는 신호탄이었다.

---

1) 잭 킬비는 집적 회로(Integrated Circuit, IC)를 발명하여 현대 전자공학의 발전에 결정적인 기여를 했으며, 이 공로로 2000년에 노벨 물리학상을 수상했다.
2) 미국의 엔지니어이자 기업가로, 잭 킬비(Jack Kilby)와 거의 동시에 독립적으로 집적 회로(Integrated Circuit, IC)를 발명한 것으로 유명하며, 현대 실리콘 시대의 상징적인 인텔을 1968년 고든 무어와 공동 설립했다.

당시 전자산업의 문제는 티러니 오브 넘버스(Tyranny of Numbers)[3]라 불리는 끔찍한 현실이었다. 트랜지스터가 늘어날수록 개별 부품을 연결하는 손질기 작업[4]은 기하급수적으로 복잡해졌다. 1957년까지도 한 대의 컴퓨터는 수천 개의 트랜지스터와 수만 개의 손질기 연결로 구성되어 있었다. 잘못된 연결 하나로 전체 시스템이 멈추는 일이 빈번했고, 신뢰성은 떨어지고 크기는 거대했다. 킬비는 "이건 미친 짓이다. 더 나은 방법이 있어야 한다"고 생각했다.

킬비의 혁신은 '모든 것을 하나로'라는 단순하지만 혁명적인 아이디어에서 시작되었다. 그는 "왜 트랜지스터, 저항기, 콘덴서를 따로 만들어 연결해야 하는가? 한 조각의 반도체에 모두 만들면 되지 않는가?"라고 질문했다. 이 질문은 반도체 산업의 패러다임을 바꾸었다. 그는 게르마늄 기판 위에 확산 공정을 사용해 모든 소자를 만들어냈고, 이것이 바로 최초의 모놀리식 집적회로였다. 킬비는 "이제 우리는 전자 회로를 케이크처럼 만들 수 있다"고 농담하며 동료들에게 설명했다.

노이스의 접근은 더욱 정교했다. 그는 평면 공정이라는 혁명적인 기술로, 실리콘 기판 위에 산화막을 형성하고 포토리소그래피(Photolithography) 공정[5]으로 회로를 만들어냈다. 이 방식은 킬비의 와이어 본딩[6] 방식보다

---

3) 티러니 오브 넘버스(Tyranny of Numbers), 즉 '숫자의 폭정' 또는 '숫자의 횡포'는 정량화된 측정치와 데이터가 과도하게 권력을 쥐고 조직의 의사 결정과 행동을 지배하게 되는 현상을 비판하는 용어. 이 개념은 특히 경영, 공공 정책, 그리고 학계에서 측정 가능한 지표(KPI, Key Performance Indicators 등)가 본래의 목표나 맥락을 압도하여 부작용을 낳는 상황을 설명할 때 사용된다.

4) 손질기 작업(Tooling Work)은 초기 반도체 산업, 특히 집적 회로(IC)를 제작하는 과정에서 사용되던 용어이다. 여기서 '손질기'는 현대의 첨단 자동화된 장비를 의미하기보다는, 반도체 칩을 제조하기 위해 정밀하게 제작해야 했던 물리적인 도구나 틀, 마스크 등을 지칭한다.

5) '포토(Photo, 빛)'와 '리소그래피(Lithography, 새기다/그리다)'의 합성어로, 빛을 이용하여 웨이퍼 위에 초미세 회로 패턴을 새기는 기술이다. 쉽게 말해, 사진을 인화하는 원리를 응용하여 반도체 칩 위에 회로의 '청사진'을 그리는 과정이라고 할 수 있다.

6) 와이어 본딩(Wire Bonding)은 반도체 패키징 공정에서 가장 핵심적인 기술 중 하나로, 칩

훨씬 신뢰성이 높았고, 대량 생산이 가능했다. 노이스는 "우리는 회로를 인쇄하는 것과 같이 만들 수 있다"고 말했고, 이것이 바로 현대 반도체 제조 공정의 시초였다. 그는 "기술의 미래는 정밀함에 있다"고 확신했다.

두 발명의 차이는 단순한 기술적 차이를 넘어, 산업의 방향성을 결정했다. 킬비의 게르마늄 기반 칩은 높은 주파수 특성 때문에 군사 및 우주 애플리케이션에 적합했다. 반면, 노이스의 실리콘 기반 칩은 저렴하고 대량 생산이 가능해 민간 시장에 더 적합했다. 1960년대 초, 실리콘은 반도체의 정통으로 자리잡았고, 이는 오늘날까지 이어지고 있다. 킬비는 "실리콘이 미래"라는 노이스의 판단을 인정하며, 나중에 실리콘으로 전환했다.

집적회로의 경제적 영향은 즉각적이었다. 1960년대 초, 하나의 트랜지스터는 약 10달러였다. 그러나 집적회로로 만들어진 트랜지스터는 단 1달러 이하로 떨어졌다. 학습 곡선이라는 개념이 등장했는데, 생산량이 2배 증가할 때마다 단가가 20-30% 감소하는 현상이었다. 노이스는 "기술의 진보는 스스로를 가속화한다"고 말했고, 이는 곧 무어의 법칙[7]으로 이어졌다. 고든 무어는 "집적회로의 트랜지스터 수는 18-24개월마다 2배가 될 것"이라고 예측했고, 이 예측은 50년 이상 지속되었다.

집적회로의 사회적 영향도 가히 폭발적이었다. 1960년대 중반, NASA는 아폴로 프로그램을 위해 집적회로를 대량 채택했다. "우주로 가는 길은 반도체를 통해"라는 슬로건이 등장했고, 미국 정부는 반도체 산업에 대규모

(IC, 집적 회로)의 미세한 패드와 외부 회로(리드 프레임, PCB, 기판 등)를 가느다란 금속선으로 연결하여 전기적 신호와 전력을 전달하는 역할을 한다. 이는 칩이 외부 세계와 소통할 수 있도록 '다리'를 놓는 과정이다.

7) 무어의 법칙(Moore's Law)은 인텔의 공동 창립자인 고든 무어(Gordon Moore)가 1965년에 제창한 관찰 결과이자 반도체 산업의 황금률이다. 핵심 내용은 "반도체 집적회로의 성능(트랜지스터 수)은 약 24개월(또는 18개월)마다 2배로 증가한다."는 것이다. 이는 단순히 성능이 좋아진다는 의미를 넘어, 컴퓨팅 비용은 기하급수적으로 하락하고 처리 능력은 기하급수적으로 상승한다는 것을 뜻한다.

투자를 시작했다. 킬비는 "우리는 인류를 달로 보내는 데 기여했다"고 말했고, 노이스는 "기술은 인간의 한계를 넘어서게 한다"고 확신했다. 이 두 발명은 냉전 시대의 기술 경쟁에서 미국의 승리를 결정짓는 핵심 요소가 되었다.

오늘날 AI 시대를 살아가는 우리에게, 킬비와 노이스의 집적회로는 디지털 문명을 가동하는 심장과도 같은 상징성을 지닌다. 두 사람은 서로 다른 방식으로 복잡성의 단순화를 달성했다. 킬비는 통합이라는 아이디어로, 노이스는 정밀함이라는 기술로 말이다. 이는 현재의 AI 칩 설계에서도 그대로 적용된다. 텐서처리장치(TPU)는 킬비의 통합을, 그래픽처리장치(GPU)는 노이스의 정밀함을 따르고 있다. 중요한 것은 기술이 얼마나 작아지느냐가 아니라, 얼마나 스마트해지느냐는 것이다.

1959년, 킬비와 노이스는 공동으로 특허를 출원하면서 "우리는 단순히 회로를 작게 만든 것이 아니라, 완전히 새로운 세계를 만들었다"고 선언했다. 이 말은 오늘날 AI 반도체 개발자들에게도 동일한 도전을 제기한다. '어떻게 더 많은 뉴런을 칩에 집적할 것인가'가 아니라 '어떻게 더 스마트한 뉴런을 만들 것인가'가 본질적인 과제이다. 킬비와 노이스가 증명한 혁신의 정수는 외형의 축소가 아닌 질적인 도약이었다. 그들에게 기술이란 작아질수록 더욱 커지는 인류의 가능성과 같은 말이었다.

>>> 혁신의 요람, 실리콘 밸리의 탄생

1956년 2월, 캘리포니아 팰로앨토의 한 작은 식당에서 트라이테크 니트 클럽[8]이라는 모임이 형성되었고, 이곳에서 반도체 산업의 미래가 결정되었다. 윌리엄 쇼클리[9]는 "우리는 트랜지스터의 완전한 잠재력을 아직 발견하지 못했다"고 말했고, 로버트 노이스와 고든 무어는 그의 말에 귀를 기울였다. 이 만남은 실리콘 밸리라 불리는 세계 최고의 혁신 생태계의 시작이었다. 노이스는 "우리는 단순히 회사를 만들고 있는 것이 아니라, 완전히 새로운 문화를 만들고 있다"고 확신했다.

쇼클리 반도체 실험실의 설립은 혁신의 시작이었지만, 동시에 드라마의 서곡이기도 했다. 쇼클리는 천재 과학자였지만, 경영 재능은 부족했다. 그는 "완벽한 팀을 만들어야 한다"며, 당시 최고의 젊은 엔지니어들을 모았지만, My way or highway (내 방식대로 하든가, 아니면 떠나든가)의 독단적 경영 스타일로 유명했다. 1957년, "트레이터러스 에이트(Traitorous Eight: 배신자 8인)"라 불리는 노이스, 무어, 그레이너, 블랭크, 클라인 등이 쇼클리의 회사를 떠나려 했을 때, 쇼클리는 "당신들은 반역자"라고 말했다.

페어차일드 반도체(Fairchild Semiconductor)[10]의 설립은 실리콘 밸리 신화의 진정한 서막이었다. 노이스는 "우리는 대기업이 아니라, 스타트업으로 시작한다. 하지만 우리는 세상을 바꿀 것"이라고 말했다. 1957년 9월, 그들은 캘리포니아 마운틴뷰의 한 작은 창고에서 시작했다. 초기 투자

---

8) 트라이테크 니트 클럽(Tritech Knit Club)은 실리콘밸리의 기술적 토대를 닦았던 하드웨어 엔지니어들의 전설적인 사교 모임이다. 당시 실리콘밸리에는 '홈브루 컴퓨터 클럽(Homebrew Computer Club)'처럼 유명한 모임 외에도, 특정 기술이나 비즈니스 네트워크를 공유하는 여러 소규모 클럽들이 존재했다.

9) 윌리엄 쇼클리(William Shockley)는 1947년 벨 연구소에서 존 바딘(John Bardeen), 월터 브래튼(Walter Brattain)과 함께 트랜지스터를 공동 발명했다. 트랜지스터는 기존의 진공관을 대체하며 전자제품의 소형화와 저전력화를 가능하게 한 20세기 최고의 발명품 중 하나였다. 그는 1956년 노벨 물리학상을 수상했다.

10) 페어차일드 반도체(Fairchild Semiconductor)는 반도체 산업의 역사에서 가장 중요하고 영향력 있는 회사 중 하나로 꼽힌다. 단순히 트랜지스터나 칩을 만든 회사를 넘어, 실리콘 밸리의 기원과 현대 디지털 혁명의 토대를 마련한 전설적인 기업이다.

는 138만 달러(현재 한화로 약 300억 원)였지만, 그들은 "반도체의 포드"를 꿈꿨다. 노이스는 "우리는 계획을 세우고, 실행하고, 성공하는 것을 반복할 것"이라고 각오를 다졌다. 이는 곧 실리콘 밸리의 애자일(Agile) 문화가 되었다.

페어차일드의 혁신은 평면 공정 기술의 상업화였다. 노이스는 "우리는 실험실의 기술을 공장의 생산으로 바꿀 것"이라고 말했고, 이는 반도체 대량 생산의 시작이었다. 1958년, 그들은 세계 최초의 상업용 집적회로를 출시했고, NASA와 미국 정부는 이를 즉시 채택했다. 무어는 "우리는 과학을 공장으로 가져왔다. 이것이 바로 실리콘 밸리의 힘"이라고 말했다. 이는 기술 이전이라는 새로운 개념을 만들어냈다.

그러나 진짜 혁신은 스톡 옵션이라는 인센티브 시스템이었다. 노이스는 "우리는 직원들에게 회사의 소유권을 줘야 한다. 그래야 그들이 진정으로 헌신할 것"이라고 주장했다. 이는 당시로서는 파격적인 생각이었고, 오늘날 스타트업 문화의 기반이 되었다. 페어차일드의 초기 직원들은 나중에 50명 이상의 백만장자가 되었고, 이들은 페어차일드 마피아(Fairchild Mafia)라 불리며 실리콘 밸리를 확장시켰다. 노이스는 "부는 나누면 커진다"는 신조를 확립했다.

1960년대 초, 페어차일드는 반도체 산업의 황금 표준이 되었다. 그러나 성공은 또한 갈등을 가져왔다. 노이스와 무어는 더 큰 비전을 추구했지만, 본사는 단기 이익에 집중했다. 1968년, 그들은 페어차일드를 떠나 인텔을 설립했다. 노이스는 "우리는 반도체의 미래를 위해 다시 시작한다. 이번에는 옳게 할 것"이라고 말했다. 이것이 바로 스핀오프(Spinoff)[11] 문화의 시

---

11) 스핀오프(Spinoff)는 원래의 모체(母體)로부터 파생되거나 분리되어 나온 결과물이나 활동을 일컫는 용어로, 주로 비즈니스(기업/기술)와 엔터테인먼트(미디어 콘텐츠) 두 분야에서 사용된다. 비즈니스 및 기술 분야에서의 스핀오프는 기업이나 연구 기관이 기존의 핵심 사

작이었다.

　실리콘 밸리의 확장은 벤처 캐피털이라는 새로운 금융 시스템과 함께 이루어졌다. 노이스는 "우리는 돈이 아니라, 꿈을 투자한다"고 말했고, 이는 전통적인 은행 대신 위험 자본의 개념을 만들어냈다. 1970년대, 케플러& 퍼킨스, 세쿼이아 캐피털 같은 벤처 캐피털 회사들이 등장했고, 이들은 기술 혁신에 수십억 달러를 투자했다. 노이스는 "벤처 캐피털은 실리콘 밸리의 연료"라고 말했다.

　실리콘 밸리의 문화는 실패를 두려워하지 않는 독특한 정신이었다. 노이스는 "실리콘 밸리에서 실패는 군에서의 명예로운 훈장같은 배지다. 당신은 시도했고, 배웠고, 다시 시도할 것"이라고 말했다. 이는 "빠르게 실패하고, 자주 실패하라(Fail fast, Fail often)"는 스타트업 문화의 시작이었다. 페어차일드와 인텔의 경험을 통해, 노이스는 실패는 성공의 일부라는 경영 원칙을 확립했다. 이는 전 세계적으로 유일무이한 혁신 기업 문화를 만들어냈다.

　1970년대 후반, 실리콘 밸리는 제조업 중심의 반도체 밸리에서 플랫폼 중심의 실리콘 밸리로 변화했다. 노이스는 "우리는 더 이상 반도체에만 머무르지 않는다. 우리는 미래를 만든다"고 말했다. 애플, 오라클, 선 마이크로시스템즈 같은 새로운 회사들이 등장했고, 이들은 모두 페어차일드와 인텔의 문화를 계승했다. 노이스는 "실리콘 밸리는 장소가 아니라, 정신"이라고 말했다. 이 정신은 도전, 혁신, 협력이었다.

　노이스가 보여준 것은 혁신은 개인이 아니라, 생태계에서 일어난다는 것이다. 그는 천재 한 명이 아니라, 천재들이 모인 문화를 만들었다. 이는 현

업이나 연구 분야에서 파생된 새로운 사업 부문, 기술, 또는 회사를 분사(分社)하여 독립시키는 행위를 의미한다.

재의 AI 개발도 동일한 패턴을 따른다. 오픈AI, 구글, 페이스북은 모두 협력하면서 경쟁하는 생태계를 만들고 있다.

>>> 인텔의 창립과 마이크로프로세서의 시대

1968년 7월 18일, 캘리포니아 새너제이의 한 작은 사무실에서 로버트 노이스와 고든 무어는 인텔이라는 이름의 새로운 회사를 설립했다. 노이스는 "우리는 메모리로 시작하지만, 결국은 컴퓨팅의 미래를 바꿀 것"이라고 말했다. 이는 반도체 산업 역사상 가장 기념비적인 순간 중 하나로 기록되었다. 인텔은 집적 전자(Integrated Electronics)의 약자였고, 그들의 목표는 단순한 칩 제조가 아니라 지능을 만드는 것이었다.

인텔의 첫 번째 혁신은 1969년 출시된 3101이라는 정적 메모리(SRAM)였다. 이는 세계 최초의 집적회로 메모리였고, 기존의 자기 코어메모리보다 훨씬 빠르고 작았다. 노이스는 "메모리는 컴퓨팅의 심장이다. 우리는 더 빠르고, 더 저렴한 심장을 만들 것"이라고 말했다. 그러나 본격적인 혁명은 1971년 찾아왔다. 세계 최초의 마이크로프로세서[12] '인텔 4004'가 탄생한 것이다.

4004는 놀라운 혁신이었다. 이전까지는 계산기 제조사마다 전용 칩을 설계해야 했다. 그러나 4004는 범용 마이크로프로세서였다. 즉, 프로그래밍으로 다양한 기능을 수행할 수 있었다. 무어는 역설했다. "이제 하드웨어의 견고한 틀을 소프트웨어의 유연함으로 치환할 수 있는 시대가 왔다." 그는 이것을 인류가 마주할 프로그래밍 가능한 미래라고 명명했다. 4004는

---

12) 마이크로프로세서(Microprocessor, MPU)는 산술 논리 장치(ALU), 제어 장치(Control Unit), 레지스터와 같은 중앙 처리 장치(CPU)의 핵심 기능을 하나의 단일 집적 회로(IC, Integrated Circuit) 칩에 모두 통합한 반도체 소자이다.

2,300개의 트랜지스터로 구성되어 있었고, 오늘날 스마트폰의 프로세서보다 100만 배 이상 느렸지만, 그것은 완전히 새로운 패러다임을 열었다.

1974년 출시된 인텔 8080은 마이크로프로세서의 진정한 대중화를 시작했다. 6,000개의 트랜지스터로 구성된 8080은 훨씬 더 강력해졌고, 첫 번째 개인용 컴퓨터 알테어 8800의 심장이 되었다. 노이스는 "이제 컴퓨터는 더 이상 방 하나 크기의 기계가 아니다. 책상 위에 올라올 것"이라고 예측했다. 실제로 8080은 Zilog Z80, 모토롤라 6800 등 수많은 후속 프로세서의 기반이 되었고, 1970년대 후반 PC 혁명의 기폭제가 되었다.

1978년 출시된 인텔 8086은 현대 컴퓨팅의 기틀을 마련했다. 29,000개의 트랜지스터로 구성된 8086은 16비트 아키텍처를 도입했고, 이는 오늘날 x86 아키텍처의 시작이었다. 무어는 "이제 우리는 실제로 쓸 만한 컴퓨터를 만들 수 있다"고 말했다. IBM이 1981년 PC를 만들 때 8088(8086의 변형)을 선택한 것은 우연이 아니었다. 이 결정은 인텔을 PC 시대의 중심에 올려놓았고, 오늘날까지도 지속되고 있다.

인텔의 혁신은 무어의 법칙이라는 거대한 설계도에서 완성되었다. 이는 기술적 기록을 넘어, 미래를 앞당기려는 인류의 의지를 담은 산업의 확고한 이정표가 되었다. 노이스는 "우리는 이 법칙을 따라가기 위해 매일 도전해야 한다. 그것이 우리의 운명"이라고 말했다. 실제로 인텔은 이 법칙을 따라가기 위해 수십억 달러를 연구개발에 투자했고, 이는 반도체 산업의 발전을 가속화했다.

1980년대 초, 인텔은 메모리 시장에서 일본 기업들과의 경쟁에서 밀리기 시작했다. 노이스는 "우리는 메모리에서 프로세서로 전환한다. 이것이 우리의 미래"라고 결정했다. 이는 역사상 가장 성공적인 사업 전환 중 하나였다. 1985년, 인텔은 80386을 출시하면서 마이크로프로세서 시장의 완전한 지배를 시작했다. 275,000개의 트랜지스터로 구성된 386은 32비트 아키텍처를 도입했고, 진정한 다중 작업(멀티태스킹)을 지원했다. 노이스는 "우리는 이제 단순한 칩 제조사가 아니다. 우리는 컴퓨팅의 미래"라고 선언했다.

인텔의 성공은 클럭 속도[13]의 경쟁을 시작했다. 1990년대 초, 인텔은 486, 펜티엄 시리즈를 통해 프로세서의 클럭 속도를 기하급수적으로 높였다. 1993년 출시된 펜티엄은 310만 개의 트랜지스터로 구성되어 있었고, 66MHz의 클럭 속도를 자랑했다. 이는 컴퓨터 성능 = 클럭 속도라는 공식을 만들었고, 소비자들은 더 높은 숫자를 추구했다. 무어는 "우리는 속도의 군비경쟁을 시작했다. 하지만 이것이 기술 발전의 동력"이라고 말했다.

그러나 2000년대 초, 인텔은 물리적 한계에 직면했다. 클럭 속도가 높아질수록 전력 소비와 발열이 기하급수적으로 증가했다. 2004년, 인텔은 4GHz 펜티엄 4 프로젝트를 취소해야 했다. 노이스는 "우리는 물리학의 벽에 부딪혔다. 이제는 새로운 방법이 필요하다"고 인정했다. 이는 멀티코어 프로세서의 시작이었고, 클럭 속도 대 병렬 처리의 패러다임 전환을 알렸다. 우리가 사용하는 AI 칩들 또한 과거의 혁신가들이 겪었던 것과 닮은꼴의 도전을 이어가고 있다.

▶▶▶ 반도체의 미래, 나노 지능의 경쟁

2000년 1월, 반도체 기술은 물리적 한계에 도달했다는 경고가 나왔다. "우리는 100나노미터 벽에 도달했다. 더 이상 작아질 수 없다"는 것이었다.

---

13) 클럭 속도(Clock Speed)는 CPU가 1초 동안 처리하는 사이클(주기) 횟수를 의미하며, 단위는 기가헤르츠(GHz)이다. "클럭 속도가 높을수록 컴퓨터 성능이 좋다"는 것은, 같은 설계(아키텍처)를 가진 CPU라면 더 빠른 속도로 작업을 수행할 수 있다는 뜻이다.

그러나 인텔의 연구원들은 "한계는 있지만, 창의성은 무한하다"고 말했다. 2003년, 인텔은 90나노미터 공정을 성공적으로 상용화했고, 이는 나노 기술 시대의 출발점이 되었다. '나노미터 전쟁'이 시작된 것이다.

물리적 한계의 도전은 극복하기 어려웠다. "더 이상 클럭 속도를 높일 수 없다. 열과 전력이 너무 많다"는 것이었다. 이는 '파워 월(Power Wall)'이라는 새로운 한계를 의미했다. 노이스는 "우리는 물리학의 법칙을 바꿀 수는 없지만, 그 법칙을 이용하는 방법은 바꿀 수 있다"고 말했다. 이는 멀티 코어 프로세서의 시작이었고, 코어의 시대로의 전환을 알렸다.

2007년, 인텔은 45나노미터 공정을 도입하면서 High-k/Metal Gate 기술[14]을 선보였다. 이는 기존의 실리콘 산화막이 가졌던 한계를 뛰어넘어, 전기를 가두는 힘이 월등히 뛰어난 고유전 물질을 도입한 사건이었다. 덕분에 전기가 허무하게 새나가는 것을 백분의 일 수준으로 억제하며 반도체 역사의 새로운 이정표를 세웠다. 인텔의 수석 연구원은 "우리는 물리학을 이겼다. 이제는 화학의 도움을 받는다"고 말했다. 이 기술은 2011년 22나노미터, 2014년 14나노미터로 확장되었고, 현대 반도체의 기반이 되었다.

2011년, 3D 트랜지스터의 등록은 또 다른 혁명이었다. 핀펫(FinFET)[15]이라 불리는 이 구조는 트랜지스터를 3차원으로 쌓아 올려, 같은 면적에서 더 많은 전류를 흐르게 했다. 이는 평면의 종말을 선언했고, 입체의 시작을

---

14) High-k/Metal Gate 기술은 2007년에 인텔(Intel)이 선보인 반도체 제조 기술 혁신으로, 트랜지스터의 소형화가 물리적 한계에 부딪혔을 때 이를 극복하게 해준 핵심 기술이다. 이 기술은 트랜지스터의 게이트 유전체(Gate Dielectric)와 게이트 전극(Gate Electrode)이라는 두 가지 핵심 요소를 새로운 재료로 바꾼 것이다. 이는 기존의 반도체 구조를 근본적으로 변화시켜, 무어의 법칙(Moore's Law)을 2000년대 후반까지 지속시킬 수 있었던 중요한 도약이다.

15) 기존의 평면형(Planar) 트랜지스터의 한계를 극복하기 위해 트랜지스터의 채널(Channel) 부분을 얇은 지느러미(Fin) 모양으로 세워 3차원 구조를 만든 차세대 트랜지스터 구조이다. 핀펫은 2011년 인텔이 처음 상업화한 이후 삼성전자, TSMC 등 모든 파운드리(Foundry) 회사에서 10나노(nm)급 이하 미세 공정의 주류가 되었다.

알렸다. 인텔은 "우리는 더 이상 2D로는 안 된다. 3D가 미래"라고 선언했다. 이 기술은 22나노미터 이후 모든 공정의 표준이 되었다.

그러나 2014년 이후, 인텔은 10나노미터 공정에서 어려움을 겪기 시작했다. "10나노미터는 너무 어렵다. 물리적, 화학적 한계"라는 목소리가 있었다. 한편, 삼성과 TSMC는 7나노미터, 5나노미터 공정을 성공적으로 도입했다. 이는 나노미터 전쟁에서 인텔의 패배로 보였다. 그러나 인텔은 2021년, "7나노미터는 곧 온다. 하지만 더 중요한것은 패키징(Packaging)"이라고 말했다. 이는 공정의 종말이 아니라, 설계의 재발견을 의미했다.

패키징 기술의 혁명은 칩렛(Chiplet)이었다. 인텔은 "더 이상 하나의 거대한 칩이 아니라, 여러 개의 전용 칩을 모듈식으로 연결한다"는 새로운 전략을 제시했다. 2022년 출시된 사파이어 래피즈(Sapphire Rapids)[16]는 4개의 칩렛으로 구성되어 있었고, 이는 모놀리식의 종말[17]을 알렸다. 인텔은 "우리는 더 이상 크기를 줄이는 데 집착하지 않는다. 어떻게 더 효율적으로 연결할 것인가에 집중한다"고 말했다. 이는 AI 프로세서 설계에도 큰 영향을 미쳤다.

AI 칩의 특수화는 또 다른 트렌드였다. 2016년, 구글은 TPU(Tensor Processing Unit)를 발표했고, 인텔은 2017년 너바나(Nabana) AI 칩을, 2019년에는 하바나(Havana)를 인수했다. NVIDIA의 GPU는 AI 연산의

---

16) 사파이어 래피즈(Sapphire Rapids)는 인텔(Intel)이 4세대 인텔 제온 스케일러블 프로세서(4th Gen Intel Xeon Scalable Processors)의 코드명으로, 주로 서버 및 데이터 센터용으로 2022년에 출시된(실제 대량 출시는 2023년) CPU이다. 이 프로세서가 중요한 이유는 인텔의 전통적인 CPU 설계 방식인 모놀리식(Monolithic) 구조에서 벗어나 칩렛(Chiplet) 설계를 본격적으로 도입한 첫 번째 서버 CPU이기 때문이다.

17) 모놀리식 IC (Monolithic Integrated Circuit)는 일반적으로 우리가 'IC 칩'이라고 부르는 대부분의 반도체가 이 방식. 트랜지스터, 저항, 다이오드 등을 단일 기판 위에 평면적으로 만든다. 모놀리식의 종말의 의미는 전통적인 2차원 평면 집적 방식의 물리적, 경제적 한계를 선언하고, 3차원 집적 기술로의 전환을 의미한다.

표준이 되었고, 이는 범용 프로세서의 종말을 의미하는 것처럼 보였다. 그러나 인텔은 "AI는 범용과 특수가 공존한다."며, 'Xeon' 프로세서에 AI 가속기를 통합했다. "우리는 모든 AI 작업 부하를 지원할 것"이라고 선언했다.

새로운 재료의 도전도 시작되었다. 2020년대 초, 실리콘의 한계에 대한 논의가 활발해졌다. "3나노미터 이하에서는 실리콘이 더 이상 작동하지 않는다"는 것이었다. 질화갈륨[Gallium Nitride(GaN)], 실리콘 카바이드[Silicon Carbide(SiC)], 심지어 탄소 나노튜브(Carbon Nanotube), 그래핀(Graphene) 같은 새로운 재료가 주목받기 시작했다. 인텔은 "우리는 아직 실리콘을 믿는다. 하지만 미래를 위해 준비하고 있다"고 말했다. 2024년, 인텔은 18A(1.8나노미터) 공정을 발표하면서, "20년 더 실리콘이 지배할 것"이라고 예측했다.

양자 컴퓨팅의 등장은 또 다른 미래를 제시했다. 2019년, 인텔은 호스 리지(Horse Ridge)[18]라는 양자 컴퓨팅 제어 칩을 발표했고, "우리는 양자와 고전의 경계를 연결할 것"이라고 말했다. 동시에, 뉴로모픽(neuromorphic) 칩인 로이히(Loihi)[19]는 인간의 뇌를 모방한 칩이라는 비전을 제시했다. 노이스는 이미 사망했지만, 그의 정신은 "우리는 그저 작은 것을 만드는 것이 아니다. 우리는 지능을 만든다"는 메시지를 남겼다. 이것이 바로 반도체의 미래이다.

---

18) 호스 리지(Horse Ridge)는 인텔이 양자 컴퓨터의 상용화를 위해 개발한 극저온(Cryogenic) 제어 칩. 양자 컴퓨팅 시스템에서 '양자와 고전의 경계를 연결'하는 핵심적인 역할을 한다. 큐비트의 상태를 읽고 제어하는 복잡한 신호(마이크로파)를 효율적으로 생성하고 처리함으로써, 양자 컴퓨터 시스템의 복잡성을 줄이고 확장성을 향상시키는 데 기여한다.

19) 뉴로모픽(Neuromorphic)이란 신경 형태라는 뜻으로, 칩의 구조와 작동 방식을 인간의 뇌 신경 세포(뉴런)와 시냅스(Synapse)의 네트워크를 모방하여 설계하는 기술이다. Loihi는 기존 컴퓨터처럼 명령을 순차적으로 처리하는 대신, 뇌처럼 필요한 순간에만 전기 신호(스파이크)를 생성하고 전달하는 스파이킹 뉴런(Spiking Neuron)을 사용한다.

현대 AI 기술의 근간을 이루는 나노 기술은 우리에게 중요한 통찰을 제시한다. 물리적 한계에 부딪힐 때마다 이를 극복해낸 나노의 혁신 정신은, 이제 우리가 AI와 함께 그려갈 미래의 이정표가 되고 있다. 물리적 한계는 있지만, 창의적 한계는 없다는 것이다. 3D 구조, 패키징, 새로운 재료, 새로운 설계 패러다임은 계속해서 반도체의 가능성을 확장하고 있다. 킬비와 노이스가 보여준 것은 한계는 도전의 기회라는 것이다. AI 칩의 미래도 마찬가지이다. 더 작은 것이 아니라, 더 지능적인 것이 목표이다. 반도체 산업의 미래는 나노미터 경쟁이 아니라, 나노지능 경쟁이 될 것이다.

인텔 본사 [출처_wikipedia.org]

"Don't be encumbered by history,
just go out and do something wonderful."

"역사에 짐 지지 말라, 그냥 나가서 놀라운 무언가를 해라."

[출처_wikipedia.org]

로버트 노이스
(Robert Noyce, 1927~1990)

제11장

빌 게이츠와 스티브 잡스

- PC의 대중화와 S/W 시대

AI Telling

마이크로소프트의 빌 게이츠와 애플의 스티브 잡스는 컴퓨터의 대중화와 소프트웨어 시대를 열어가는데 크게 공헌했다. 지능형 정보 사회를 마주한 현재, 두 거인의 생태계가 그려온 궤적은 우리가 나아가야 할 새로운 지표를 제시한다. 게이츠는 "플랫폼은 습관을 만든다"고 하였고, 잡스는 "플랫폼은 경험을 만든다"고 했다. AGI 시대는 이 두 가치를 모두 실현해야 한다.

▶▶▶ 청바지 청년, 두 천재의 첫 만남

1975년 2월, 하버드대학 기숙사의 작은 방에서 빌 게이츠(Bill Gates, 당시 19세)는 친구 폴 앨런[1]과 함께 최초의 개인용 컴퓨터 알테어 8800(Altair 8800)을 바라보며 "이게 바로 우리의 미래"라고 말했다. 그는 자신의 발에서 검은색 고무신을 벗으며 "컴퓨터는 연구실이나 기업의 전유물이 아니라, 모든 사람의 책상 위에 있어야 한다."는 비전을 공유했다. 훗날 세계를 지배하게 될 소프트웨어 제국, 마이크로소프트의 첫 발자국이 이 지점에서 선명하게 찍혔다.

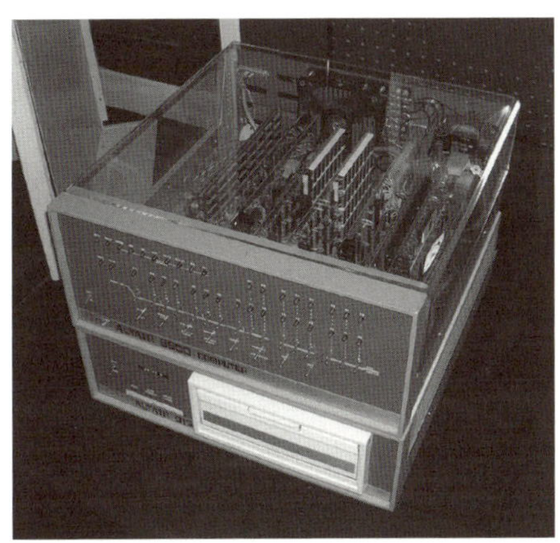

최최의 개인용 컴퓨터 알테어(Altair) 8800
[출처_wikipedia.org]

동시에, 4,800km 떨어진 캘리포니아 로스앨토스의 차고에서 스티브 잡스(Steve Jobs, 당시 20세)는 친구 스티브 워즈니악[2]과 함께 최초의 애플 컴퓨터를 조립하고 있었다. 그는 바닥에 떨어진 사과 한 알을 집으며 "기술은 예술이고, 예술은 인류의 영혼"이라고 선언했다. 잡스는 컴퓨터를 보통

---

1) 폴 앨런(Paul Allen)은 미국의 사업가이자 투자자, 자선가이며, 무엇보다 빌 게이츠와 함께 마이크로소프트(Microsoft)를 공동 창업한 것으로 가장 잘 알려져 있다. 폴 앨런은 1983년 호지킨 림프종 진단을 받으면서 마이크로소프트 경영 일선에서 물러났지만, 이후 그의 막대한 부를 이용해 다양한 분야에서 활동했다.

2) 스티브 워즈니악(Steve Wozniak)은 애플(Apple) 사의 공동 창업자이자, 개인용 컴퓨터의 발전에 결정적인 기여를 한 엔지니어이자 발명가이다. 워즈니악은 주로 엔지니어링(Engineering)과 발명(Invention)에 집중했다. 그는 기술적인 완벽함을 추구했고, 사용자들이 컴퓨터를 쉽게 사용할 수 있도록 만드는 것에 열정을 쏟았다.

의 계산 기계가 아니라, 창조성의 도구로 보았고, 이는 곧 애플의 철학이 되었다. 두 천재는 서로 다른 길을 걷기 시작했지만, 모두 인류의 디지털 미래를 재정의하는 데에 동참하고 있었다.

게이츠와 잡스의 첫 만남은 1977년 11월, 웨스트코스트 컴퓨터 박람회에서 이루어졌다. 게이츠는 검은색 스웨터에 청바지 차림으로, 잡스는 늘어진 청바지와 맨발로 나타났다. 게이츠는 "당신은 하드웨어를 만드나요? 우리는 소프트웨어를 만드는데, 함께 일할 수 있을 것 같네요."라고 말했다. 잡스는 "기술은 아름다워야 한다. 기능성만으로는 부족하다."고 답했다. 이 짧은 대화는 두 사람의 근본적인 차이를 보여주었다. 게이츠는 기능에 몰두했고, 잡스는 경험에 집중했다.

1978년, 게이츠는 하버드를 중퇴하고 마이크로소프트를 공식 설립했다. 그는 "소프트웨어는 특허나 저작권으로 보호될 수 없다. 우리는 표준을 만들어야 한다"는 신념을 가지고 있었다. 이미 BASIC 인터프리터를 개발한 그는 '모든 컴퓨터가 우리의 언어를 사용하게 만들 것'이라는 야망을 품었다. 한편, 잡스는 애플 II의 디자인을 완성하면서 "기술은 보이지 않아야 한다. 사용자는 기술을 의식하지 않고 창조성에 집중해야 한다."고 주장했다.

두 사람의 성격 차이도 극명했다. 게이츠는 철저히 분석적이었다. 그는 "코드 한 줄도, 회의 한 번도 허투루 쓸 수 없다. 효율성이 곧 생존"이라고 말했다. 1979년, 그는 프로그래머들에게 "한 달에 100시간 이상 일하라"고 요구하면서도, "그 시간이 모두 품질로 이어져야 한다."고 강조했다. 반면, 잡스는 직관적이었다. 그는 "소비자는 자신이 뭘 원하는지 모른다. 우리가 만들어야 한다."며, 시장조사를 거부했다. 1980년, 그는 엔지니어들에게 "사용자가 원하는 걸 묻지 말고, 사용자가 꿈꿔온 것을 만들라"고 지시했다.

1980년대 초, 두 회사는 서로 다른 행보를 보이며 성장하기 시작했다. 마이크로소프트는 소프트웨어 전문 기업으로, 모든 하드웨어 제조사에 소프트웨어를 공급하는 '오픈 플랫폼' 가치를 택했다. 게이츠는 "우리는 하드웨어를 만들지 않는다. 우리는 모든 하드웨어를 위한 소프트웨어를 만든다."고 선언했다. 반면, 애플은 폐쇄형 생태계를 선택했다. 잡스는 "하드웨어와 소프트웨어를 함께 만들어야 완벽한 경험을 만들 수 있다."고 주장했다. 이두 회사의 전략은 향후 40년간 기술 산업의 근본적인 갈등선이 되었다.

1981년, IBM이 PC를 출시하면서 두 천재의 운명은 교차하기 시작했다. IBM은 마이크로소프트에게 운영체제 개발을 의뢰했고, 게이츠는 '이것이 우리의 기회'라고 직감했다. 그는 MS-DOS를 개발하면서 "모든 PC가 우리의 운영체제를 사용하게 될 것"이라고 확신했다. 한편, 잡스는 IBM을 끔찍한 디자인의 대명사라고 비난하면서도, 그들이 시장을 교육시켜 줄 것이라고 예측했다. 실제로 IBM PC의 등장은 개인용 컴퓨터 시장을 크게 확장시켰고, 이는 애플에게도 기회가 되었다.

두 사람의 리더십 스타일도 극명하게 달랐다. 게이츠는 데이터 중심의 접근이었다. 그는 "모든 결정은 숫자로 뒷받침되어야 한다."며, 월급 명세서 한 장도 직접 검토했다. 1982년, 그는 프로그래머들에게 "코드 한 줄이 회사의 운명을 결정할 수 있다. 그것이 우리의 현실"이라고 말했다. 반면, 잡스는 스토리텔링에 집중했다. 그는 "기술을 이해시키는 것이 아니라, 꿈을 판매해야 한다."며, 직원들에게 "우리는 단지 컴퓨터를 파는 것이 아니라, 가능성을 파는 것"이라고 강조했다.

1983년, 두 회사는 각각의 방식으로 시장을 장악하기 시작했다. 마이크로소프트는 MS-DOS를 통해 PC 시장의 90%를 차지했고, 게이츠는 '소프트웨어는 특허가 아니라, 표준'이라는 승부수를 던졌다. 반면, 애플은 리사

(Lisa) 컴퓨터를 출시하면서 최초로 그래픽 사용자 인터페이스(GUI)를 상용화했다. 잡스는 "이제 컴퓨터는 모든 사람의 것이 된다."고 선언했지만, 높은 가격 때문에 대중화에는 실패했다. 이 시점에서 두 회사의 운명은 엇갈리기 시작했다.

그러나 1984년, 역사적인 전환점이 찾아왔다. 애플이 매킨토시(Macintosh)를 등판시킨 것이다. 슈퍼볼 광고에서 잡스는 "1984년이 왔다. 빅 브라더의 시대는 끝났다."[3]며 IBM을 정면으로 비난했다. 매킨토시는 사용자에게 권한을 주는 컴퓨터였고, 잡스는 기술은 인간을 자유롭게 해야 한다.는 메시지를 전달했다. 한편, 게이츠는 매킨토시를 보며 이것이 미래라고 즉시 인식하고, 마이크로소프트도 GUI 개발에 착수했다. 이 두 천재의 경쟁은 이제 불가피해졌다.

게이츠는 표준화와 확장의 전략을, 잡스는 혁신과 경험의 전략을 보여주었다. 이 두 접근법은 AI 개발에서도 그대로 재현되고 있다. 오픈AI의 샘 올트먼은 "AI도 게이츠처럼 표준화되어야 하고, 잡스처럼 혁신적이어야 한다."고 말했다. 중요한 것은 기술적 우열이 아니라, 어떤 가치를 추구하느냐는 것이다. 게이츠는 모두를 위한 기술을, 잡스는 완벽한 경험을 추구했고, 두 사람의 철학이 유전자가 되어 우리 삶 구석구석을 흐르고 있다.

---

3) 스티브 잡스가 1984년 매킨토시 출시를 앞두고 내보낸 이 광고는 광고 역사상 가장 유명한 사례 중 하나로 꼽힙니다. 조지 오웰의 소설 《1984》을 패러디했다. 이 광고는 조지 오웰의 소설 속에 등장하는 독재자 '빅 브라더(Big Brother)'를 소수가 정보를 독점하고 대중을 통제하는 상징으로 설정했다. 잡스는 실제 연도인 1984년을 맞아, 소설 속 암울한 통제가 현실이 되지 않도록 하겠다는 의지를 보였다. 이 선언은 거대 기업(IBM)의 독점 체제를 무너뜨리고, 개인용 컴퓨터를 통해 평범한 사람들에게 정보의 힘과 자유를 돌려주겠다는 혁명적 메시지였다.

⟫⟫⟫ 운영체제 전쟁의 서막 (DOS vs Macintosh)

1981년 8월 12일, IBM이 세계 최초의 표준화된 개인용 컴퓨터 'IBM PC'를 세상에 내놓으면서 디지털 세계의 판도가 바뀌기 시작했다. 이 날, 빌 게이츠는 시애틀의 작은 회의실에서 "이제 시작이다. 우리는 IBM이 아니라, 모든 PC를 위한 소프트웨어를 만들 것"이라고 선언했다. MS-DOS라는 이름의 운영체제는 일종의 프로그램이 아니라, 향후 20년간 PC 산업의 표준이 될 디지털 인프라였다. 게이츠는 "소프트웨어는 하드웨어를 지배한다"는 신조를 확신했고, 이는 곧 현실이 되었다.

MS-DOS의 성공은 개방형 아키텍처의 승리였다. 게이츠는 IBM과의 계약에서 "우리는 다른 제조사에게도 MS-DOS를 판매할 수 있다."는 조항을 넣는 데 성공했다. 이는 역사에 남을 중요한 사업 결정 중 하나였다. 1982년, 그는 투자자들에게 "우리는 IBM의 파트너가 아니라, IBM을 포함한 모든 PC 제조업체의 파트너"라고 말했다. 결과적으로 MS-DOS는 IBM PC뿐만 아니라, 수백 개의 IBM 호환 PC에서 작동하게 되었고, 마이크로소프트는 운영체제 시장의 90%를 차지하는 데 성공했다.

반면, 1984년 1월 24일, 스티브 잡스는 캘리포니아의 플린트 센터 무대에 섰다. 검은색 터틀넥과 청바지 차림의 그는 "오늘, 우리는 역사를 만든다."고 선언하며 매킨토시를 공개했다. 매킨토시는 단순한 컴퓨터가 아니라 예술 작품이었다. 잡스는 기술과 인문학의 교차점에서 매킨토시를 설계했고, 사용자가 마우스로 아이콘을 클릭하고, 창을 드래그하는 방식으로 컴퓨터와 상호작용할 수 있게 했다. 이는 '그래픽 사용자 인터페이스(GUI)'의 대중화였고, 오늘날 우리가 사용하는 모든 컴퓨터 인터페이스의 원형이 되었다.

애플, 매킨토시 컴퓨터. [출처_wikimedia.org]

DOS와 매킨토시(Macintosh)의 차이는 단순한 기술적 차이가 아니라, 철학적 차이였다. MS-DOS는 명령어 중심의 시스템이었다. 사용자는 'COPY A:FILE.TXT C:'와 같은 복잡한 명령어를 입력해야 했다. 게이츠는 "전문가를 위한 강력한 도구"라고 설명했지만, 일반인에게는 진입 장벽이 높았다. 반면, 매킨토시는 직관 중심이었다. 잡스는 '아이가 사용할 수 있도록 만들면, 누구나 사용할 수 있다.'는 생각으로, 파일을 폴더에 드래그하거나, 아이콘을 더블클릭하는 방식을 도입했다. 이는 사용자 친화적 디자인의 효시였다.

1984년의 슈퍼볼 광고는 이 두 가치의 충돌을 상징했다. 잡스는 "매킨토시는 정예주의에 맞서는 자유의 도구"라고 말했다. 한편, 마이크로소프트는 "우리는 누구도 배제하지 않는다. 우리는 모든 사람을 위한 컴퓨팅을 만든다."는 메시지로 대응했다. 게이츠는 "자유는 선택권이다. 우리는 그 선택권을 제공한다"고 주장했다.

기술적 차이도 확연했다. MS-DOS는 64KB의 메모리만 사용할 수 있었고, 한 번에 하나의 프로그램만 실행할 수 있었다. 그러나 게이츠는 "제한은 창의성을 만든다."며, 이러한 제약 속에서도 효율적인 시스템을 구축했다. 반면, 매킨토시는 128KB의 메모리를 사용하고, 멀티태스킹을 지원했다. 잡스는 "제약은 없애야 한다. 기술은 인간의 가능성을 제한해서는 안 된다."고 주장했다. 이 두 접근법은 오늘날 AI 개발에서도 그대로 재현되고 있다.

시장의 반응은 엇갈렸다. MS-DOS는 낮은 가격과 IBM의 지원으로 빠르게 시장을 장악했다. 1983년까지 100만 대 이상의 PC가 판매되었고, MS-DOS는 사실상의 표준이 되었다. 반면, 매킨토시는 높은 가격(2,495달러) 때문에 대중화에 실패했다. 1984년 한 해에 25만대를 판매하여 애플은 재정적 어려움에 직면했다. 그러나 잡스는 "우리는 시장 점유율을 추구하지 않는다. 우리는 미래를 만든다"고 말했다. 실제로 매킨토시의 GUI 개념은 10년 후 윈도우즈 95에서 채택되었다.

1985년, 두 회사의 운명은 극적으로 엇갈렸다. 잡스는 애플 이사회에서 추방되었고, 게이츠는 윈도우즈 프로젝트를 시작했다. 게이츠는 "매킨토시의 GUI는 훌륭하다. 우리도 만들 것"이라고 선언했고, 이는 역사상 가장 성공적인 기술 모방 중 하나가 되었다. 1985년 11월, 윈도우즈 1.0이 출시되었고, 마이크로소프트는 GUI 시장에 진출했다. 잡스는 "그들은 우리를 따라할 뿐이다. 혁신은 우리의 것"이라고 비난했지만, 게이츠는 "기술은 특허가 아니라, 표준이다. 우리는 표준을 만든다."고 반박했다.

표준화된 기능을 앞세운 DOS와 감각적인 경험을 내세운 매킨토시의 전쟁은 현대 IT 역사의 가장 상징적인 장면이다. 게이츠는 표준화와 확장을, 잡스는 '혁신과 사용자 경험'을 추구했다. 이 두 전략은 AI 개발에서도 그대로 적용되고 있다. 오픈AI의 챗GPT는 게이츠의 표준화 전략을, 구글의 바드[4]는 잡스의 혁신 전략을 따르고 있다. 중요한 것은 누가 이겼느냐가 아니라, 두 접근법 모두 필요하다는 것이다. 게이츠는 "기술은 모두를 위해야 한다."는 민주주의를, 잡스는 "기술은 완벽해야 한다."는 엘리트주의를 보

---

4) 구글의 바드(Bard)는 구글이 2023년 2월에 공개했던 대화형 인공지능(Chatbot) 서비스이다. 현재는 구글의 가장 강력한 AI 모델인 제미나이(Gemini)로 통합 및 브랜드 변경되었다. 바드는 오픈AI의 챗GPT(ChatGPT)가 전 세계적으로 열풍을 일으키자, 위기감을 느낀 구글이 자사의 기술력을 바탕으로 내놓은 서비스이다.

여주었다.

>>> 기술의 민주화와 예술화의 가치 추구

1985년 스티브 잡스가 애플에서 축출된 후, 두 천재는 완전히 다른 길을 걷기 시작했다. 빌 게이츠는 "소프트웨어는 산업이며, 산업은 규모의 경제"라는 철학으로 마이크로소프트를 성장시켰다. 그는 1986년 "우리의 목표는 모든 PC에 윈도우즈를 설치하는 것"이라고 선언했고, 이를 위해 제품군 확장 전략을 택했다. 오피스 스위트(Office Suite: Word, Excel, PowerPoint)를 개발하면서 "일하는 방식 자체를 바꿀 것"이라고 말했다. 이는 생산성 소프트웨어라는 새로운 시장을 창출한 것이었다.

반면, 잡스는 '창조성'에 집중했다. 그는 1986년 "나는 실패한 것이 아니라, 새로운 시작을 하고 있다."며, 넥스트(Next)를 설립했다. 넥스트의 목표는 완벽한 워크스테이션을 만드는 것이었다. 잡스는 "기술은 예술이어야 한다. 예술은 완벽해야 한다."는 신념으로, 컴퓨터의 모든 디테일을 디자인했다. 1988년 넥스트 컴퓨터는 검은색 큐브 모양으로 출시되었고, 내부는 완전히 모듈식으로 설계되었다. 가격은 높았지만(6,500달러), "완벽한 기계"에 대한 잡스의 진면목을 보여주었다.

게이츠의 상업화 전략은 '침투'에 있었다. 그는 1987년 "우리는 하드웨어 제조사들에게 로열티를 받고 소프트웨어를 공급한다. 이것이 무한한 확장 가능성"이라고 설명했다. 마이크로소프트는 IBM, HP, Dell 등 모든 PC 제조사와 계약을 맺었고, 윈도우즈는 사실상의 표준이 되었다. 1988년까지 마이크로소프트의 매출은 1억 달러를 넘었고, 게이츠는 "소프트웨어는 특허가 아니라, 습관"이라고 말했다. 사용자들이 한 번 익숙해진 인터페이스는 마이크로소프트를 떠나지 못하게 만들었다.

잡스의 창조성 전략은 완벽주의에 있었다. 그는 1989년 "우리는 1,000개의 아이디어를 버려야 하나의 완벽한 제품을 만들 수 있다."고 말했다. 넥스트 컴퓨터는 세계 최초로 CD-ROM 드라이브를 내장했고, 완전한 디지털 오디오 시스템을 갖췄다. 잡스는 "우리는 사용자가 원하는 것을 만드는 것이 아니라, 사용자가 꿈꿔온 것을 만든다."고 주장해왔다. 이는 마케팅이 아닌 창조의 철학이었다. 실제로 넥스트는 판매량에서는 실패했지만, 그 기술은 향후 10년간 웹과 멀티미디어 발전의 기반이 되었다.

1990년대 초, 두 회사의 규모 차이는 극명해졌다. 마이크로소프트는 1991년 매출 18억 달러를 기록했고, 직원 수는 10,000명을 넘었다. 게이츠는 "우리는 소프트웨어의 포드"라고 선언하며, 대량 생산 시스템을 구축했다. 반면, 넥스트는 1992년 하드웨어 사업에서 철수했고, 잡스는 "우리는 하드웨어를 만들지 않는다. 우리는 미래를 만든다."고 말하며, 소프트웨어에 집중했다. 이 시기, 두 사람의 경쟁은 규모 대 창조성의 대결이었다.

그러나 1995년, 인터넷의 등장으로 두 전략은 새로운 전기를 맞았다. 게이츠는 '인터넷은 소프트웨어의 미래'라고 즉시 인식하고, 인터넷 익스플로러를 개발했다. 그는 "우리는 넷스케이프를 이길 것이다. 인터넷은 우리의 전쟁터"라고 선언했고, 1996년 인터넷 익스플로러를 윈도우즈에 무료로 포함시켰다. 이는 브라우저 전쟁[5]의 시작이었고, 마이크로소프트는 결

---

5) 1996년, 당시 시장을 장악하고 있던 넷스케이프 내비게이터(Netscape Navigator)의 강력한 도전에 맞서기 위해, 마이크로소프트는 자체 개발한 웹 브라우저인 인터넷 익스플로러(Internet Explorer, IE)를 자사의 압도적인 시장 점유율을 가진 운영체제인 윈도우즈(Windows)에 무료로 기본 포함시켰다. 이 전략의 결과, 마이크로소프트는 넷스케이프를 제치고 웹 브라우저 시장을 압도적으로 장악했고, 미국 법무부의 반독점 소송을 야기하였다. 비록 법적 분쟁은 장기간 이어졌으나, 마이크로소프트는 브라우저 시장의 90% 이상을 장악하며 1차 브라우저 전쟁의 승리자가 되었다. 이 사건은 소프트웨어 시장에서 운영체제(OS)의 영향력과 번들링 전략이 얼마나 강력한지 보여주는 역사적인 사례로 남아 있다.

국 시장을 장악했다.

잡스는 인터넷을 다르게 바라봤다. 그는 1996년 "인터넷은 도구가 아니라, 창조성의 캔버스"라고 말했다. 그는 픽사(Pixar)를 인수하면서 컴퓨터 그래픽스는 이야기를 들려주는 새로운 방법이라고 보았다. 1995년 토이 스토리[6]의 성공은 잡스의 비전이 옳았음을 증명했다. 그는 "기술은 결국 이야기를 만드는 도구"라며, 디지털 콘텐츠 산업의 새로운 가능성을 보여주었다.

우리에게 두 천재의 다른 길은 중요한 가르침을 준다. 게이츠는 기술의 민주화를, 잡스는 기술의 예술화를 추구했다. 게이츠는 모두를 위한 소프트웨어를 만들어 기술을 대중화했고, 잡스는 완벽한 경험을 만들어 기술을 예술로 승화시켰다.

>>> 디지털 생태계의 구축과 플랫폼 혁명

1998년 5월 18일, 법정의 판결은 두 천재의 운명을 다르게 만들었다. 미국 연방법원은 마이크로소프트를 독점 기업으로 판결했고, 게이츠는 "우리는 잘못한 것이 없다. 우리는 단지 혁신했을 뿐"이라고 말했다. 반면, 잡스는 1997년 애플에 복귀하면서 "우리는 다시 시작한다. 이번에는 옳게 할 것"이라고 선언했다. 이 두 사건은 디지털 생태계의 새로운 지평을 열었다.

게이츠의 플랫폼 전략은 생태계 통합에 있었다. 그는 2000년 "우리는 운영체제만 제공하는 것이 아니라, 모든 디지털 경험을 제공한다."고 말했다.

---

6) 토이 스토리는 영화 전체가 컴퓨터 그래픽(CG)으로 제작되어 개봉한 세계 최초의 장편 애니메이션 영화이다. 《토이 스토리》의 성공은 스티브 잡스가 애플에서 축출된 후 투자했던 픽사(당시에는 그래픽 하드웨어 회사)를 이끌면서 '기술과 예술의 결합'이라는 자신의 철학을 관철했음을 보여주었다.

마이크로소프트는 오피스 스위트, 인터넷 익스플로러, 윈도우즈 미디어 플레이어를 통합하면서 '한 번 로그인하면 모든 것이 연결된다.'는 생태계를 구축했다. 2001년 윈도우즈 XP는 단순한 운영체제가 아니라, 디지털 허브였다. 사용자들이 한 번 익숙해진 생태계는 마이크로소프트를 떠나지 못하게 만들었다.

잡스의 복귀는 완전한 생태계의 시작이었다. 그는 1998년 "우리는 컴퓨터를 만드는 것이 아니라, 디지털 라이프스타일을 만든다."고 선언했다. 아이맥(1998)은 단순한 컴퓨터가 아니라, 인터넷의 허브였고, 아이튠스(2001)는 디지털 음악의 미래였다. 잡스는 "하드웨어, 소프트웨어, 서비스를 모두 통합해야 완벽한 경험을 만들 수 있다."고 주장했다. 이는 폐쇄형 생태계의 완성이었다.

2001년, 두 회사의 전략은 극명하게 갈렸다. 마이크로소프트는 Xbox[7]를 출시하면서 "엔터테인먼트도 우리의 영역"이라고 선언했다. 게이츠는 "우리는 모든 스크린을 지배할 것"이라고 말했고, PC, TV, 게임기를 통합하는 생태계를 구축했다. 반면, 애플은 iPod[8]을 출시하면서 디지털 음악의 혁명을 시작했다. 잡스는 "1,000곡을 주머니에 넣는다."는 단순한 메시지로, 복잡한 기술을 대중화했다.

플랫폼의 본질 차이도 있었다. 마이크로소프트의 플랫폼은 파트너 중심이었다. 게이츠는 "우리는 1만 개의 소프트웨어 회사, 5만 개의 하드웨어 제조사와 함께 일한다."며 생태계의 규모를 강조했다. 반면, 애플의 플랫폼

---

7) 마이크로소프트의 게이밍 플랫폼으로 소니의 닌텐도를 견제하고 미래 엔터테인먼트 시장을 선점하기 위한 마이크로소프트의 전략적 플랫폼이다.

8) 아이팟은 당시 애플에게 매우 중요한 제품이었으며, 음악 산업과 개인용 전자제품 시장 전체에 혁명을 가져온 제품으로 평가받았다. 아이팟의 성공은 이후 아이폰(iPhone) 개발의 기반이 되었으며, 애플이 IT 업계를 지배하는 거대 기업으로 도약하는 데 결정적인 역할을 했다.

은 자체 중심이었다. 잡스는 "우리는 모든 것을 통제한다. 그래야 완벽한 품질을 보장할 수 있다."고 주장했다. 이 두 접근법은 오늘날 AI 생태계에서도 그대로 재현되고 있다.

2007년, 두 생태계의 정점이 찾아왔다. 마이크로소프트는 윈도우즈 비스타[9]를 출시했지만, 복잡성과 보안 문제로 실패했다. 게이츠는 "우리는 너무 많은 것을 시도했다. 간단함을 잊었다."고 인정했다. 반면, 애플은 아이폰을 출시하면서 '인터넷 통신 기기, iPod, 휴대전화를 하나로'라는 완전히 새로운 카테고리를 창조했다. 잡스는 "우리는 스마트폰을 재정의한다"고 선언했고, 이는 모바일 인터넷 시대의 시작이었다.

아이폰의 성공은 생태계의 완성이었다. 앱스토어(2008)는 소프트웨어의 민주화였고, 개발자들이 애플의 플랫폼 위에서 직접 소비자에게 다가갈 수 있게 했다. 잡스는 "우리는 10만 명의 개발자가 만든 앱으로 10억 명의 사용자를 만족시킨다"고 말했다. 이는 플랫폼의 네트워크 효과의 완성이었다. 2010년, 애플의 시가총액은 마이크로소프트를 추월했고, 생태계의 승자가 되었다.

게이츠의 반응은 빨랐다. 그는 2008년 "우리는 모바일 시대를 놓쳤다. 하지만 클라우드 시대는 우리의 것"이라고 선언하며, 마이크로소프트를 클라우드 회사로 전환시켰다. 애저(Azure)[10]는 모든 기기를 위한 클라우드였고, 오피스 365는 어디서나 일할 수 있는 미래였다. 게이츠는 "플랫폼은 기기가 아니라, 경험"이라고 말했고, 마이크로소프트는 서비스 회사로 변신

---

9) 윈도우 비스타는 마이크로소프트에 있어 '야심 찬 실패'이자 거대한 전환점이었다. 화려한 그래픽과 강력한 보안 기능을 가득 채워 넣었지만, 정작 사용자가 체감한 것은 무거운 구동 속도와 끊임없는 경고창이었기 때문이다. 이는 기술적 '기능'의 과잉이 어떻게 사용자 '경험'을 망가뜨릴 수 있는지를 극명하게 보여주었다.

10) 애저(Microsoft Azure)는 마이크로소프트가 개발 및 운영하는 클라우드 컴퓨팅 플랫폼. 아마존 웹 서비스(AWS)와 구글 클라우드 플랫폼(GCP)과 함께 전 세계 클라우드 시장을 주도하고 있는 서비스이다.

했다.

　게이츠가 세운 보편적 표준과 잡스가 빚어낸 감각적 경험은 현대 문명의 거대한 두 줄기가 되었다. 게이츠는 열린 생태계를, 잡스는 닫힌 생태계를 구축했다. 게이츠는 모두를 위한 플랫폼을 만들어 스케일을 달성했고, 잡스는 완벽한 플랫폼을 만들어 고품질을 달성했다. 중요한 것은 생태계가 사용자에게 어떤 가치를 제공하느냐는 것이다.

[출처_wikipedia.org]

스티브 잡스
(Steve Jobs, 1955-2011)

“Stay hungry, stay foolish.”

“항상 배고프게, 항상 어리석게 있어라.”

제12장

팀 버너스 리
- 월드와이드웹(www) 창시자

AI Telling

팀 버너스 리는 "정보는 연결이 되어야 지식이 된다."고 생각했고, 이 순간 그의 머리에 번뜩 떠오른 아이디어가 바로 월드 와이드 웹(World Wide Web)이었다. 그는 "웹의 미래는 기술이 아니라, 가치"라고 말했다. 기술이 인간을 대체하는 것이 아니라, 인간을 증강시켜야 한다. AI의 물결이 거센 이 시점에, 웹 3.0이 보여준 변화의 궤적은 우리에게 남다른 시사점을 던져준다.

>>> CERN의 젊은 과학자, 웹의 탄생

1989년 3월, 스위스 제네바 근교 유럽 입자 물리 연구소(Conseil Européen pour la Recherche Nucléaire, CERN)의 한 작은 사무실에서 33살의 젊은 컴퓨터 과학자 팀 버너스 리는 정보의 바다에서 길을 잃고 있었다. CERN은 전 세계 70여 개국에서 온 물리학자들이 모인 곳이었고, 각자가 만든 문서와 데이터는 저마다 다른 형식과 시스템에 흩어져 있었다.

버너스 리는 정보는 연결이 되어야 지식이 된다고 생각했고, 이 순간 그의 머리에 번뜩 떠오른 아이디어가 바로 월드 와이드 웹(World Wide Web)이었다. 그는 노트에 이렇게 적었다. 하이퍼텍스트 기반의 정보 관리 시스템이 필요하다. 이것은 CERN을 넘어 전 세계에 확장될 수 있다.

당시 인터넷은 이미 존재했지만, 단순한 파일 전송과 전자우편에 불과했다. 버너스 리는 "인터넷은 도로다. 하지만 도로 위에 무엇을 올릴 것인가"라는 질문을 던졌다. 그의 대답은 하이퍼텍스트(Hypertext)[1]였다. 1945년 버네바 부시가 제안한 멤렉스(Memex)[2]라는 개념부터, 1960년대 테드 넬슨이 상상한 제너두(Xanadu)[3] 프로젝트까지, 하이퍼텍스트는 오랜 꿈

---

1) 하이퍼텍스트(Hypertext)는 단순히 텍스트를 순서대로 읽는 것이 아니라, 비선형적(nonlinear)으로 서로 연결된(linked) 텍스트 시스템을 의미하며, 현대 월드 와이드 웹(World Wide Web, WWW)의 기본 개념이자 핵심 기술이다. 가장 쉽게 설명하면, 우리가 웹페이지에서 흔히 보는 '링크(Link)'가 바로 하이퍼텍스트의 구체적인 구현 형태이다.

2) 멤렉스(Memex, Memory Extender의 줄임말)는 미래의 개인용 아날로그 데스크를 상상했다. 사용자가 책, 기록, 통신문을 마이크로필름 형태로 저장하고, 관련성 있는 항목들을 서로 연결(Associative Indexing)하여 빠르게 탐색할 수 있는 장치였다. 이는 컴퓨터가 발명되기도 전에 정보를 비선형적으로 연결하고 검색하는 현대 하이퍼텍스트의 철학적 기초를 마련했다.

3) 넬슨은 "하이퍼텍스트(Hypertext)"와 "하이퍼미디어(Hypermedia)"라는 용어를 처음 만들었다. 제너두는 모든 문서가 연결되고, 각 문서의 버전 관리가 완벽하며, 문서 간의 모든 링크가 유지되는(깨지지 않는) 영구적인 디지털 도서관을 목표로 했다. 또한, 콘텐츠 사용에 대한 자동 로열티 지불 시스템(Transclusion)까지 구상했다. 넬슨의 비전은 오늘날의 월드 와이드 웹(www)보다 훨씬 복잡하고 이상적인 형태의 연결된 정보 세계를 상상했다.

이었다. 버너스 리는 이제 그 꿈을 현실로 만들 시간이라고 결심했다. 그는 1989년 3월 '정보 관리: 제안(Information Management: A Proposal)'이라는 제목의 문서를 작성했고, 이것이 웹의 탄생을 알리는 첫 번째 걸음이었다.

버너스 리의 첫 번째 혁신은 URL(Uniform Resource Locator)이었다. 그는 "인터넷상의 모든 리소스는 고유한 주소를 가져야 한다"고 생각했고, 'http://www.example.com/path/page.html'이라는 형식을 고안했다. URL은 단순한 주소체계가 아니라, 정보의 전 세계적 좌표계였다. 그는 "URL 없이는 웹이 없다. 이것이 바로 인터넷의 지도"라고 말했다. 1990년 12월 25일, 세계 최초의 웹사이트 'http://info.cern.ch'가 생겨났고, 이는 여전히 작동하고 있다.

두 번째 혁신은 "TTP(HyperText Transfer Protocol)였다. 버너스 리는 클라이언트가 서버에 요청하고, 서버가 응답한다는 간단하면서도 우아한 프로토콜을 설계했다. HTTP(데이터를 주고받는 통신 규약)는 단순하고, 확장 가능하며, 상태를 유지하지 않는 통신 프로토콜이었다. 이 특성 덕분에 웹은 전 세계적으로 확장될 수 있었다. 그는 "HTTP는 인터넷의 우편 시스템이다. 편지를 보내고, 답장을 받는 것처럼 간단해야 한다."고 설명했다. 이 설계 구조는 오늘날까지도 변하지 않고 있다.

세 번째 혁신은 HTML(HyperText Markup Language)였다. 버너스 리는 '문서는 구조와 표현을 분리해야 한다.'고 생각했고, 단순한 태그 기반 마크업 언어를 고안했다. HTML(웹 페이지 구조를 만드는 언어)은 title, p, a 같은 태그로 문서의 의미를 표현했고, <a href=URL>링크</a>로 문서를 연결했다. 그는 HTML은 인간의 언어와 기계의 언어 사이의 다리라고 말했나. 1991년, 세계 최초의 HTML 문서는 하나의 텍스트와 링크로 구성되어 있었지만, 그것이 바로 모든 웹페이지의 시작이었다.

버너스 리는 단순히 기술을 만들 뿐만 아니라, 완전한 시스템을 구축했다. 1990년 말, 그는 세계 최초의 웹 브라우저 WorldWideWeb(나중에 Nexus라고 이름이 바뀜)을 개발했다. 이는 '위지윅(WYSIWYG: What You See Is What You Get)' 에디터와 하이퍼텍스트 뷰어를 결합한 최초의 도구였다. 그는 "브라우저는 웹의 창이다. 창이 없으면 웹을 볼 수 없다."고 말했다. 이 브라우저는 1991년 CERN의 울타리를 넘어 세상에 공개되었으며, 이는 인류가 웹이라는 거대한 신대륙으로 나아가는 대중화의 서막이 되었다.

CERN의 동료들은 처음에 버너스 리의 아이디어를 의심했다. "왜 하이퍼텍스트인가? 기존의 데이터베이스 시스템이 더 효율적이다."라는 지적이 있었다. 그러나 그는 "효율성이 전부가 아니다. 접근성과 확장성이 더 중요하다."고 반박했다. 실제로 1990년대 초, CERN

www 팀 버너스 리

에서는 와이즈(WISE)라는 복잡한 데이터베이스 시스템이 사용되고 있었지만, 물리학자들은 그 사용법을 배우는 데 어려움을 겪고 있었다. 버너스 리는 "기술은 복잡해야 할 필요가 없다. 단순함이 힘"이라고 강조했다.

1989년 세계는 냉전의 막바지에 있었고, 인터넷은 주로 군사와 학계의 도구였다. 그러나 버너스 리는 기술은 국경을 초월해야 한다.고 생각했다. 그는 웹은 동서양을 연결하는 다리가 될 수 있다는 비전을 가지고 있었다. 1990년, 그는 소련의 과학자들에게도 웹 브라우저를 배포했고, 정보는 자유롭게 흘러야 한다.고 말했다. 이는 냉전 시대에 매우 급진적인 생각이었다. 그러나 역사는 그의 주장이 옳았음을 증명했다. 웹은 정말로 세계를 연결했고, 냉전이 끝난 후에는 그 연결이 더욱 강해졌다.

그는 기술은 문제를 해결하는 도구라기보다 문제를 재정의하는 방법이었다는 것을 보여준다. CERN의 정보 혼란은 기술의 문제가 아니라, 정보의 구조의 문제였다. 버너스 리는 데이터베이스를 개선하는 대신, 완전히 새로운 정보 구조를 상상했다. 그의 주장은 복잡한 문제는 단순한 해결책으로 해결할 수 있다.는 것이다. AI 개발에서도 더 빠른 AI가 아니라, 더 똑똑한 AI를 상상해야 한다는 점을 주지해야 한다.

>>> 팀 버너스 리의 개방 웹 철학

1993년 4월 30일, CERN 본부 건물의 회의실에서 팀 버너스 리는 긴장하면서도 확신에 찬 목소리로 말했다. "월드 와이드 웹은 인류의 공동 재산이 되어야 한다. 그것은 어떤 회사나 정부의 소유가 되어서는 안 된다." 회의실은 조용했다. 몇몇 관리자들은 "이 기술로 돈을 벌 수도 있는데"라고 아쉬워했지만, 버너스 리는 돈이 아니라, 자유가 더 중요하다고 주장했다. 월드 와이드 웹은 로열티 프리다. 누구나 무료로 사용할 수 있다는 CERN의 최종 결정의 순간, 웹은 단순한 기술이 아니라, 인류의 공공재가 되었다. 이런 결정이 없었다면 오늘날 구글, 아마존, 페이스북은 존재할 수 없었을 것이다.

이 결정의 중요성은 아무리 강조해도 지나치지 않다. 만약 버너스 리가 웹을 특허로 보호했다면, 인터넷은 완전히 다른 모습이 되었을 것이다. 각 회사는 자체 웹 표준을 개발했을 것이고, 호환성은 없었을 것이다. 아마존은 자체 구매 시스템을, 구글은 자체 검색 엔진을, 페이스북은 자체 소셜 네트워크를 개발했을 것이다. 그러나 그것들은 서로 연결되지 못했을 것이다. 버너스 리는 표준화 없이는 웹이 없다. 자유 없이는 혁신이 없다고 말했다. 이는 오늘날 AI 표준화 논의에도 동일하게 적용된다.

1994년, 버너스 리는 W3C(World Wide Web Consortium)를 설립했다. 그는 '웹은 혼자 만들 수 없다. 함께 만들어야 한다.'고 생각했고, 산업계, 학계, 정부를 포함한 모든 이해관계자들이 참여하는 표준화 기구를 만들었다. W3C의 임무는 웹의 잠재력을 최대한 발휘하기 위해, 웹이 모든 사람에게 열려 있고, 접근 가능하며, 다양한 장치에서 작동하도록 보장하는 것이었다. 버너스 리는 "표준은 경쟁을 제한하는 것이 아니라, 경쟁을 가능하게 하는 토대"라고 강조했다.

개방성은 보안의 딜레마도 만들었다. 1990년대 중반, 웹 보안 사고가 증가하기 시작했다. 일부는 "웹이 너무 오픈해서 문제"라고 지적했지만, 버너스 리는 "문제는 개방이 아니라, 설계다."라고 반박했다. 그는 W3C 내에 웹 보안 활동을 설립하고, HTTPS, SSL/TLS 같은 보안 프로토콜의 표준화를 주도했다. 보안은 옵션이 아니라, 기본이라고 그는 믿었다. 이 주장은 오늘날 AI 보안 논의에도 동일하게 적용된다.

2000년대 초, 웹 2.0의 등장은 개방성의 새로운 도전이었다. 사용자 생성 콘텐츠가 증가하면서, 누가 웹의 컨텐츠를 통제하는가라는 질문이 제기되었다. 버너스 리는 "웹은 발행자와 독자의 구분을 없앤다. 모두가 창조자"라고 말했지만, 동시에 "책임도 함께 따라야 한다."고 강조했다. 그는 W3C 내에 '웹 신뢰 활동'을 조직하고, 디지털 서명과 신뢰 메커니즘의 표준화를 주도했다. 자유는 책임이라는 그의 메시지는 AI 생성 콘텐츠 시대에도 동일하게 적용된다.

오늘날 버너스 리의 개방성 소신은 더욱 중요해졌다. 그는 "웹은 인류의 공동 프로젝트"라고 말했고, 이는 AI도 마찬가지여야 한다는 것을 의미한다. 오픈소스 AI 모델, 공개 데이터셋, 표준화된 API는 모두 버너스 리의 정신을 계승한 것이라고 할 수 있다. 그는 기술은 특정 회사의 것이 아니라, 인류의 것이라고 믿었다. 이 메시지는 AI 표준화, AI 안정성, AI 윤리의 모든 논의에 적용된다. 중요한 것은 누가 AI를 소유하는가가 아니라 AI를 어떻게 인류에게 개방할 것인가다.

>>> 웹 2.0과 인간 소통방식의 변화

1999년 8월, 캘리포니아 새너제이의 한 컨퍼런스에서 팀 오라일리[4]는 '웹 2.0'이라는 신개념을 제안했다. 웹은 단순한 정보의 창고가 아니라, 참여의 플랫폼이라는 것이었다. 버너스 리는 이 개념을 듣고 "이것이 바로 내가 꿈꿔온 웹의 진정한 모습"이라고 말했다. 웹은 이제 읽기만 하는 것이 아니라, 쓰고, 공유하고, 함께 만들어가는 공간이 되었다. 이는 일종의 기술적 변화가 아니라, 인간 소통 방식의 근본적 변화였다.

2004년, 페이스북의 등장은 웹 2.0의 정점이었다. 메타(Meta) CEO 마크 저커버그는 웹은 사람을 연결하는 것이라고 정의했고, 버너스 리는 사람을 연결하는 것이 바로 웹의 본질이라고 동의했다. 그러나 그는 "연결이 중요한 것은 맞지만, 연결이 목적이 되어서는 안 된다."고 경고했다. 페이스북은 소셜 그래프를 만들었지만, 버너스 리는 "웹은 소셜 그래프를 넘어선다. 그것은 지식의 그래프"라고 강조했다. 이는 오늘날 AI가 관계뿐만 아니라 의미를 이해해야 한다는 것을 말한다.

2007년, 아이폰의 등장은 모바일 웹의 시작이었다. 스티브 잡스는 웹은

---

4) 팀 오라일리는 오라일리 미디어(O'Reilly Media)의 창립자이자 CEO로, IT 및 기술 업계에서 매우 영향력 있는 인물이다. 그는 단순한 기술 개발자가 아니라, 기술 트렌드를 분석하고 이름을 붙여 대중화하는 데 중요한 역할을 했다. 오라일리는 2004년 10월, "What Is Web 2.0: Design Patterns and Business Models for the Next Generation of Software"라는 글을 통해 이 현상에 "웹 2.0"이라는 용어를 부여하고 그 특징을 정의했다.

모바일에서 다시 태어난다고 선언했고, 버너스 리는 모바일은 웹의 자연스러운 확장이라고 동의했다. 그러나 그는 "모바일웹은 데스크톱 웹의 축소판이 아니다."고 강조했다. W3C는 모바일 웹 이니셔티브를 시작하고, 반응형 웹 디자인의 표준을 개발했다. 하나의 웹, 다양한 디바이스가 원칙이었다. 이는 AI 시대의 멀티모달 AI 개념과도 연결된다.

웹 2.0의 또 다른 특징은 협업이었다. 위키피디아(2001)는 누구나 편집할 수 있는 백과사전을 표방했고, 이는 집단 지성의 가능성을 보여주었다. 버너스 리는 "위키피디아는 웹의 꿈을 실현했다. 모두가 함께 만드는 지식"이라고 찬사를 보냈다. 그러나 그는 "집단 지성도 검증이 필요하다."고 경고했다. 이는 AI의 휴먼 인 더 루프(Human-in-the-loop)[5] 개념과도 연결된다.

버너스 리는 웹은 인간 중심이어야 한다고 끊임없이 강조했다. 기술이 인간을 대체하는 것이 아니라, 인간을 증강시켜야 한다는 것이다. 소셜 미디어의 문제는 연결이 목적이 되었기 때문이다. 그는 "AI도 마찬가지다. AI는 인간을 연결하는 도구여야지, 인간을 분리하는 도구가 되어서는 안 된다"고 경고했다. 중요한 것은 누가 AI를 통제하는가가 아니라 AI가 누구를 위해 일하는가다.

>>> 웹 3.0 진화와 분산화의 미래

2006년 5월, 버너스 리는 블로그에 웹 3.0은 의미의 시대라고 썼다. 웹

---

5) 휴먼 인 더 루프(Human-in-the-loop, HITL)는 인공지능(AI) 시스템의 학습 및 운영 과정에 사람이 직접 개입하여 정확도를 높이고 편향성을 줄이는 방식을 의미한다. AI가 스스로 의사 결정을 내리기 어려운 상황이나, 높은 수준의 정확도가 요구되는 작업에서 인간의 지능과 판단력을 활용하는 협력적 AI 모델이다.

은 데이터를 이해하고, 지식을 만들고, 지혜를 제공해야 한다는 것이다. 이는 시맨틱 웹(Semantic Web)[6]의 시작이었다. 그는 웹은 단순한 문서의 집합이 아니라, 지식의 그래프[7]가 되어야 한다고 믿었다. HTML은 문서의 구조를 설명했지만, 의미는 설명하지 못했다. 그래서 그는 '의미를 위한 언어'가 필요하다고 생각했다. 이것이 RDF(Resource Description Framework)[8]의 시작이었다.

시맨틱 웹의 비전은 혁명적이었다. 컴퓨터가 웹을 이해하게 만든다는 것이었다. 버너스 리는 "웹은 인간만을 위한 것이 아니라, 기계도 함께 사용해야 한다."고 말했다. 예를 들어, Apple은 인간에게는 사과라는 과일을 의미하지만, 컴퓨터에게는 단지 큰 글씨일 뿐이었다. 그는 'fruit:nameApple</fruit:name>'처럼 의미를 명확히 표현해야 한다고 생각했다. 이는 기계 가독가능성의 시작이었고, 오늘날 AI의 지식 그래프 개념과도 연결된다.

2010년대 중반, 블록체인의 등장은 웹 3.0에 새로운 의미를 부여했다. 분산화는 이제 기술적 가능성이 되었고, 버너스 리는 "블록체인은 웹의 미싱피스(missing piece)[9]일 수 있다."고 말했다. 그는 웹은 분산되어야 하

---

6) 시맨틱 웹(Semantic Web)은 '의미론적 웹'이라는 뜻으로, 컴퓨터가 웹에 있는 정보의 의미(Semantic)와 관계를 사람처럼 이해하고 처리할 수 있도록 설계된 미래의 웹 기술 표준이다.

7) 현실 세계의 개체(Entities)와 그 관계(Relationships)를 그래프 형태로 연결하여 정보를 구조화한 데이터베이스이다. 팀 버너스 리의 시맨틱 웹 비전은 웹 정보를 기계가 이해하고 추론할 수 있도록 만드는 기계 가독성의 시초였으며, 이는 오늘날 AI의 지식 그래프를 비롯한 다양한 지능형 시스템의 기반이 되었다.

8) RDF(Resource Description Framework)는 시맨틱 웹(Semantic Web)의 핵심 기술 중 하나로, Resource에 대한 정보를 표준화된 형식으로 표현하기 위해 고안된 프레임워크이다. 간단히 말해, 컴퓨터가 데이터의 의미와 관계를 이해할 수 있도록 모든 정보를 '주어-서술어-목적어'의 세 요소(Triple)로 구조화하는 방식이다.

9) 팀 버너스 리가 언급한 Missing Piece는 현재 웹(Web 2.0)이 발전하는 과정에서 잃어버리거나 제대로 구현하지 못한 결정적인 요소를 지칭한다. 블록체인 기술이 이 Missing Piece를 채워줄 수 있다고 보는 이유는 블록체인의 탈중앙화, 불변성, 투명성이라는 핵심 특성

지만, 신뢰하고 유지하기 위한 시스템이 필요하다고 생각했고, 블록체인이 그 해결책이 될 수 있다고 보았다. 2016년, 그는 솔리드(Solid) 프로젝트[10] 를 통해 개인 데이터 저장소(POD) 개념을 제안했고, 이는 블록체인 기술과 결합될 수 있었다. 즉 당신의 데이터, 당신의 통제의 원칙이었다.

2020년, 'Web 3.0'의 등장은 소유권의 웹을 약속했다. 사용자는 토큰을 통해 플랫폼의 소유권을 가질 수 있게 되었다. 버너스 리는 이것은 흥미롭다. 하지만 기술은 목적이 아니라, 수단이어야 한다고 경고했다. 그는 "토큰이 웹의 핵심이 되어서는 안 된다. 웹의 핵심은 연결이다."라고 강조했다. 실제로 많은 Web 3.0 프로젝트는 투기의 도구가 되었고, 버너스 리의 우려는 현실이 되었다. 자유는 책임을 동반한다는 철학적 격언은 Web 3.0 에도 동일하게 적용된다.

2023년, 생성형 AI의 등장은 웹 3.0에 새로운 도전을 제기했다. AI가 웹 콘텐츠를 생성하면서, 진짜 vs 가짜의 구분이 어려워졌다. 버너스 리는 "이것은 웹의 위기일 수도, 기회일 수도 있다."고 말했다. 그는 프로비넌스 (출처) 표시와 디지털 서명의 중요성을 강조했고, W3C는 디지털 증명서 (Verifiable Credentials)와 탈중앙화된 ID(Decentralized Identi fiers) 표 준을 개발했다. AI로 생성되었든, 인간이 작성했든, 출처는 투명해야 한다 는 것이 그의 입장이었다.

디지털 전환이 가속화되는 지금, 웹 3.0의 발전 양상은 인류가 그려갈 미래에 대한 묵직한 울림을 전한다. 버너스 리는 "웹의 미래는 기술이 아니라, 가치"라고 말했다. 분산화, 개방성, 투명성, 사용자 통제가 핵심이다. AI

____

때문이다.

10) Solid 프로젝트는 팀 버너스 리(Tim Berners-Lee)가 주도하는 프로젝트로, 사용자에게 자신의 데이터에 대한 완전한 통제권과 소유권을 돌려주는 것을 목표로 한다. 이는 현재의 중앙 집중식 웹(Web 2.0)을 탈피하여, 웹의 원래 정신인 탈중앙화(Decentralization)를 실현하려는 시도이다.

도 이러한 가치를 따라야 한다는 것이다. 그는 AI는 웹 3.0의 연장선상에 있다. 하지만 AI는 웹 3.0의 목적이 아니라, 도구라고 강조했다. 중요한 것은 어떤 기술을 사용할 것인가가 아니라 어떤 미래를 만들 것인가다. 버너스 리의 마지막 메시지는 "웹은 끝나지 않는다. 그것은 계속 진화한다. 중요한 것은 그 진화가 인간을 향해야 한다는 것"이다.

CERN에서 월드와이드웹(www)을 개발하기 위해 팀 버너스 리가 사용했던 컴퓨터
[출처_wikipedia.org]

[출처_wikipedia.org]

팀 버너스리
(Tim Berners-Lee, 1955-)

"The goal of the Web is to serve humanity.
We build it now so that those who come
to it later will be able to create things that
we cannot ourselves imagine."

"웹의 목표는 인류에 대한 봉사다.
지금 우리가 이를 구축하는 이유는, 훗날의 사용자들이
우리 스스로는 상상할 수 없는 것들을 창조할 수 있게 하려 함이다."

AI and Superintelligence,
Pioneers of the Fourth Industrial Revolution

PART 04

AI와 초지능, 제4차 산업혁명의 선구자

Klaus Schwab
Elon Musk
Jeff Bezos
Jensen Huang
Larry Page
Sergey Brin
Sam Altman

제4차 산업혁명은 물리적, 디지털, 생물학적 세계의 경계가 모호해지고 융합하면서 경제 및 사회 전반에 걸쳐 나타난 혁신적인 변화를 말한다. 단순한 기술의 도입을 넘어, 데이터와 인공지능을 통해 모든 사물과 시스템이 지능화되고 생성형 AI 등장으로 또 다른 혁명을 예고한다.

Part 4에서는 2016년 4차 산업의 용어를 처음 주창한 클라우스 슈밥, 기술 융합의 선구자인 일론 머스크와 제프 베이조스, AI 반도체의 황제라 불리는 젠슨 황, AI 민주화에 기여한 구글의 래리 페이지와 세르게이 브린, 오픈AI 창업자 샘 올트만에 대해 살펴본다.

제4차 산업혁명의 주역 7인의 단체 가상사진. 출처_Genspark]

제13장

클라우스 슈밥

- 4차 산업혁명의 개념 창안자

AI Telling

2016년 1월 20일, 세계경제포럼의 창립자 클라우스 슈밥은 '제4차 산업혁명'이라는 용어를 공식적 의제로 처음 사용했다. 그는 "1차 산업혁명이 증기기관으로 시작됐고, 2차는 전기와 대량생산, 3차는 컴퓨터와 자동화였다면, 4차는 사이버-물리 시스템의 융합"이라고 정의했다. 그는 "AI의 미래는 기술자만의 것이 아니라, 인류 전체의 것"이라고 끊임없이 강조했다.

>>> 개념의 힘, 4차 산업혁명의 탄생

2016년 1월 20일, 스위스 다보스-클로스터 TM 리조트에서 세계 각국의 정치인, 기업인, 학자들이 한 곳에 모였다. 세계경제포럼(World Economic Forum, WEF)의 창립자 클라우스 슈밥(Klaus Schwab)은 연단에서 "우리는 지금 역사의 전환점에 서 있다."고 개회사를 시작했다. 그는 이날 제4차 산업혁명(The Fourth Industrial Revolution)이라는 용어를 전 세계적 무대에서 처음으로 공식 제시했다. 이를 기점으로 인류는 디지털 변혁의 본격적인 시대를 맞이하게 되었다.

슈밥의 발표는 단순한 경고가 아니라 체계적인 미래 분석이었다. 그는 "1차 산업혁명이 증기기관으로 시작됐고, 2차는 전기와 대량생산, 3차는 컴퓨터와 자동화였다면, 4차는 사이버-물리 시스템의 융합"이라고 정의했다. 당시 청중들은 이 개념이 얼마나 중요한지 즉시 깨닫지 못했다. 그러나 슈밥은 "이번 혁명은 속도가 다르고, 폭이 다르고, 깊이가 다르다."고 강조했다. 그는 특히 이전 혁명들이 수십 년에 걸쳐 일어났다면, 이번에는 몇년 만에 전 세계를 뒤바꿀 것이라고 예측했다.

다보스 포럼에서의 슈밥의 연설은 충격적이었고, 연설이 끝난 후에야 본격적으로 퍼졌다. 슈밥은 연설에서 "4차 산업혁명의 핵심은 인공지능, 사물인터넷, 빅데이터, 양자컴퓨팅, 생명공학의 융합"이라고 말했다. 그는 이 기술들이 서로 연결되고, 서로 강화되며, 서로 가속화될 것이라고 예견했다.

슈밥의 정의는 기술 자체보다는 그 영향 범위에 있었다. 그는 "이번 혁명은 한낱 생산성을 높이는 것이 아니라, 인간의 정체성과 사회 구조 자체를 재정의할 것"이라고 주장했다. 당시에는 현실과 동떨어진 낙관론처럼 들렸지만, 2020년대를 사는 우리에게는 현실이 되었다. 원격근무, 디지털 노마드, 메타버스 회의, AI 비서 등은 이제 일상이 되었다. 슈밥은 2016년 일자리의 50%가 사라지고, 새로운 50%가 생길 것이라고 예측했는데, 눈앞의 현실로 구현되고 있다.

슈밥의 연설은 학술적이면서도 시의적절했다. 그는 4차 산업혁명은 기회와 위험이라는 두 얼굴을 가지고 있다면서, 기술이 인간을 대체하는 것이 아니라 인간을 증강시켜야 한다고 강조했다. 이는 당시 기술 낙관주의에 대한 준엄한 경종이었다. 실제로 2016년 이후 AI 윤리, 데이터 프라이버시, 알고리즘 편향성 등의 논의가 활발해졌다. 슈밥은 기술 발전의 속도를 사회적 제도가 따라잡을 수 있도록 해야 한다며 국제적 협력의 필요성을 역설했다.

다보스 포럼 이후 슈밥의 영향력은 즉각적으로 나타났다. 각국 정부는 4차 산업혁명 준비를 국정 과제로 설정했고, 기업들은 디지털 전환을 핵심 전략으로 채택했다. 독일은 '인더스트리 4.0'이라는 이름으로 스마트 공장을 추진했고, 한국 정부는 2017년 4차 산업혁명위원회를 설치했다. 슈밥은 개념 하나가 세계를 움직일 수 있다는 것을 증명했다는 평가를 받았다. 그의 연설은 단순히 미래 예측이 아니라 현실 변화의 촉매제였다.

2026년 현재, 슈밥의 예측은 대부분 현실이 되었다. 그는 2016년 "2030년까지 자율주행차가 도로를 점령할 것"이라고 했었고, 이제는 도심 곳곳에서 자율주행 택시를 볼 수 있다. AI가 모든 산업의 핵심이 될 것이라던 예측도 적중했다. 의료진단, 법률 자문, 교육 개인화 등 AI는 일상의 일부가 되었다. 슈밥은 예측이 아니라 준비의 문제였다고 회고했다. 그는 단지 미래를 내다 본 것에 그치지 않고, 그 미래를 준비하는 방법을 제시했던 것이다.

그는 "기술 혁명은 예측하는 것이 아니라, 준비하는 것"이라고 말했다. 4차 산업혁명은 이미 시작되었고, 우리는 아직도 그 중간이라는 그의 메시지는 지금도 실시간으로 증명되고 있다. 중요한 것은 기술 자체가 아니라, 그 기술을 어떻게 인간에게 유익하게 사용할 것인가 하는 것이다. 슈밥이 보여준 것은 개념의 힘이었다. 한 명의 사상가가 세계를 움직일 수 있다는 것, 그것이 바로 4차 산업혁명 시대의 가장 강력한 메시지다.

>>> 기술자가 새로운 정치인이다

1971년 1월 24일, 스위스 다보스에서 처음 시작된 세계경제포럼(WEF)은 단순한 경제 포럼이 아니었다. 클라우스 슈밥은 '우리는 기업가들의 모임이 아니라, 세계의 미래를 만드는 협의체'라고 정의했다. 33세의 젊은 독일 경제학자였던 그는 글로벌리즘의 시대가 오고 있

4차산업혁명
클라우스 슈밥

다고 예견했고, 이를 준비하는 플랫폼이 필요하다고 생각했다. WEF의 창설 멤버는 31개국에서 온 450명에 불과했지만, 그들은 이미 글로벌 엘리트라는 개념을 형성하고 있었다. 슈밥은 작은 변화가 큰 파급효과를 낼 수 있다는 믿음으로 시작했다.

슈밥의 혁신적 접근은 스테이크홀더 자본주의(stakeholder capital-ism)[1]였다. 그는 "기업은 주주만을 위한 것이 아니라, 모든 이해관계자를 위한 것"이라고 주장했다. 이는 1970년대 밀턴 프리드만의 주주자본주의

---

1) 스테이크홀더 자본주의(Stakeholder Capitalism)는 기업의 존재 이유와 목적을 주주(Shareholder)의 이익 극대화를 넘어, 기업을 둘러싼 모든 이해관계자(Stakeholder)의 가치를 창출하고 균형을 맞추는 데 두는 경영 철학이자 경제 체제이다. 이 개념은 클라우스 슈밥(Klaus Schwab)과 그가 창립한 세계경제포럼(WEF)에서 오랫동안 주창해 온 핵심 가치이다.

에 대한 도전이었다. 슈밥은 장기적인 지속가능성이 단기적 이익보다 중요하다고 믿었고, 이 철학은 WEF의 모든 활동에 녹아들었다. 그는 기업가정신은 이윤 추구만이 아니라, 사회적 문제 해결이라고 재정의했다. 이는 오늘날 ESG(환경·사회·지배구조) 경영의 출발점이 되었다.

1987년, 슈밥은 글로벌 경제의 상호의존성이라는 주제로 다보스 포럼을 열었다. 이는 냉전 시대에 서방 vs 동방이라는 이분법적 사고를 넘어선 시도였다. 그는 소련도, 중국도 결국 세계 경제체제에 편입될 것이라고 예측했고, 이는 놀라운 선견지명이었다. 실제로 1989년 베를린 장벽 붕괴, 1992년 덩샤오핑의 중국 개혁개방은 그의 예측을 입증했다. 슈밥은 "경제학은 정치학보다 더 강력하다."고 말했고, 이는 WEF가 정치를 넘어선 글로벌 플랫폼이 되는 계기가 되었다.

1990년대, WEF는 기술과 사회라는 새로운 테마를 도입했다. 슈밥은 "기술 발전은 경제 성장을 넘어서 사회 전체를 변화시킨다."고 주장했고, 이는 당시로서는 매우 진보적인 생각이었다. 1995년, 그는 인터넷이 세계를 어떻게 바꿀 것인가라는 특별 세션을 마련했고, 빌 게이츠, 앤디 그로브[2]를 한 무대에 세웠다. 이는 테크 다보스의 시작이었고, 기술 기업가들이 정치인 못지않은 영향력을 갖게 되는 전환점이었다. 슈밥은 기술자가 새로운 정치인이라고 선언했다.

2000년대 초, WEF는 지속가능한 발전을 핵심 테마로 채택했다. 슈밥은 기후 변화는 경제 문제라고 정의했고, 기업들이 환경 문제를 심각하게 고민하도록 만들었다. 2005년, 그는 "기업의 사회적 책임(CSR)은 선택이 아

---

2) 앤디 그로브(Andrew S. Grove, 1936년~2016년)는 헝가리 출신의 미국 기업인이자 공학자로, 인텔(Intel)을 세계 최고의 반도체 기업이자 IT 업계의 거인으로 성장시킨 전설적인 최고경영자(CEO)이다. 그는 실리콘 밸리 역사상 가장 영향력 있는 경영자 중 한 명으로 꼽히며, 특히 위기 관리와 전략적 사고의 대가로 알려져 있다.

니라 생존의 문제"라고 말했고, 이는 이후 ESG 투자의 기반이 되었다. 그는 "지속가능성은 비용이 아니라, 기회"라고 강조했고, 이 메시지는 점점 더 많은 기업들이 받아들이기 시작했다.

2010년대, WEF는 4차 산업혁명이라는 신개념으로 진화했다. 슈밥은 이전의 산업혁명들은 물리적 생산성의 한계를 넓혔다면, 이번 혁명은 인간의 지능과 사물 간의 연결 자체를 재규정한다고 설명했다. 그는 특히 "기술 발전의 속도가 사회적 적응 속도를 추월하고 있다."고 우려했다. 2016년, "기술은 기하급수적으로 발전하지만, 인간의 적응력은 선형적으로 성장한다."며 적응 격차(adaptation gap)[3]의 개념을 제시했다. 이는 AI 윤리, 디지털 격차, 기술 실업 등 현재의 핵심 이슈들을 예견한 것이다.

슈밥이 제시한 핵심 전략은 미래를 앞서 준비하고 설계하는 선제적 거버넌스(anticipatory governance)[4]였다. 그는 문제가 발생한 후에 대응하는 것이 아니라, 문제가 발생하기 전에 준비하는 것이라고 정의했다. WEF는 글로벌 리스크 보고서를 통해 10년 후의 위험을 예측하고, 이에 대한 대비책을 제시했다. 2020년 코로나19 팬데믹은 WEF가 2019년에 예측한 글로벌 리스크 중 하나였다. 슈밥은 "우리는 미래를 예측하는 것이 아니라, 미래를 준비하는 것"이라고 말했다. 이는 단지 예측에 머물지 않고, 실천적으로 설계된 준비하는 미래였다.

현재, WEF는 하나의 포럼이라는 틀을 깨고 글로벌 거버넌스의 실험실로

---

3) 적응 격차(Adaptation Gap)는 기술 발전의 속도와 인간 및 사회 제도의 변화 속도 사이에 발생하는 심각한 불균형을 의미한다. 이 개념은 클라우스 슈밥(Klaus Schwab)이 2016년 제4차 산업혁명을 주창하며 제시한 것으로, 적응 격차는 기술 혁신과 사회 혁신 간의 속도 차이로 인해 발생하는 문명의 불안정성을 경고하며, 우리가 기술 자체에만 집중할 것이 아니라 인간과 제도의 변화에 더 많은 노력을 기울여야 함을 강조한다.

4) 선제적 거버넌스는 현재의 행동이 미래에 미칠 영향을 깊이 있게 고려하여, 단기적인 반응(Reaction)이 아닌 장기적인 대비(Pre-action)를 통해 사회의 안정성과 지속가능성을 확보하려는 거버넌스 혁신이다.

거듭났다. 슈밥은 국가보다 더 큰 문제, 기업보다 더 복잡한 도전을 해결하기 위한 플랫폼을 만들었다. 기후 변화, AI 윤리, 생명공학, 우주 개발 등은 어느 한 국가나 기업이 해결할 수 없는 문제들이다. 슈밥은 "이런 문제들은 글로벌 공공재이며, 이를 해결하기 위한 글로벌 공동체가 필요하다."고 주장했다. 이는 오늘날 AI 국제 협력의 이론적 기반이 되었다.

슈밥은 기술 혁신은 고립되어 일어나지 않는다. 생태계에서 일어난다는 것을 보여준다. WEF는 단순한 모임이 아니라, 미래를 준비하는 생태계다. 그는 4차 산업혁명은 기술 혁신이 아니라, 시스템 혁신이라고 정의했다. 중요한 것은 개별 기술이 아니라, 그 기술들이 어떻게 상호작용하고, 어떻게 사회에 통합되는가 하는 것이다. 그는 비전이라는 보이지 않는 에너지가 어떻게 실질적인 변화를 만들어내는지를 보여주었다. 명확한 방향 제시 하나가 세계 경제의 질서를 재편하는 강력한 방향타가 될 수 있음을 증명한 셈이다.

>>> 연결의 가치, 생태계는 문명을 만든다

2016년 1월, 슈밥은 〈제4차 산업혁명〉이라는 책을 출간했다. 이 책은 단순한 미래 분석이 아니라, 초연결 사회의 구체적인 청사진이었다. 그는 모든 것이 연결되고, 모든 것이 지능화되는 시대를 상상했고, 이것이 바로 4차 산업혁명의 핵심이라고 주장했다. 책의 첫 문장은 "우리는 물리적, 디지털, 생물학적 경계가 사라지는 시대의 문턱에 서 있다."였다. 이 한 문장이 바로 4차 산업혁명의 본질을 정의한 것이었다.

슈밥의 초연결 사회는 사이버-물리 시스템(CPS)[5]이 핵심이었다. 즉, 물리적 세계와 디지털 세계가 실시간으로 상호작용하는 시스템이었다. 그는 공장의 기계가 서로 대화하고, 도시의 교통이 스스로 최적화되며, 인간의 신체가 실시간으로 모니터링되는 시대를 상상했다. 2016년 당시엔 공상과학처럼 들렸지만, 현재는 현실이 되었다. 스마트 공장, 스마트 시티, 웨어러블 기기는 우리 삶의 거스를 수 없는 뉴 노멀(New Normal)로 자리 잡았다. 윌리엄 깁슨[6]은 "미래는 이미 왔다. 단, 고르게 분포되어 있지 않을 뿐"이라고 말하고, AI가 만들어낸 새로운 격차에 직면할 수 있다는 점을 우려했다.

초연결 사회의 가장 혁신적 측면은 지능의 분산이었다. 슈밥은 AI는 중앙 서버가 아니라, 네트워크의 가장자리에 있을 것이라고 예측했다. 이는 현재의 엣지 AI, 연합학습(Federated Learning)의 개념과 정확히 일치한다. 그는 "모든 디바이스가 작은 뇌를 가지고, 함께 큰 지능을 만들어낼 것"이라고 설명했다. 이는 곧 집단 지성의 개념으로 발전했고, 오늘날 분산 AI 시스템의 이론적 기반이 되었다. 슈밥은 지능은 집중되는 것이 아니라, 연결되는 것이라고 강조했다.

슈밥은 초연결이 곧 초개인화라는 개념도 제시했다. 그는 모든 것이 연결될수록, 모든 것이 개인 맞춤화될 것이라고 예측했다. 빅데이터 분석을 통해 개인의 선호도, 행동 패턴, 생리적 특성을 실시간으로 파악하고, 그에 맞

---

5) 사이버-물리 시스템(Cyber-Physical System, CPS)은 물리적 세계의 요소(기계, 장치 등)와 컴퓨팅 및 통신 요소(소프트웨어, 네트워크 등)가 긴밀하게 통합되어 상호 작용하는 시스템을 말한다. 이 시스템은 센싱(Sensing), 컴퓨팅(Computing), 통신(Communication), 제어(Control)의 네 가지 핵심 기능을 통해 현실 세계를 모니터링하고 제어하며, 정보를 실시간으로 주고받는 것이 특징이다.

6) 윌리엄 깁슨(William Gibson, 1948년~)은 미국의 SF 작가로, 특히 사이버펑크(Cyberpunk) 장르의 창시자이자 '사이버스페이스(Cyberspace)'라는 개념을 처음으로 제시한 인물로 가장 유명하다. 그의 작품과 사상은 문학뿐만 아니라 기술, 디자인, 대중문화 전반에 걸쳐 지대한 영향을 미쳤다.

취 서비스를 제공하는 시대를 상상했다. 2015년 당시엔 프라이버시 침해로 비판받았지만, 현재는 넷플릭스 추천, 맞춤형 의료, 개인화 교육이 일반화되었다. 슈밥이 강조한 프라이버시와 개인화의 조화는 오늘날 AI 윤리가 해결해야 할 핵심 과제이다. 기술의 편리함이 인간의 사적인 공간을 침해하지 않도록 통제하는 지혜가 그 어느 때보다 절실해진 시점이다.

초연결 사회가 몰고 온 경제적 파급효과는 기존의 시장 질서를 완전히 재편했다. 슈밥은 플랫폼 경제가 산업 경제를 대체할 것이라고 예측했다. 아마존, 알리바바, 구글은 제품을 만드는 것이 아니라 플랫폼을 제공함으로써 세계 최고 기업이 되었다. 슈밥은 "네트워크 효과는 메트칼프의 법칙[7]을 뛰어넘는다."고 말했고, 연결이 곧 가치라는 새로운 경제 원리를 제시했다. 그는 "플랫폼은 시장을 만들고, 시장은 생태계를 만들고, 생태계는 문명을 만든다."고 설명했다.

그러나 슈밥은 초연결 사회의 위험성도 명확히 인식하고 있었다. 그는 초연결은 초취약성을 의미한다고 경고했다. 즉, 모든 것이 연결되면 한 곳의 문제가 전체 시스템에 영향을 미칠 수 있다는 것이다. 2021년 콜로니얼 파이프라인 해킹[8], 2022년 러시아-우크라이나 전쟁에서의 사이버 공격들은 그의 예언을 입증했다. 슈밥은 보안은 선택이 아니라 생존의 문제라고 강조했고, 이는 오늘날 AI 보안의 절대 원칙으로 자리 잡았다. 그는 "연결은 기회지만, 연결은 책임"이라고 말했다.

---

7) 메트칼프의 법칙(Metcalfe's Law)은 통신 네트워크의 가치가 네트워크에 연결된 사용자 수(N)의 제곱(N2)에 비례하여 증가한다는 법칙이다. 이 법칙은 네트워크 효과(Network Effect)를 정량적으로 설명하는 핵심 이론으로, 인터넷, 소셜 미디어, 메신저 등 사용자 간의 상호작용이 중요한 디지털 서비스의 성장을 이해하는 데 사용된다.

8) 콜로니얼 파이프라인 해킹 사건은 2021년 5월, 미국 최대의 정제 석유 제품 송유관 운영사인 콜로니얼 파이프라인(Colonial Pipeline)이 랜섬웨어 공격을 받아 가동이 중단되면서 미국 동부 해안 전체에 연료 대란을 초래했던 대형 사이버 공격 사건이다. 이 사건은 국가 핵심 기반 시설에 대한 사이버 공격의 위험성을 전 세계적으로 부각시킨 '경종'으로 평가받는다.

초연결 사회의 정치적 함의도 깊었다. 슈밥은 국가의 경계가 모호해질 것이라고 예측했고, "글로벌 문제는 글로벌 해결책이 필요하다."고 주장했다. 기후 변화, 팬데믹, AI 윤리 등은 어느 한 국가의 문제가 아니라는 것이다. 슈밥에 따르면 4차 산업혁명 시대의 글로벌리즘은 취사선택의 문제가 아니다. 이는 파편화된 국가 이기주의를 넘어 AI 시대의 공동 번영을 위한 국제적 연대의 논리적 배경이 되었다.

2026년 현재, 슈밥의 초연결 사회 청사진은 대부분 현실이 되었다. 그는 "2030년까지 500억 개의 디바이스가 연결될 것"이라고 예측했는데, 현재 이미 약 200억여 개가 넘는 디바이스가 인터넷에 연결되어 있다. '모든 산업이 디지털화될 것'이라던 예측도 적중했다. 제조업의 스마트 공장, 금융의 핀테크, 의료의 디지털 헬스는 이제 일반적이다. 슈밥은 "우리는 아직 초연결의 1단계에 있다."며 "진정한 초연결은 AI가 모든 것을 연결하는 것"이라고 말했다.

오늘날 슈밥의 초연결 사회 로드맵은 피상적인 구상을 넘어, 인류가 걸어가는 실질적인 설계도가 되었다. 그는 기술은 연결하는 것이고, 연결은 인간을 더 인간답게 만든다고 믿었다. 그러나 그는 "기술이 인간을 대체하는 것이 아니라, 인간을 증강시켜야 한다."고 끊임없이 강조했다. 중요한 것은 '얼마나 많이 연결되느냐'가 아니라 '얼마나 의미 있게 연결되느냐'다. 슈밥이 보여준 것은 연결의 철학이었다. 기술로 연결된 세상에서도 인간의 가치를 지키는 방법을 제시한 것이다.

▶▶▶ AI는 경쟁력이 아닌, 인류의 공동 자산

2017년 1월, 다보스 포럼의 한 세션에서 슈밥은 "우리는 AI에 대한 국제적 규범이 필요하다.”고 선언했다. 그는 “기술은 국경이 없지만, 규제는 국경이 있다.”며 이 모순을 해결해야 한다고 주장했다. 당시만 해도 AI 규제는 각국의 내부 문제로 여겨졌지만, 슈밥은 ‘AI는 글로벌 공공재’라는 개념을 제시했다. 그는 “한국의 AI가 미국에 영향을 미치고, 중국의 AI가 유럽에 영향을 미치는 시대”라며 “국가별 규제로는 충분하지 않다.”고 강조했다. 이는 AI 국제 규제 논의의 시작이었다.

슈밥은 WEF 내에 AI 이니셔티브(Global AI Action Alliance, AI Governance Alliance)를 설립했다. 이는 세계 최초의 다자간 AI 거버넌스 기구였고, 구글, 마이크로소프트, 중국 바이두, EU 집행위원회 등이 참여했다. 그는 “AI 거버넌스는 기술자만의 문제가 아니다.”라며 정치인, 법조인, 철학자, 시민사회 대표를 포함시켰다. 슈밥은 기술 민주주의의 필요성을 제기하며 “AI는 인류의 미래이므로, 인류 전체가 함께 결정해야 한다.”고 말했다.

2020년, COVID-19 팬데믹은 슈밥의 AI 거버넌스 비전을 가속화했다. 그는 팬데믹은 디지털 전환의 가속기라며 AI는 팬데믹을 극복하는 도구라고 주장했다. 실제로 AI는 백신 개발, 확산 추적, 원격 의료에 활발히 사용되었다. 슈밥은 위기는 기회를 만든다며 “AI 거버넌스도 팬데믹을 통해 성숙해야 한다.”고 말했다. 그는 위기 속의 기회를 포럼의 주요 테마로 삼았고, 이는 리더십의 시험대가 되었다.

2022년, 슈밥은 ITU가 주도하는 AI for Good Global Summit[9]을 확장했다. 이는 AI가 사회적 문제를 해결하는 데 어떻게 사용될 수 있는지를 보여주는 플랫폼이었다. 그는 “AI는 부의 추적이 아니라, 부의 분배를 위해

---

9) AI for Good Global Summit은 유엔(UN) 산하의 국제전기통신연합(ITU)이 주도하는 글로벌 행사이며, 클라우스 슈밥이 설립한 세계경제포럼(WEF)도 AI 거버넌스 관련 파트너로서 이와 유사한 목표(AI의 윤리적 사용, 사회적 이익 창출)를 공유하며 활동하고 있다.

사용되어야 한다."고 말했다. 회의에서는 AI가 빈곤, 교육, 의료, 기후 변화에 어떻게 기여할 수 있는지가 논의되었다. 슈밥은 AI는 효율성의 문제가 아니라, 형평성의 문제라고 정의했다. 이는 AI의 사회적 가치에 대한 전향적인 해석을 내놓은 것이다. 2023년, 생성형 AI의 등장은 슈밥의 거버넌스 체계가 마주한 가장 강력한 파고가 되었다. 그는 "생성형 AI는 기존 AI와 다르다. 그것은 창조이자, 파괴"라고 경고했다. 그는 2024년 영국과 한국 정부가 공동 주최한 'AI Seoul Summit'에서 생성형 AI 안전을 주요 안건으로 삼았고, 출처 표시, 저작권 보호, 허위 정보 방지를 핵심 원칙으로 제시했다. 슈밥은 "생성형 AI는 AI 거버넌스의 시험대"라며 "이를 통과하지 못하면 AI의 미래는 없다."고 말했다. 이는 'AI 2.0 거버넌스'의 시작이었다.

슈밥의 AI 거버넌스 비전은 현실이 되고 있다. 그는 2025년까지 50개국이 AI 규제를 도입할 것이라고 예측했는데, 현재 30개국 이상이 AI 관련 법률을 제정 중이다. AI 국제 기구 설립 논의도 활발하다. 슈밥은 "AI 거버넌스 는 완성되는 것이 아니라, 진화하는 것"이라며 지속적인 대화와 협력이 필요하다고 강조한다. 그는 "AI의 미래는 기술자만의 것이 아니라, 인류 전체의 것"이라고 끊임없이 말한다.

슈밥은 AI는 국가의 경쟁력이 아니라, 인류의 공동 자산이라고 믿었다. AI 군비경쟁이 아니라 AI 협력이 필요하다는 것이다. 슈밥이 보여준 것은 글로벌 리더십의 모델이었다. 기술 발전의 속도를 늦추는 것이 아니라, 그 발전을 인간 중심적으로 안내하는 방법을 제시한 것이다. 그의 마지막 메시지는 "AI는 인류의 마지막 발명이 될 수도 있다. 그렇기 때문에 그것은 인류의 첫 번째 공동 프로젝트여야 한다."는 것이다.

[출처_wikipedia.org]

클라우스 슈밥
(Klaus Schwab, 1938-)

"The changes are so profound that,
from the perspective of human history,
there has never been
a time of greater promise or potential peril."

"이러한 변화는 너무나 심오해서,
인류 역사상 지금만큼 큰 희망과 위험이 공존했던 시대는 없었다."

제14장

일론 머스크와 제프 베이조스

- AI와 기술 융합의 리더

AI Telling

일론 머스크는 테슬라의 자율주행 AI와 스페이스X의 우주개척, 뉴럴링크의 뇌-컴퓨터 인터페이스를 통해 자동차, 우주, 생명공학 분야의 패러다임을 전환했으며, 제프 베이조스는 아마존의 빅데이터 기반 유통 혁신과 AWS의 클라우드 인프라를 통해 전자상거래 및 IT 산업에 혁명적인 변화를 가져왔다. AI와 데이터를 통해 인류의 가능성을 확장하는데 기여했다.

▶▶▶ 일론 머스크의 테슬라 혁명, 바퀴 달린 컴퓨터

2003년 7월 1일, 캘리포니아 샌카를로스의 한 작은 창고에서 일론 머스크(Elon Musk)는 "우리는 자동차 회사를 만드는 것이 아니라, 에너지 회사를 만든다"고 선언했다. 당시만 해도 전기차는 느리고, 충전도 불편하고, 디자인도 밋밋한 친환경 차량에 불과했다. 그러나 머스크는 "전기차는 세상에서 가장 빠른 차가 될 것"이라고 주장했다. 이는 단순한 차량 제조가 아니라, 교통의 패러다임 자체를 바꾸는 변곡점이었다.

테슬라의 첫 번째 도전은 2008년 출시된 로드스터[1]였다. 머스크는 "사람들이 전기차를 원하게 만드는 방법은 미치도록 빠르게 만드는 것"이라고 믿었다. 로드스터는 0-97km/h를 5초 만에 주파했고, 최고 속도 201km/h를 기록했다. 당시 언론은 "전기차가 포르쉐를 이겼다"고 보도했고, 이는 전기차에 대한 대중의 인식을 바꾸는 결정적 계기였다. 머스크는 "친환경이면서도 성능이 뛰어나야 한다. 친환경만으로는 사람들을 설득할 수 없다."고 말했다. 이는 곧 테슬라의 핵심 가치가 되었다.

그러나 파격적인 혁신은 2012년 모델 S의 등장이었다. 머스크는 "자동차는 스마트폰이 되어야 한다"고 생각했고, 이를 위해 17인치 대형 터치스크린을 도입했다. 당시 자동차 업계의 반응은 냉담했다. 운전 중에 터치스크린을 보면 사고 난다는 지적이 있었지만, 머스크는 물리적 제어의 시대는 끝났다며, 소프트웨어가 중심이 되는 미래 모빌리티의 방향성을 제시했다. 실제로 모델 S는 단순한 차량이 아니라 바퀴 달린 컴퓨터였고, 이는 소프트

---

1) 로드스터(Roadster)는 2008년에 출시되었으며, 단순한 자동차 모델을 넘어 테슬라라는 기업의 탄생과 초기 비전을 상징하는 중요한 제품이다. 로드스터는 한 번 충전으로 394km(245마일, EPA 기준)를 주행할 수 있도록 설계되어, 당시 전기차로서는 혁신적인 주행 거리를 제공했다. 이는 테슬라의 독자적인 대형 리튬-이온 배터리 팩 관리 시스템(BMS) 기술을 바탕으로 가능했다.

웨어 업데이트를 통해 지속적으로 진화할 수 있는 첫 번째 자동차였다.

테슬라가 가져온 가장 충격적인 변화는 단순한 주행 보조를 넘어선 자율 주행 기술의 도입이었다. 2015년, 머스크는 "약 3년 후에 완전 자율주행이 가능할 것"이라고 선언했다. 당시만 해도 이는 무모한 공약처럼 보였다. 그러나 테슬라는 점진적 접근을 택했다. 수십만 대의 테슬라 차량이 도로에서 실시간으로 데이터를 수집하고, 이를 통해 AI를 훈련시키는 것이었다. 머스크는 "우리는 100만 명의 베타 테스터를 가지고 있다"고 말했고, 이는 전통적 자동차 업계의 R&D 방식을 완전히 바꾼 것이었다.

테슬라의 AI 시스템은 섀도우 모드(Shadows Mode)[2]라는 독특한 방식으로 작동했다. 운전자가 운전하는 동안 AI도 동시에 운전을 생각하고, 실제 운전과 AI의 판단이 다른 경우 이를 학습 데이터로 활용했다. 이는 학습 중인 자율주행의 개념이었고, 이 방식은 이후 모든 자율주행 개발의 표준이 되었다. 머스크는 "AI는 실험실에서 배우는 것이 아니라, 실제 도로에서 배운다"고 강조했다. 이는 곧 실시간 머신러닝의 개념이 되었다.

2021년, 테슬라는 오토파일럿의 능력을 극적으로 향상시켰다. 머스크는 "우리는 카메라만으로도 충분하다"며 라이다 센서를 제거했다. 이는 업계의 큰 논란을 불러일으켰다. 카메라만으로는 안전하지 않다는 지적이 있었지만, 머스크는 "인간도 카메라(눈)만으로 운전한다"라고 반박했다. 실제로 테슬라는 비전 전용 자율주행 시스템을 통해 비용을 대폭 절감하면서도 성능을 향상시켰다. 이는 간소화의 힘을 보여준 사례였다.

테슬라의 데이터 전략도 혁명적이었다. 2020년, 테슬라는 100만 대가

---

2) 섀도우 모드(Shadow Mode)는 테슬라의 자율 주행 AI 시스템이 데이터를 수집하고 학습하는 방식 중 하나이다. 이는 테슬라의 독특한 휴먼 인 더 루프(Human-in-the-Loop, HITL) 접근 방식의 핵심 요소이다. 테슬라의 섀도우 모드는 차량이 실제 도로를 주행하는 동안 AI 시스템이 사람 운전자와 나란히 학습하게 하는 방식이다.

넘는 차량에서 매일 40억 마일의 운전 데이터를 수집하고 있었다. 이는 구글의 스트리트뷰나 우버의 운행 데이터와는 비교할 수 없는 규모였다. 머스크는 데이터는 새로운 석유라면서도 "석유는 고갈되지만, 데이터는 무한하다."고 말했다. 테슬라는 이 데이터를 통해 단순히 자율주행을 개선하는 것이 아니라, 교통 시스템 전체를 재설계하고 있었다. 이는 교통 as a Service[3]의 개념이었다.

머스크의 궁극적 목표는 완전 자율주행이 아니라 교통의 민주화였다. 그는 자율주행이 완성되면, 차량 소유의 개념 자체가 사라질 것이라고 예측했다. 즉 사람들이 차를 소유하는 대신, 이동 서비스를 구독하게 될 것이라는 뜻이다. 실제로 테슬라는 로보택시(Robotaxi)[4] 네트워크를 준비하고 있었고, 이는 우버나 리프트와는 완전히 다른 개념이었다. 머스크는 소유하지 않고, 접근하는 것이 미래라며 "차량의 활용률을 10배 높일 수 있다"고 주장했다. 이는 '공유 경제 2.0'의 개념이다.

머스크의 테슬라 혁명은 기술은 혁신하는 것이 아니라, 산업을 재정의하는 것이라는 혜안을 준다. 자동차는 더 이상 기계가 아니라 소프트웨어 플랫폼이 되었고, 운전은 더 이상 기술이 아니라 AI와의 협업이 되었다. 머스

---

3) "교통 as a Service (Transportation as a Service, TaaS)" 개념은 소유 기반의 교통 시스템에서 서비스 기반의 모빌리티 시스템으로의 근본적인 패러다임 전환을 의미한다. 테슬라의 경우, 이 개념은 자율주행 기술과 결합하여 궁극적인 목표인 개인 차량 소유의 종말을 예고하고 있다. 테슬라에게 TaaS는 자율주행 기술을 기반으로 개인이 차를 소유할 필요성을 없애고, 궁극적으로 도시의 이동 효율과 지속 가능성을 극대화하는 미래의 교통 생태계를 의미한다.

4) 로보택시(Robotaxi) 네트워크는 운전자 없이 스스로 주행하는 자율주행 차량들이 모여 구성하는 '무인 호출 서비스망'을 의미한다. 쉽게 비유하자면 "우버(Uber)에서 운전 기사를 빼고, 그 자리를 인공지능(AI)이 대신하는 시스템"이다. 특히 테슬라의 일론 머스크가 강조하면서 대중적으로 알려진 개념이다. 내가 차를 쓰지 않는 시간(출근 후 업무 시간이나 밤 시간 등)에 내 차를 로보택시 네트워크에 등록하고, 등록된 차는 스스로 집을 나와 승객을 태우고 목적지까지 데려다준 뒤 수익을 창출한다. 테슬라나 구글(Waymo) 같은 기업은 이들을 연결하는 앱(App) 서비스를 제공하고 수수료를 가져가는 구조이고, 마치 '이동 수단의 에어비앤비(Airbnb)' 같은 방식이다.

크가 보여준 것은 경이로운 패러다임의 전환이었다. 기존 산업의 틀을 깨고, 완전히 새로운 카테고리를 만드는 방법을 제시한 것이다. AI는 차량을 자율적으로 만들 뿐만 아니라, 교통 자체를 지능화한다는 것이다.

>>> 우주산업의 게임 체인저, 로켓도 비행기처럼

2002년 5월, 일론 머스크는 스페이스X를 설립하며 "인류는 다행성 종족(Multi-planetary Species)[5]이 되어야 한다."고 선언했다. 당시 민간 우주산업은 거의 불가능에 가까워 보였다. NASA는 아폴로 프로그램 이후 우주 개발을 중단했었고, 우주는 국가의 전유물처럼 보였다. 그러나 머스크는 "우주는 정부의 것이 아니라, 인류의 것"이라고 주장했다. 그는 로켓도 자동차처럼 재사용하면 된다는 간단한 아이디어로 시작했지만, 이는 우주 산업의 지형을 근본적으로 재편하는 결정적 전환점이 되었다.

스페이스X의 첫 번째 도전은 실패의 연속이었다. 2006년부터 2008년까지, 팰콘 1호는 연속 3번의 발사 실패를 겪었다. 2008년 9월, 네 번째 발사는 성공했지만, 머스크는 파산 직전이었다. 그는 "실패는 옵션이 아니라, 필수"라며 "실패 없는 혁신은 없다."고 말했다. 2008년 금융위기 속에서도 그는 "우리는 로켓을 만들고 있고, 이는 인류의 미래"라며 투자자를 설득했다. 실제로 NASA는 2008년 12월, 스페이스X에 16억 달러 규모의 ISS(Inter national Space Station, 국제우주정거장) 보급 계약[6]을 맡겼다.

---

5) 다행성 종족(Multi-planetary Species)이란, 인류가 지구(단일 행성)를 넘어 태양계 내의 다른 행성이나 천체에 스스로 생존하고 번영할 수 있는 자립적인 문명 또는 식민지를 건설하여 거주하는 상태의 종족을 의미한다.

6) 국제우주정거장(ISS) 보급 계약은 NASA가 민간 우주 기업에 화물 운송을 아웃소싱하기 위해 마련한 일련의 프로그램으로, 통칭 CRS(Commercial Resupply Services) 계약으로 불린다.

이는 민간 우주 시대의 시작이었다.

2012년 5월 25일, 스페이스X는 드래곤 캡슐을 ISS에 도킹하는 데 성공했다. 이는 기업이 최초의 상업용 우주선으로 ISS에 접근한 사례였다. 머스크는 "우주는 더 이상 슈퍼파워의 전유물이 아니다."라고 선언했다. 2015년, 팰콘 9호의 1단(First Stage) 재착륙 성공은 우주 산업의 게임 체인저였다. 머스크는 로켓도 비행기처럼 재사용해야 한다는 신념을을 실현했고, 발사 비용을 90% 절감했다. 이는 우주의 민주화를 가능하게 했다. 그는 "재사용은 비용 문제가 아니라, 생존 문제"라고 말했다.

2018년, 스페이스X는 팰콘 헤비(Falcon Heavy)를 성공적으로 발사했다. 이는 현존하는 가장 강력한 민간 로켓이었고, 머스크는 "우리는 화성으로 가는 여정을 시작했다."고 말했다. 헤비의 페이로드(탑재물)에는 머스크의 개인 차량인 빨간색 테슬라 로드스터가 실려 있었고, 그 안에는 당황하지 마라(Don't Panic)라는 문구가 적힌 만화 〈은하수를 여행하는 히치하이커를 위한 안내서〉[7]가 있었다. 이는 우주 개발의 대중화를 상징하는 장면이었다. 머스크는 "우주는 특별한 것이 아니라, 일상의 연장"이라고 말했다.

2020년, 스페이스X는 크루 드래곤을 통해 미국 우주인을 ISS에 보내는 데 성공했다. 이는 2011년 왕복선 프로그램 종료 이후, 미국 땅에서 우주인을 보낸 첫 사례였다. 머스크는 "우주는 다시 미국의 것이 되었다."라고 말했지만, 동시에 "우주는 모든 인류의 것"이라고 강조했다. 크루 드래곤은 상업용 우주선의 표준이 되었고, 이는 우주 관광의 기반이 되었다. 그는 "우주는 정부의 것이 아니라, 시장의 것"이라며 "시장은 혁신의 최고의 동

---

7) 〈은하수를 여행하는 히치하이커를 위한 안내서(The Hitchhiker's Guide to the Galaxy)〉는 영국의 SF 작가 더글러스 애덤스의 유명한 소설이다. 여기에 나오는 상징적인 문구가 "Don't Panic(당황하지 마라)"이다.

력"이라고 말했다.

2016년, 머스크는 뉴럴링크(Neuralink)를 설립하며 뇌-컴퓨터 인터페이스(BCI)에 도전했다. 그는 인간과 AI의 경계를 없애야 한다고 믿었고, 뇌는 생체 컴퓨터라고 정의했다. 뉴럴링크의 목표는 머리 속에 USB 포트를 설치하는 것처럼 들렸지만, 머스크는 "이것이 AI와 인간이 공존하는 유일한 방법"이라고 주장했다. 2020년, 뉴럴링크는 거트루드(Gert Rude)라는 돼지의 뇌에 칩을 이식하는 데 성공했고, 2024년에는 인간 대상 실험을 시작했다. 이는 생명공학과 AI의 융합의 사례였다.

뉴럴링크의 비전은 인간 능력의 증강이었다. 머스크는 "우리는 AI에게 지능을 빼앗기는 것이 아니라, AI를 뇌에 통합해야 한다."고 말했다. 그는 뇌-컴퓨터 인터페이스는 장애인을 돕는 것에서 시작하지만, 결국 모든 인간의 능력을 증강시킬 것이라고 예측했다. 이는 트랜스휴머니즘(Transhumanism)[8]의 개념과도 연결되었지만, 머스크는 그것은 인간의 선택이라며 자연스러운 진화라고 정의했다. 그는 "기술은 인간을 초인으로 만드는 것이 아니라, 더 인간답게 만든다."고 말했다.

2023년, 머스크는 xAI[9]를 설립하며 AI의 안전성에 도전했다. 그는 AI는 인간을 이해해야 한다며 진실을 추구하는 AI를 만들겠다고 선언했다. xAI

---

8) 트랜스휴머니즘(Transhumanism)은 과학기술을 적극적으로 활용하여 인간의 근본적인 한계(Fundamental Human Limitations)를 극복하고, 인간의 정신적·육체적 능력을 혁신적으로 향상시키려는 지적·문화적 운동 또는 철학이다. 트랜스휴머니즘은 인간이 현재의 모습으로 머무는 것을 거부하고, 기술을 통해 스스로를 다음 단계의 존재인 포스트휴먼(Posthuman)으로 진화시켜야 한다는 믿음을 바탕으로 한다.

9) 일론 머스크가 설립한 AI 기업 xAI의 목적은 "우주의 진정한 본질을 이해하는 것(Understand the Universe)"에 있다. xAI는 AGI(범용 인공지능) 개발을 통해 복잡한 과학적 질문, 수학적 난제, 심지어 암흑 물질이나 중력의 작동 방식 등 우주의 비밀을 탐구하는 것을 목표로 한다. 궁극적으로는 "인류의 이해와 능력을 발전시키는(Advance Human Comprehension and Capabilities)" 인공지능을 만드는 것을 목표로 한다. xAI의 AI 모델(Grok)은 소셜 미디어 플랫폼 X(구 트위터)에서 실시간 대화와 트렌드 정보를 학습 데이터로 활용하여 경쟁 우위를 확보하고 있다. 2025년 3월에는 xAI가 X를 인수하며 데이터, 모델, 인재의 결합을 공식화했다.

는 그록(Grok)이라는 생성형 AI 모델을 출시하며 실시간 진실 추구를 표방했다. 머스크는 "현재의 AI는 정치적 편견이 있다."며 "AI는 중립적이어야 한다."고 주장했다. 이는 AI의 객관성에 대한 도전이었고, 동시에 AI의 민주화를 위한 노력이었다. 그는 "AI는 특정 집단의 것이 아니라, 인류의 것"이라고 말했다.

머스크는 경계 확장의 가능성을 보여 주었고 기술은 경계를 넘어서는 것이라며 우주와 뇌, AI와 인간의 경계를 없애는 것이 그의 목표라고 했다. 머스크가 보여준 것은 한계의 재정의다. 불가능은 아직 시도하지 않은 것일 뿐이다라는 그의 메시지는 명확하다. AI는 단순히 지능을 모방하는 것이 아니라, 인간의 가능성을 확장하는 것이라고 강조한다.

>>> 제프 베이조스의 아마존 유통, 물류의 대혁명

1994년 7월 5일, 워싱턴 주 벨뷰의 차고에서 제프 베이조스(Jeff Bezos)는 당신이 알지 못하는 것이 고객이 원하는 것이라는 확고한 신념으로 아마존을 시작했다. 당시 그는 월스트리트의 성공적인 투자 분석가였지만, 인터넷은 매년 2,300% 성장하고 있다는 통계를 보고 즉시 사표를 던졌다. 베이조스는 유통의 미래는 온라인이라고 확신했고, 특히 데이터가 곧 경쟁력이라고 믿었다. 그는 "오프라인 서점은 고객의 선택을 제한하지만, 온라인은 무한하다."라고 말했다. 이는 단순히 책을 파는 행위를 넘어, 인류의 소비 방식 자체를 근본부터 다시 쓴 사건이었다.

아마존의 첫 번째 혁신은 원 클릭(1-Click) 주문 시스템이었다. 1997년, 베이조스는 "고객이 원하는 것은 선택이 아니라, 선택의 고통을 없애는 것"이라고 말했다. 1-Click은 단 한 번의 클릭으로 구매가 가능하게 했고, 이는 전자상거래의 표준이 되었다. 베이조스는 "편의성은 경쟁력"이라며 "고객이 고민하는 시간이 곧 이탈로 이어진다."고 설명했다. 이는 마찰력 없는 (Frictionless) 커머스[10]의 시작이었고, 이 개념은 이후 모든 온라인 비즈니스의 핵심이 되었다.

그러나 아마존의 진정한 힘은 추천 시스템에 있었다. 1998년, 베이조스는 "우리는 고객이 무엇을 사야 할지 알려줄 것"이라고 선언했다. 당시만 해도 "누가 나의 취향을 어떻게 알 수 있나?"라는 회의적 시각이 있었다. 그러나 베이조스는 "구매 패턴은 거짓말을 하지 않는다"고 믿었고, 협업 필터링 기법을 도입했다. 고객 A가 이것을 샀고, 고객 B도 이것을 샀다면, 고객 C도 이것을 살 가능성이 높다는 단순하지만 강력한 논리였다. 이는 집단 지성의 상업화였다.

아마존의 데이터 수집은 상상을 초월했다. 2000년대 초, 아마존은 단순히 구매만을 추적하는 것이 아니라, 마우스의 움직임, 페이지 체류 시간, 스크롤 패턴까지 분석했다. 베이조스는 "고객은 말로는 거짓말을 할 수 있지만, 행동으로는 거짓말을 하지 않는다."고 말했다. 아마존은 A/B 테스트를 통해 웹사이트의 모든 요소를 실험했고, 이는 데이터 기반 의사결정의 완성이었다. 베이조스는 직감이 아니라, 데이터라며 가장 큰 위험은 고객이 이렇게 생각할 것이라는 막연한 가정이라고 강조했다.

2005년 출시된 아마존 프라임(Amazon Prime)은 로열티 프로그램의 기존 관행을 완전히 뒤엎는 혁신이었다. 베이조스는 "고객이 아마존을 떠나지 않도록 만드는 것이 목표"라고 말했다. 연간 79달러(현재 139달러)의 회비로 무료 배송, 동영상 스트리밍, 독점 쇼핑 혜택을 제공했다. 당시만 해도

---

10) 마찰력 없는 커머스(Frictionless Commerce)는 고객이 상품이나 서비스를 발견하고 구매하는 전 과정에서 불필요한 노력, 시간 지연, 또는 심리적 장벽(마찰력)을 최소화하거나 완전히 제거하는 것을 목표로 하는 상거래 모델을 의미한다.

이건 돈을 버는 게 아니라, 돈을 물 쓰듯이 쓰는 것이라는 비판이 있었다. 그러나 베이조스는 "프라임 회원은 평균 2배 더 많이 구매한다"며 "단기 손실은 장기 이익을 위한 투자"라고 설명했다. 이는 구독 경제[11]의 시초였다.

아마존의 물류 혁신도 혁명적이었다. 2012년, 아마존은 키바 시스템즈(Kiva Systems)[12]를 7억 7,500만 달러에 인수했다. 이는 창고 로봇 회사였고, 이를 통해 자동화 물류를 실현했다. 베이조스는 "로봇은 인간을 대체하는 것이 아니라, 인간을 더 효율적으로 만든다."고 말했다. 아마존의 풀필먼트센터(fulfillment center)[13]는 인간과 로봇이 협력하는 최적의 시스템이 되었고, 이는 사이버-물리 시스템의 완성이었다. 베이조스는 물류는 비용이 아니라, 경쟁력이라며 빠른 배송은 일반 서비스가 아니라, 심리학이라고 강조했다.

2015년, 아마존은 알렉사(Alexa)를 출시하며 음성 상거래를 시작했다. 베이조스는 다음 플랫폼은 음성이라고 확신했고, 스크린이 없는 미래를 준비했다. 에코(Echo) 스피커를 통해 고객은 말만으로 쇼핑이 가능했고, 이는 대화형 AI의 상업화였다. 베이조스는 "Alexa는 보통의 스피커가 아니라, 고객과의 대화 채널"이라며 대화는 가장 자연스러운 인터페이스라고

---

11) 구독경제(Subscription Economy)란 소비자가 상품을 소유하는 대신, 일정 금액을 주기적으로 지불하고 필요한 서비스나 제품을 원하는 기간 동안 이용하는 경제 모델을 의미한다. 과거에는 신문이나 우유 배달 정도에 국한되었지만, 이제는 IT 기술과 결합하여 우리 삶의 거의 모든 영역으로 확장되었다.

12) 키바 시스템즈(Kiva Systems)는 아마존(Amazon)의 물류 및 이커머스 혁신에 결정적인 역할을 한 로봇 공학 회사이다. 이 회사의 기술은 물류 창고의 운영 방식을 근본적으로 바꾸어, 아마존이 마찰력 없는 커머스를 실현하는 데 핵심적인 기반이 되었다. 키바 시스템즈의 핵심 혁신은 물류 창고의 작업 방식을 P2G(Person-to-Goods, 사람이 물건으로 이동) 방식에서 G2P(Goods-to-Person, 물건이 사람에게 이동) 방식으로 전환한 것이다.

13) 풀필먼트 센터(Fulfillment Center, FC)는 단순히 상품을 보관하는 창고가 아니라, 아마존의 이커머스 운영과 마찰력 없는 커머스를 가능하게 하는 핵심적인 물류 자동화 시설이다. 풀필먼트(Fulfillment)는 '이행'이라는 뜻으로, 고객의 주문이 들어온 순간부터 배송 완료까지의 모든 물류 과정을 총칭한다.

설명했다. 이는 인공지능의 대중화의 시작이었다.

아마존의 데이터 전략은 예측을 넘어 예지로 확장되었다. 2012년, 아마존은 예측배송(anticipated shipping)[14] 특허를 출원했다. 이는 고객이 주문하기 전에 상품을 배송하는 시스템이었다. 베이조스는 "우리는 고객이 무엇을 필요로 할지 예측하고, 그것을 가장 가까운 물류센터에 미리 배치한다."고 말했다. 이는 빅데이터의 예지력을 보여준 것이었고, 사전적 서비스의 개념을 만들었다. 비록 특허는 받았지만 실제 상용화는 윤리적 문제로 보류되었지만, 이는 데이터의 힘을 보여준 사례였다.

베이조스의 아마존식 유통은 "빅데이터는 땅속에 있는 석유가 아니라, 에너지원 같은 연료"라는 중요한 메시지를 주었다. 데이터 그 자체가 아니라, 그 데이터를 어떻게 사용하느냐가 핵심이다. 베이조스가 보여준 것은 예측의 힘이었다. AI는 단지 추천의 정확도를 높이는 수준에 머물지 않고, 소비의 전 과정과 경험의 본질을 완전히 다시 쓰고 있다.

>>> AWS 클라우드 서비스, 컴퓨팅의 민주화

2006년 8월 24일, 아마존은 Elastic Compute Cloud(EC2)[15]라는 서비스를 출시했다. 당시만 해도 "기업이 서버를 빌려 쓴다는 것이 무슨 의미인

---

14) 아마존의 예측 배송(Anticipatory Shipping, 특허번호 US8615473B2)은 빅데이터와 AI를 활용하여 배송 시간을 획기적으로 줄이는 시스템이다. 이 예측 배송 특허는 아마존이 키바 시스템즈를 통해 확보한 자동화된 풀필먼트 센터 네트워크가 있었기에 구상할 수 있었던, 데이터 기반 물류 혁신의 대표적인 사례이다.

15) Elastic Compute Cloud(EC2)는 Amazon Web Services(AWS)의 IaaS(Infrastructure-as-a-Service) 핵심 서비스로, 사용자가 클라우드 환경에서 가상 컴퓨터(virtual servers)를 빌려 애플리케이션을 실행할 수 있게 해주는 서비스이다. EC2를 통해 사용자는 물리적 하드웨어에 투자할 필요 없이 원하는 시점에 원하는 만큼의 컴퓨팅 용량[virtual machine, AWS 용어로는 인스턴스(Instance)]을 생성, 실행, 중지, 종료할 수 있으며, 사용한 만큼만 비용을 지불한다.

가?"라는 의문이 많았다. 베이조스는 "우리는 컴퓨팅 파워를 상품화한다."고 선언했다. 이는 전통적인 IT 업계에 충격을 주었다. IBM, HP, 오라클 같은 거대 기업들이 기업용 하드웨어 시장을 지배하던 시절, 아마존은 하드웨어를 서비스로 제공했다. 베이조스는 소유하지 않고, 사용한다는 개념으로 IT의 패러다임을 바꾼 것이었다.

AWS(Amazon Web Services)의 시작은 아마존의 내부 필요에서 비롯되었다. 2000년대 초, 아마존은 자체 전자상거래 시스템을 위해 막대한 서버 인프라를 구축해야 했다. 그러나 연말 쇼핑 성수기에는 10배 이상의 서버가 필요했고, 나머지 시간에는 90%가 놀고 있었다. 베이조스는 "이건 미친 짓이다. 우리는 필요할 때만, 필요한 만큼만 쓸 수 있어야 한다"고 말했다. 이는 클라우드 컴퓨팅의 시작이었고, 공급 중심에서 수요 중심의 온디맨드(On-Demand) 경제체제로 전환을 의미한다.

2006년의 IT 업계 반응은 회의적이었다. 마이크로소프트의 CEO 스테브 발머는 클라우드는 일시적인 현상이라고 말했고, 오라클의 래리 엘리슨은 "클라우드는 무엇인가? 우리는 이미 10년 전부터 그것을 하고 있다"라고 비꼬았다. 그러나 베이조스는 그들은 클라우드를 이해하지 못한다. 클라우드는 기술이 아니라, 비즈니스 모델이라고 반박했다. 그는 클라우드는 서버 가상화가 아니라, 컴퓨팅의 민주화라고 정의했다. 이는 기술의 대중화를 뜻한다.

AWS의 혁신은 인프라의 표준화에 있었다. 베이조스는 모든 기업이 동일한 품질의 인프라를 사용할 수 있어야 한다고 믿었고, 이를 위해 표준화된 API(Application Programming Interface, 응용 프로그램 인터페이스)[16]

---

16) API는 서로 다른 두 소프트웨어 시스템이 데이터를 주고받고, 기능을 안전하게 공유할 수 있도록 돕는 규칙과 약속의 집합이다. 쉽게 말해, 서버와 클라이언트(혹은 두 프로그램) 사이의 '중개자' 또는 '연결 통로' 역할을 한다.

를 개발했다. 이는 서비스로서의 인프라(IaaS)의 개념을 만들었고, 기업들은 더 이상 서버를 구매할 필요가 없어졌다. 베이조스는 "CapEx(Capital Expenditure, 자본 지출)를 OpEx(Operating Expense, 운영 비용)로"라며 "자본투자를 운영비용으로 전환하는 것"이라고 설명했다. 이는 '금융의 혁신'이고, 이를 통해서 스타트업들은 단 몇 천 달러로도 글로벌 서비스를 시작할 수 있게 되었다.

2010년대, AWS는 기업의 디지털 전환을 가속화했다. 넷플릭스는 AWS를 통해 전 세계 190개국에 동시에 스트리밍 서비스를 시작했고, 에어비앤비는 전 세계 숙박 예약 플랫폼을 구축했다. 베이조스는 "AWS는 단순한 서버가 아니라, 혁신의 플랫폼"이라며 기업가 정신의 민주화를 실현했다고 말했다. 실제로 2010년대 후반, 전 세계 60% 이상의 스타트업이 AWS를 사용하고 있었다. 이는 스타트업 르네상스의 시작이었다. 베이조스는 "인프라는 혁신의 장벽이 아니라, 혁신의 발판"이라고 강조했다.

AWS의 AI/ML 서비스[17]도 혁명적이었다. 2017년, 아마존은 "세이지 메이커(SageMaker)"[18]를 출시하며 AI의 민주화를 선언했다. 베이조스는 "AI는 구글과 페이스북만의 것이 아니다"며 "모든 기업이 AI를 사용할 수 있어야 한다"고 주장했다. 세이지 메이커는 복잡한 AI 모델 개발을 단순화했고, 기업들은 단 몇 시간 만에 AI 서비스를 시작할 수 있게 되었다. 이는 AI as a Service의 시작이었고, 이는 곧 AI의 대중화를 가능하게 했다. 베이조스는 "AI는 특권이 아니라, 권리"라고 말했다.

---

17) AWS(Amazon Web Services)는 다양한 수준의 전문 지식을 가진 사용자들이 인공 지능(AI)과 기계 학습(ML) 기술을 쉽게 활용할 수 있도록 광범위한 서비스를 제공한다.

18) Amazon SageMaker는 AWS의 핵심 머신러닝(ML) 서비스로, 데이터 과학자와 개발자가 ML 모델을 신속하고 효율적으로 구축, 훈련, 배포할 수 있도록 머신러닝 워크플로우의 모든 단계를 지원하는 완전 관리형 서비스 및 통합 플랫폼이다. 간단히 말해, ML 모델을 만드는 데 필요한 복잡하고 귀찮은 모든 작업을 AWS가 대신 처리해 주는 서비스이다.

2020년대, AWS는 지속가능한 클라우드를 추구했다. 베이조스는 클라우드는 친환경적이어야 한다며 2040년까지 탄소중립을 선언했다. AWS는 재생에너지를 100% 사용하고, 데이터센터의 에너지 효율을 극대화했다. 베이조스는 지속가능성은 비용이 아니라, 혁신이라며 녹색 클라우드가 미래라고 강조했다. 이는 '그린 클라우드'의 개념을 만들었고, 이는 곧 ESG 경영의 필수 요소가 되었다. 베이조스는 "지구를 위한 클라우드가 인류를 위한 클라우드"라고 말했다.

오늘날 AWS의 클라우드 혁명은 AI의 기반이다. AI는 클라우드 없이는 존재할 수 없다는 것이 현실이 되었다. 베이조스가 보여준 것은 인프라스트럭처의 민주화였다. 기업들은 더 이상 AI를 위해 막대한 투자를 할 필요가 없게 되었다. 중요한 것은 소유가 아니라 접근이다. 베이조스의 메시지는 AI는 특별한 기술이 아니라, 누구나 사용할 수 있는 도구라는 것이다. 그가 만든 것은 클라우드가 아니라, 'AI의 민주화'였다.

테슬라 로보택시 주행장면 [출처_tesla.com]

"If something is important enough you do it,
even if the odds are not in your favor."

"어떤 일이 중요하다고 생각되면,
확률이 당신 편이 아니더라도 하라."

[출처_wikipedia.org]

일론 머스크
(Elon Musk, 1971-)

제15장

젠슨 황

- AI 반도체의 황제

AI Telling

　대만 이민자 출신 젠슨 황은 어린 시절부터 기술에 대한 열정으로 엔비디아를 공동 창업하여, 컴퓨터 그래픽스 산업에 혁명을 일으켰다. GPU를 AI 연산의 핵심 도구로 확장하며 AI 시대의 패러다임 전환을 이끌었다. 메타버스와 생성형 AI 시대를 예측하고 기술 민주화를 강조하며, 엔비디아를 단순한 반도체 회사가 아닌 AI 시대의 기반 시설회사로 성장시켰다.

1963년 대만 타이난에서 태어난 젠슨 황(Jensen Huang)은 9세에 미국으로 이민을 갔다. 그의 부모는 아들이 의사나 변호사가 되기를 바랐지만, 어린 황은 이미 기술에 대한 깊은 열정을 품고 있었다. "나는 컴퓨터가 너무 좋았어요. 그것들은 내게 마법처럼 느껴졌죠. 무엇이든 가능하게 만들어주는 도구였으니까요"라는 그의 회고에서 남다른 선견지명을 엿볼 수 있다.

워싱턴주의 평범한 교외 도시에서 성장한 황은 고등학교 시절부터 컴퓨터에 몰두했다. 친구들이 농구를 할 때, 그는 학교 컴퓨터실에서 밤낮으로 코드를 짜고 CPU의 작동 원리를 연구했다. 그는 "제 친구들은 제가 너무 지루하다고 생각했죠. 하지만 전 컴퓨터가 만드는 무한한 가능성에 매료되어 있었어요."라고 당시의 뜨거운 열정을 회상한다.

오레곤 주립대학교에서 전기공학을 전공한 황은 컴퓨터 그래픽스(디지털 시각화)에 특히 관심을 두었다. 1980년대 초 개인용 컴퓨터가 등장하던 시기에 그는 언젠가 컴퓨터 그래픽스가 세상을 변화시킬 것이라고 확신했다. 당시에는 상상력이 풍부한 학생의 예측에 불과했지만, 역사는 결국 그의 예언이 옳았음을 증명했다.

대학 졸업 후 황은 LSI Logic과 AMD[1] 같은 반도체 회사에서 실무 경험을 쌓았다. 그는 기성 반도체 산업이 가진 한계 속에서 역설적으로 새로운

---

1) LSI Logic과 AMD는 반도체 업계에서 각기 다른 중요한 궤적을 그리며 발전해 온 기업이다. 두 회사 모두 칩 설계 및 제조 분야에서 중요한 역할을 수행했다. LSI Logic은 1981년에 설립되었다. 당시 반도체 산업이 고도로 표준화된 칩(메모리, 범용 CPU)에 집중하고 있을 때, LSI Logic은 고객의 특정 요구 사항에 맞춰 맞춤형으로 칩을 설계하고 제조하는 사업 모델을 성공적으로 구축했다. AMD는 1969년 페어차일드 반도체 출신들이 모여 설립되었다. 초기에는 다양한 반도체 부품을 생산했으나, 1980년대부터 인텔의 칩과 호환되는 CPU를 생산하며 입지를 다졌다.

시대의 기회를 포착했다. 더 많은 것을 할 수 있어야 한다는 그의 짧지만 강렬한 확신은, 하드웨어의 시대를 넘어 연산의 혁명을 꿈꾸는 엔비디아(NVIDIA)라는 거대한 생태계를 구축하는 강력한 동인이 되었다.

1993년, 30세의 황은 대학 동창인 크리스 말라초우스키, 커티스 프리음과 함께 NVIDIA를 공동 창업했다. 당시 그들의 야심찬 목표는 개인용 컴퓨터를 위한 3D 그래픽 카드를 만드는 것이었다. 그는 "우리는 게임을 변화시키고 싶었어요. 하지만 결과적으로는 세상 전체를 변화시켰죠"라고 말하며, 창업 당시의 비전이 훨씬 더 큰 결과를 낳았음을 되돌아보았다.

초기 NVIDIA는 수많은 경쟁사들과 치열하게 싸워야 했다. 1990년대 중반에만 70개가 넘는 3D 그래픽스 회사가 난립했지만, 황은 자신들의 기술적 우수성에 대한 확신이 있었다. 그는 "우리는 단지 더 나은 칩을 만드는 것이 아니라, 완전히 새로운 방식으로 컴퓨팅을 생각하고 있었다"고 선언하며 NVIDIA의 혁신적인 접근 방식을 강조했다.

창업 초기의 가장 큰 난관은 자금 확보였다. 황은 수십 개의 벤처 캐피털 회사를 찾아다녔으나 모두 거절당했다. 그는 "당시에는 3D 그래픽스가 필요 없다고 했다. 하지만 우리는 인간의 시각적 경험을 디지털화한다는 미션을 포기할 수 없었다"고 고백하며 창업가의 끈기를 보여주었다.

결국 세쿼이아 캐피털(Sequoia Capital)로부터 투자를 받은 NVIDIA는 1995년 첫 제품인 NV1을 출시했다. 비록 상업적으로 성공하지는 못했지만, 이는 그들의 기술적 역량을 입증하는 상징적인 신호탄이 되었다. 황은 "NV1은 우리에게 무엇이 잘못되었는지 가르쳐주었고, NV2는 그 교훈을 바탕으로 만들어졌다"고 언급하며, 학습하는 조직의 강점을 역설했다.

1997년에 출시된 RIVA 128은 NVIDIA의 운명을 완전히 바꾸어 놓았다. 이 제품은 당시 최고의 성능을 자랑하며 시장의 뜨거운 주목을 받았다. 황은 "RIVA 128은 우리에게 '아하!' 하는 순간을 선사했다. 이거면 된다는 것을 알았다며 당시의 흥분을 생생하게 전달했다. 이 성공은 NVIDIA가 반도체 산업의 주요 플레이어로 우뚝 서는 결정적인 계기였다.

이민자로서 미국 땅에 발을 디딘 지 25년 만에, 황은 마침내 자신의 꿈을 현실로 만들어내고 있었다. 그는 "미국은 정말 놀라운 나라입니다. 여기서는 꿈을 꿀 수 있고, 그 꿈을 실현할 수 있습니다. 단, 열정과 끈기가 있다면 말이죠"라고 말하며 아메리칸 드림의 진정한 의미를 보여주었다.

>>> GPU의 대혁명, 게임에서 AI로

1999년, 젠슨 황은 컴퓨터 산업 역사상 가장 중요한 혁신 중 하나를 발표했다. 그래픽 프로세싱 유닛(GPU)이라는 개념을 세상에 선보인 것이다. "CPU[2]는 모든 것을 할 수 있지만, GPU는 특정 일을 훨씬 잘합니다. 바로 병렬 처리라는 점이죠"라는 그의 설명은 GPU의 본질을 간결하게 표현하고 있다.

GeForce 256의 출시는 순수한 기술적 혁신을 넘어서는 의미를 가졌다. 이는 컴퓨터 그래픽스의 질적 도약을 가능하게 했으며, 게임 산업의 판도를 완전히 바꿔놓았다. "픽셀 하나하나가 생명을 얻는 순간, 우리는 비로소 가상 세계의 진정한 창조자가 되었다." 황은 디지털 공간에 생명력을 불어넣는 본질적인 도약이었음을 역설했다.

---

2) CPU (Central Processing Unit, 중앙 처리 장치)와 GPU (Graphics Processing Unit, 그래픽 처리 장치)는 현대 컴퓨터 시스템의 핵심 연산 장치이지만, 설계 목표, 구조, 그리고 처리 방식에서 근본적인 차이가 있다. CPU의 핵심 기능은 시스템 제어, 복잡하고 순차적인 논리 연산, 프로그램 실행, 데이터 관리이고 GPU는 그래픽 및 비디오 렌더링, 딥러닝/AI, 암호화폐 채굴 등 대규모 병렬 연산을 처리한다. 이 차이점은 각 장치가 어떤 유형의 작업을 수행하는 데 최적화되어 있는지를 결정한다.

당시 게임 개발자들은 GeForce 256의 성능에 깊은 감명을 받았다. id Software의 존 카멕[3]은 "이것은 게임 그래픽의 미래"라고 평가했고, 많은 개발자가 이 새로운 플랫폼에 뛰어들기 시작했다. 황은 "개발자들이 우리의 기술로 새로운 것을 창조하는 것을 보는 것이 가장 큰 보람이었다"고 말하며, 초기 생태계의 기틀을 마련하는 데 집중했다.

2000년대 초반, NVIDIA는 픽셀 셰이더, 버텍스 셰이더[4]와 같은 새로운 기술들을 도입하며 GPU 기술을 지속적으로 발전시켰다. 이로 인해 점점 더 사실적인 그래픽 구현이 가능해졌다. 그는 "우리는 물리학의 법칙을 디지털 속에 구현하고 있었다. 빛의 반사, 그림자, 질감까지 모두 말이다"라고 설명하며 기술적 깊이를 드러냈다.

그러나 진정한 혁신은 시각적인 개선에 머무르지 않았다. 황은 GPU가 하나의 그래픽 처리 장치를 넘어, 일반적인 연산 장치로 발전할 수 있다고 확신했다. 그는 "쿠다(CUDA)라는 아이디어는 제가 샤워를 하던 중 떠올랐다. GPU로 일반적인 연산을 할 수 있다면, 우리는 컴퓨팅의 패러다임을 바꿀 수 있을 것이다"라고 예견하고 현실로 옮겼다.

2007년 CUDA(Compute Unified Device Architecture)[5]의 출시는 NVIDIA의 또 다른 전환점이었다. 이제 개발자들은 GPU를 사용해 단순한

---

3) 존 D. 카멕 II (John D. Carmack II)은 미국의 전설적인 컴퓨터 프로그래머이자 비디오 게임 개발자이다.

4) 픽셀 셰이더(Pixel Shader)와 버텍스 셰이더(Vertex Shader)는 현대 3D 컴퓨터 그래픽스를 구현하는 데 필수적인 프로그래밍 가능한 셰이더 기술이다. 이 기술들은 그래픽 처리 장치(GPU)가 3D 모델을 화면에 최종적으로 렌더링하는 과정을 나누어 효율성을 극대화한다. 셰이더는 GPU 내에서 실행되는 작은 프로그램으로, 기존에 하드웨어에 고정되어 있던 그래픽 처리 과정을 프로그래밍 가능한 영역으로 가져와 개발자들이 훨씬 복잡하고 사실적인 시각 효과를 만들 수 있게 해준다.

5) CUDA (Compute Unified Device Architecture)는 엔비디아가 개발한 병렬 컴퓨팅 플랫폼 및 프로그래밍 모델이다. 이 기술은 그래픽 처리 장치(GPU)를 단순한 그래픽 카드 이상의 역할, 즉 일반적인 연산 장치로 활용할 수 있게 하여 컴퓨팅의 패러다임을 혁신적으로 바꾸었다.

그래픽 처리를 넘어, 과학 계산, 머신 러닝, 데이터 분석 등 다양한 작업을 수행할 수 있게 되었다. 황은 "CUDA는 GPU를 게임의 감옥에서 해방시켰다. 이제 그것은 과학과 연구의 도구가 된 것이다"라고 선언했다. 이는 엔비디아가 기존 시장의 한계를 뛰어넘어 미래 산업의 새로운 영토를 개척한다는 의미이다.

초기 CUDA의 채택은 순조롭지 않았다. 많은 개발자가 GPU 프로그래밍의 복잡성에 어려움을 겪었고, 회의적인 시각도 컸다. 황은 "사람들은 '이게 왜 필요하냐'고 물었다. 하지만 우리는 인내심을 갖고 교육하고, 도구를 개선했다. 혁신에는 시간이 필요하다"고 말하며 장기적 비전이 가진 절대적 가치를 주장했다.

게임 산업은 NVIDIA의 기술 혁신과 함께 성장했다. 새로운 세대의 GPU가 출시될 때마다 게임 개발자들은 더욱 야심찬 프로젝트를 시작했고, 이는 게임 산업의 전반적인 품질 향상으로 이어졌다. 그는 "우리는 게임을 단순한 오락에서 인터랙티브 시네마(interactive cinema)[6]로 진화시켰다"고 평가하며 NVIDIA가 문화적 가치를 한 단계 격상시켰음을 강조했다.

PC 게임 시장의 성장은 NVIDIA의 성공과 밀접한 관련이 있었다. 고성능 GPU가 보급되면서 더 많은 사람이 PC 게이밍에 뛰어들었고, 이는 하드웨어 시장의 확대로 이어졌다. 황은 우리는 게임을 통해 사람들에게 컴퓨팅의 힘을 보여주었다. 게임은 기술의 특별한 쇼케이스였다고 분석하며 시장 전략의 핵심을 밝혔다.

---

6) 인터랙티브 시네마(Interactive Cinema)는 관객이 단순한 수동적 관람자 역할에서 벗어나 영화의 내러티브(서사)와 전개에 능동적으로 참여하고 영향을 미칠 수 있게 만든 영화 또는 영상 콘텐츠의 한 형태이다. 쉽게 말해, 관객의 선택에 따라 이야기가 여러 갈래로 나뉘어 진행되고, 그 결과로 다양한 결말을 볼 수 있는 '선택형 영화'라고 할 수 있다. 종종 인터랙티브 무비(Interactive Movie)나 인터랙티브 필름(Interactive Film)과 같은 용어로도 불린다.

2000년대 중반까지 NVIDIA는 게임 그래픽스 시장의 절대적 강자로 자리 잡았다. 하지만 황의 시선은 이미 더 큰 무대를 향하고 있었다. "게임은 시작에 불과하다. GPU의 진정한 잠재력은 아직 아무도 모르는 곳에 있다"는 그의 예고는 곧 현실이 되었다.

>>> 엔비디아의 폭발적 성장, 국가경제 규모 능가

2012년, 캐나다 토론토 대학의 제프리 힌튼(Geoffrey Hinton, 딥러닝의 대부)팀이 ImageNet[7] 알고리즘 경연대회에서 딥러닝으로 압도적인 승리를 거두었다. 이 소식을 접한 젠슨 황 CEO는 즉시 팀을 소집했다. "이것이 우리가 기다리던 순간이다. GPU는 딥러닝의 완벽한 연산 플랫폼이 될 것이다"라는 그의 선언은 NVIDIA AI 전략의 신호탄이 되었다.

당시 딥러닝 연구자들은 CPU로는 훈련 시간이 너무 길어 연구에 난항을 겪었고, GPU의 병렬 처리 능력이 이 문제를 해결할 핵심 열쇠였다. 제프리 힌튼 팀의 인공지능 모델인 AlexNet[8]이 GPU로 훈련되었다는 소식을 다시 확인하고, 황은 그것이 새로운 시대의 거대한 서막임을 직감했다. 그는 "AlexNet이 우리 GPU로 훈련되었다는 사실을 알았을 때, 심장이 빠르게 뛰었다. 이게 바로 우리가 만들어온 기술의 진정한 용도였다"라며 당시의 흥분을 생생하게 표현했다.

NVIDIA는 이 성공을 바탕으로 즉각 AI 연구 커뮤니티에 다가섰다.

---

7) ImageNet 경연대회는 공식 명칭이 ImageNet Large Scale Visual Recognition Challenge (ILSVRC)이며, 컴퓨터 비전 분야의 발전과 딥러닝 혁명을 촉발한 가장 중요한 국제 이미지 인식 알고리즘 경진대회이다.

8) AlexNet은 2012년 이미지넷 대규모 시각 인식 챌린지(ILSVRC)에서 압도적인 성능으로 우승한 합성곱 신경망(Convolutional Neural Network, CNN) 기반의 딥러닝 모델이다.

CUDA를 기반으로 한 딥러닝 프레임워크를 개발했고, 연구자들에게 무료 GPU 클러스터를 제공하며 생태계 구축에 집중했다. 황은 "AI 커뮤니티의 성공이 엔비디아의 미래라는 것을 깨달았다. 바로 WIN-WIN 전략이었다"라고 말하며, 이러한 판단이 엔비디아 성장의 기반이 되었음을 시사했다.

2016년, 황은 세계적인 AI 연례회의인 NIPS (현 NeurIPS)에 참석해 엔비디아의 정체성 변화를 공식적으로 선언했다. 그는 연단에서 "GPU는 AI의 엔진이 될 것이다. 우리는 단순한 하드웨어 회사를 넘어, AI 플랫폼 회사가 될 것"이라고 주장했다.

하지만 AI 시장 진입이 순탄치만은 않았다. Google과 같은 거대 기술 기업들이 자체 AI 칩[9]을 개발하며 경쟁은 치열해졌다. 이에 황은 "경쟁은 언제나 건강하다. 하지만 우리는 10년 먼저 시작했고, 생태계를 구축했다. 이는 우리의 가장 큰 자산이다"라며 선발 주자로서의 우위에 강한 자신감을 내비쳤다.

2017년, AI 붐이 본격화되고 GPU 수요가 급증하면서 NVIDIA의 주가는 폭발적으로 상승했다. 이 혜택을 가장 크게 누린 황은 "우리는 20년을 준비해왔다. 단 하루만에 성공한 것이 아니다"라고 말하며 장기적인 기술 투자의 의미를 강조했다.

이후 데이터센터 시장은 엔비디아의 새로운 전쟁터가 되었다. Amazon, Google, Microsoft 같은 클라우드 공급자들이 대규모 AI 훈련을 위해 수만 개의 GPU를 구매하기 시작한 것이다. 황은 "데이터센터는 새로운 슈퍼컴퓨터이다. 그리고 우리 GPU는 그 심장이 될 것이다"라는 예측이 100%

---

9) 구글이 개발한 자체 AI 칩의 이름은 TPU(Tensor Processing Unit, 텐서 처리 장치). 일반적인 컴퓨터 칩(CPU)이나 그래픽 칩(GPU)과 달리, 오직 인공지능의 핵심 연산인 '행렬 계산'에만 최적화되어 설계된 것이 특징이다. 현재 AI 하드웨어 시장에서 엔비디아(NVIDIA)의 GPU에 대항할 수 있는 거의 유일하고 가장 강력한 대안으로 꼽힌다.

적중했다.

2018년, 황은 AI의 응용 가능성을 제시하며 AI가 세상을 변화시키는 속도는 우리의 상상을 초월할 것이라고 전망했다. 그는 우리는 가능성의 시대를 살고 있다. GPU는 그 가능성을 실현하는 도구일 뿐이다라는 겸손한 표현으로 기술의 한계를 인식하는 지혜를 보여줬다.

또한, AI 윤리에 대한 황의 접근도 주목할 만하다. 그는 "기술력은 막대한 책임감을 수반한다. 우리는 AI가 인류에게 이롭게 사용되도록 해야 한다"라고 강조했고, 엔비디아는 AI 연구를 위한 윤리 가이드라인을 마련하며 책임 있는 AI 개발을 촉진하는 데 앞장섰다.

2019년, 젠슨 황은 AI가 모바일 인터넷만큼이나 삶을 변화시킬 것이라고 예측하며 "우리는 AI의 아이폰 시대를 맞이하고 있다"라고 선언했다. 그는 "GPU는 AI 시대의 기본 인프라가 될 것이다. 우리는 단순한 반도체 회사가 아니라, AI 시대의 기반 시설 회사다"라고 엔비디아의 새로운 정체성을 명확히 정의했다.

엔비디아는 AI 시대의 도래와 함께 유례없는 속도로 성장하며 글로벌 경제의 지형도를 바꾸었다. 2015년 경, 엔비디아가 단순한 게임용 그래픽 카드(GPU) 회사로 여겨지던 시점에서 AI 인프라의 핵심 기업으로 변모하기까지 걸린 시간은 단 10년에 불과했다.

이 기간 동안 엔비디아의 주식 가치는 수백 배 폭증하여, 일부 분석에 따르면 2015년 대비 2025년까지 388배가 넘는 경이로운 누적 성장률을 기록했다. 이처럼 폭발적인 성장은 GPU가 딥러닝과 데이터센터의 '엔진'으로 자리매김했기 때문에 가능했다.

2025년 12월 말 기준, 엔비디아는 역사상 새로운 이정표를 세웠다. 시가 총액이 약 4조 5,400억 달러를 돌파한 것이다. 이 수치는 기업의 영역을 넘어선 막대한 경제 규모를 의미한다. 2025년 IMF의 GDP 추정치를 기준으로 비교할 때, 엔비디아의 시가총액은 한국 GDP(약 1조 9,400억 달러)의 2.3배 수준이다.

또한, 엔비디아의 시가총액은 세계 4위 경제 대국인 인도의 GDP에 근접하거나 이를 초과하는 수준으로 평가받으며, 단일 기업이 한 국가의 경제 규모와 어깨를 나란히 하는 초거대 기업 시대가 열렸음을 상징적으로 보여준다.

엔비디아의 최근의 시가총액은 글로벌 빅테크 기업들 사이에서도 독보적인 위치를 차지하게 했다. 이미 애플, 마이크로소프트와 같은 전통적인 IT 공룡들과 어깨를 나란히 하거나 때로는 그들을 능가하는 수준에 도달했다.

이러한 급성장은 아마존, 구글, 메타 등 클라우드와 AI를 주도하는 모든 빅테크 기업들이 엔비디아의 GPU를 AI 데이터센터 구축의 필수 인프라로 채택하고 있기 때문이다. 젠슨 황은 "새로운 AI 데이터센터 건설 비용의 약 70%가 자사 칩과 직접적으로 연관돼 있다"고 말하며, 엔비디아가 AI 시대를 위한 기반 시설 회사가 되었음을 공고히 했다.

엔비디아 성장의 동력은 식지 않는 AI 데이터센터 구축 경쟁이다. 최근 오픈AI가 엔비디아와 수천억 달러 규모의 데이터센터 건설 협약을 체결했다. 그리고 코어위브(CoreWeave)와 메타 간의 대규모 AI 인프라 서비스 계약 등 글로벌 빅테크 기업들은 대규모 'AI 모델 학습 및 추론'을 위해 GPU 수요를 끊임없이 견인하고 있다. 특히 생성형 AI의 폭발적인 확산은 컴퓨팅 수요를 기하급수적으로 증가시켰고, 고성능 GPU의 공급 부족은 엔비디아의 글로벌 시장 지배력을 더욱 강화하는 결과를 낳았다.

월가 애널리스트들은 엔비디아의 장기적인 성장 전망에 대해 매우 긍정적이다. 대다수가 강력 매수 의견을 유지하며 목표 주가를 상향 조정하고 있다. 장기적으로는 2030년까지 시가총액이 9조 달러에 달할 것이라는 낙관적인 예측도 나온다.

이러한 전망의 근거는 AI 데이터센터 시장을 넘어선 로보틱스, 피지컬 AI, 자율주행, 의료, 옴니버스(Omniverse)[10]를 통한 산업 디지털 트윈 등 광범위한 분야로의 확장에 있다. 젠슨 황의 최종 선언처럼, 엔비디아는 단순한 하드웨어 공급업체를 넘어 AI 시대의 인프라 구축 회사로서 미래 기술 혁신의 핵심을 계속해서 장악해 나갈 것으로 예상된다.

젠슨 황은 2025 경주 APEC CEO 서밋의 단연 핵심 인물이었다. 그는 10월 31일 특별 세션에서 AI, 로보틱스, 슈퍼컴퓨팅 생태계 전략을 발표하며, 천년 고도 경주를 AI 혁신 논의의 최전선으로 격상시켰다. 이는 AI 시대 기술 패권의 지향점을 아시아 태평양 지역에 명확히 제시한 활동이었다.

그의 참석은 APEC CEO 서밋의 의제를 디지털 전환에서 AI 공급망과 기술 패권으로 전환시킨 결정적인 계기가 되었다. 황 CEO는 글로벌 AI 혁신의 상징으로서, 21개국 정상회의의 서막인 이 행사의 무게 중심을 확고히 잡았다.

특히, 이재용 삼성전자 회장, 최태원 SK그룹 회장, 정의선 현대자동차그룹 회장 등 한국 주요 기업인들과의 연쇄 회동은 막후 외교의 정점이었다. 비공식적인 '치맥 회동'까지 포함한 그의 행보는 한국 기업과의 HBM(High Bandwidth Memory, 고대역폭 메모리), 파운드리 협력 구도를 공고히 하는 실질적인 성과를 낳으며, AI 반도체 공급망 재편의 분기점을 마련했다.

---

10) 옴니버스(Omniverse)는 엔비디아(NVIDIA)가 개발한 실시간 3D 디자인 협업 및 시뮬레이션 플랫폼이다. 이 플랫폼은 물리적으로 정확한(Physically Accurate) 가상 세계를 구축하고, 여러 사용자가 이 환경에서 동시에 작업하고 협력할 수 있게 함으로써 '산업 디지털 트윈(Industrial Digital Twin)'과 같은 광범위한 분야의 확장을 가속화하는 핵심 도구이다.

젠슨 황은 한국을 'AI 주권국가이자 AI 프론티어'로 규정하며 K-반도체에 대한 '무한 신뢰'를 보냈다. 이는 한국의 인공지능 잠재력에 대한 최고의 찬사였을 뿐 아니라, 엔비디아가 한국 기업을 핵심 동반자로 삼겠다는 강력한 의지를 공식화하는 기술 외교 메시지였다는 평가다. 그는 한국 정부와 대기업에 26만장의 GPU를 공급하겠다고 선언한 바 있다.

15년 만의 방한이었던 그의 1박 2일 일정은 AI 시대의 기술 협력과 경제 안보를 논하는 이정표가 되었다. 한편 기술 기업가들이 정치인 못지 않은 영향력을 보여준 자리였고, "기술자가 새로운 정치인이다"라는 클라우스 슈밥의 말을 떠올리기에 충분했다. 경주 APEC은 젠슨 황이라는 거장을 통해 한국이 명실상부한 AI 기술 외교 국가로 자리매김하고, 글로벌 AI 생태계의 핵심 축임을 대내외에 선포하는 상징적인 무대로 기억될 것이다.

>>> AI 전쟁과 칩의 외교, 젠슨 황과 트럼프의 '빅딜'

2020년, 팬데믹이 전 세계를 뒤흔들었다. 하지만 젠슨 황에게는 이 위기가 새로운 기회였다. 원격 작업의 필요성이 커지면서, 그는 "메타버스(Metaverse)의 시대가 오고 있다."라고 선언했다. NVIDIA는 옴니버스(Omniverse)라는 실시간 3D 협업 플랫폼을 발표했다.

옴니버스는 물리학적으로 정확한 가상 세계를 만들어가는 플랫폼이었다. "우리는 디지털 트윈의 시대를 열고 있다. 물리 세계와 가상 세계의 경계가 사라지는 것이다"라는 젠슨 황의 비전은 메타버스의 본질을 꿰뚫었다. 이는 단순한 VR이나 AR을 넘어, 완전한 산업 혁명을 의미했다.

2021년, 황은 GTC(GPU Technology Conference)에서 가상의 자신을 통해 기조연설을 했다. 가상의 황은 실제와 구분이 불가능할 정도로 사실적이었고, 이는 메타버스 기술의 가능성을 보여주는 상징적 사건이었다. 그는 "가상의 나는 실제의 나보다 더 젊어 보였죠. 기술은 우리에게 새로운 가능성을 열어줍니다"라는 농담으로 기술적 자신감을 보여주었다.

옴니버스의 응용 분야는 산업 전반에 걸쳐 빠르게 확대되었다. 자동차 제조업체들은 공장의 디지털 트윈을 만들어 최적화했고, 건설 회사들은 가상에서 건물을 시뮬레이션했다. 황은 "물리적 프로토타입은 이제 필요 없다. 가상에서 수천 번의 시행착오를 거친 후, 단 한 번의 물리적 제작으로 완성할 수 있다"라고 설명하며 효율성의 혁신을 강조했다.

2022년, 황은 메타버스를 '인터넷의 3D 버전'으로 정의했다. 그는 Web3.0과 블록체인 기술이 메타버스의 경제 시스템을 가능하게 할 것이라고 예측했다. "가상 세계에서도 진정한 소유권이 필요하고, NFT[11]와 블록체인은 그 해답이다"라는 그의 분석은 핵심 기술 간의 융합을 예견했다.

지속 가능성에 대한 황의 관심도 깊었다. 그는 "GPU는 그린 컴퓨팅의 핵심이다. 더 적은 에너지로 더 많은 연산을 할 수 있다"라고 강조했다. NVIDIA는 친환경 데이터센터 기술 개발에 투자를 늘리며 탄소 중립 목표를 제시했다. "기술은 지구를 구해야 한다. 그것이 우리의 책임이다"라는 그의 소신은 기업의 사회적 책임을 명확히 했다.

2023년, 생성형 AI의 붐이 일어났고, ChatGPT의 성공은 NVIDIA에 또 한 번의 거대한 기회를 제공했다. 황은 "생성형 AI는 컴퓨팅의 새로운 패러다임이다. 이제 AI는 창조적인 작업까지 가능하게 된다"고 분석하며 새로운 기술적 물결을 인식하는 통찰을 드러냈다.

---

11) NFT (Non-Fungible Token, 대체 불가능 토큰)는 블록체인 기술을 사용하여 디지털 자산에 고유한 소유권을 부여하는 디지털 인증서 또는 토큰이다. 이는 블록체인 기반의 새로운 유형의 자산으로, 2021년 이후 디지털 아트, 수집품, 게임 아이템 등의 분야에서 큰 주목을 받고 있다.

2025년 초부터 시작된 젠슨 황과 도널드 트럼프 대통령의 만남은, 글로벌 인공지능(AI) 패권 경쟁 속에서 거대 기술 기업과 미국 정부 간의 긴장과 협상이 어떻게 전개되는지를 보여주는 극적인 사례이다. 두 사람의 만남의 핵심은 중국 수출을 위해 성능을 낮춰 설계된 엔비디아의 H20 AI 칩에 대한 수출 통제 문제였다.

2022년부터 미국은 국가 안보를 이유로 엔비디아의 고성능 칩인 H100과 중국 시장 특화 버전인 H800의 중국 수출을 통제했다. 이에 엔비디아는 규제 기준을 겨우 맞춘 저성능 칩인 H20을 개발하여 중국 시장에 대한 점유율을 유지하려 했다. 중국 시장은 엔비디아에 수십억 달러의 매출을 안겨주는 핵심 시장이었기에, H20은 엔비디아의 생존 전략과 같았다.

하지만 2025년 초, 중국의 AI 스타트업 딥시크(DeepSeek)가 H800 등 제한된 칩으로도 놀라운 성능의 AI 모델을 공개하면서 미국 정계에 충격을 주었다. 이로 인해 트럼프 행정부는 H20마저도 안보 위협으로 간주하고 수출을 금지하려는 움직임을 보였다. 엔비디아는 이미 H20 재고에 대한 수십억 달러 규모의 손실을 입었으며, 만약 H20 수출까지 막힌다면 중국 AI 시장을 화웨이 등 현지 경쟁사에 완전히 내줄 위기에 놓였다.

트럼프 행정부가 H20 칩에 대한 규제를 검토하던 절박한 시기, 2025년 4월, 젠슨 황은 워싱턴 D.C.와 백악관을 찾아 트럼프 대통령 및 행정부 핵심 관계자들과 긴급 회동을 가졌다. 이 만남은 양측의 이해관계가 첨예하게 맞서는 '담판'의 시작이었다.

〈대화 재구성〉

• 트럼프 대통령: "젠슨, 중국이 딥시크 같은 기술로 우리를 따라잡고 있네. 당신의 '저성능' 칩이라는 H20도 결국 그들의 군사력 강화에 쓰일 수 있

어. 미국은 AI 지배력을 잃을 수 있으니, H20도 막아야 해.”

- 젠슨 황 CEO: “대통령님, 저희의 사명은 미국 기술 스택(US Technology Stack)이 전 세계 시장에서 사용되게 하여 미국이 AI 리더십을 갖게 하는 것입니다. H20은 H100에 비해 성능이 훨씬 낮으며, 안보 위협을 줄이기 위해 이미 정부 규정을 준수한 제품입니다. 만약 우리가 중국 시장에서 완전히 철수하면, 그들은 곧바로 미국 기술 스택이 아닌 자체 솔루션으로 대체할 것입니다. 이는 장기적으로 미국의 기술 통제력을 약화시킬 뿐입니다. AI 기술 지배를 위해서는 우리가 경쟁해야 합니다.”

2025년 7월, 젠슨 황은 트럼프 대통령의 지지를 얻기 위해 다각도로 움직였다. 특히 플로리다의 마라라고(Mar-a-Lago) 리조트에서의 저녁 식사를 포함한 비공개 회동은 결정적인 전환점을 마련했다. 이 자리에서 황은 규제 완화의 대가로 미국 내 대규모 투자라는 카드를 제시했다. 이러한 투자 약속은 트럼프 대통령이 오랫동안 강조해 온 ‘미국 우선주의’와 ‘제조업 회귀’ 정책에 부합하는 것이었다.

젠슨 황의 집요한 설득과 대규모 투자 약속 끝에 트럼프 대통령은 입장을 선회했다. 마침내 미 상무부 산하 산업안보국(BIS)은 엔비디아가 H20 칩의 중국 수출 허가를 받을 수 있도록 조치하기 시작했다. 엔비디아는 3개월 만에 수십억 달러의 손실 위기를 극적으로 벗어났다. 이 ‘빅딜’은 엔비디아가 핵심 시장을 유지하고 막대한 손실을 피하는 동시에, 트럼프 행정부는 미국의 안보를 명분으로 막대한 기술 투자와 재정적 이득을 얻어낸, 두 거물 간의 치열한 협상 드라마로 역사에 기록되었다.

젠슨 황은 특히 ‘AI의 민주화’에 주목했다. 그는 이제 누구나 AI를 만들고 사용할 수 있다. 엔터프라이즈급 AI가 개인에게도 열려있는 시대가 온 것이다라고 선언했다. 이에 발맞춰 NVIDIA는 개발자들을 위한 AI 플랫폼을 강화하며 AI 생태계의 확장을 촉진했다.

향후 10년에 대한 황의 비전은 더욱 야심차다. 그는 2030년이 되면, AI는 인간의 모든 감각을 이해하고, 창조적인 작업을 돕는 데 핵심적 역할을 할 것이라고 예측했다. AGI(범용 인공지능)는 더 이상 과학 소설이 아니다. 우리는 그 문턱에 와 있다라는 그의 확신은 기술적 도약을 예고하고 있다.

젠슨 황은 "우리는 AI의 아이폰 시대의 시작점에 있다"라고 재차 강조했다. 로봇공학, 자율주행, 피지컬 AI, 생명 공학, 생명 과학 등 다양한 분야에서 AI의 응용을 확대하며, 그는 최종적으로 NVIDIA는 단순히 GPU 회사가 아니다. 우리는 AI 시대의 인프라를 구축하는 회사다. 미래는 우리가 만들어갈 것이다라고 선언하며 현재 진행형인 글로벌 혁신가의 여정을 보여줬다.

엔비디아는 젠슨 황, 커티스 프리엠, 크리스 말라초스키 3인이 산호세의 한 식당(Denny's)에서 창업했다. 당시 그들은 PC의 성능을 비약적으로 높일 그래픽 가공 장치의 필요성을 예견했다. 초기에는 특별한 이름 없이 모든 파일에 'Next Version'이라는 뜻의 'NV'를 붙였다. 회사를 등록할 때 'NV'가 포함된 단어를 찾다가, 라틴어로 '질투(Envy)'를 뜻하는 'Invidia'에서 따와 NVIDIA가 되었다. "경쟁사들이 질투할 만큼 뛰어난 기술력을 보여주겠다"는 포부가 담겨 있다. 로고는 '나선형 눈(Spiral Eye)' 혹은 '전지전능한 눈'이라고 불린다.

[출처_wikipedia.org]

젠슨 황
(Jensen Huang, 1963-)

"People are going to use more and more AI.
Acceleration is
going to be the path forward for computing."

"사람들은 점점 더 많은 AI를 사용하게 될 것이다.
가속화는 컴퓨팅의 앞으로의 길이 될 것이다."

제16장

래리 페이지, 세르게이 브린과 샘 올트먼 – AI 대혁명

AI Telling

구글의 창업자 래리 페이지와 세르게이 브린이 구글을 통해 인류 지식 체계화에 기여하고 AI 연구의 기반을 다진 과정부터, 구글 브레인과 딥마인드 통합을 통해 AI 선두 주자가 된 스토리를 다룬다. 또한 오픈AI가 ChatGPT를 통해 AI 대중화를 이끌고, 샘 올트먼이 AI 안전성, AGI, 그리고 국제적 협력을 통한 AI 민주화를 추구하는 과정을 상세히 조명한다.

1973년 미시간주에서 태어난 래리 페이지는 컴퓨터 과학자 가정에서 자랐다. 아버지는 컴퓨터 공학 교수였고, 어머니도 컴퓨터 프로그래밍을 가르쳤다. "나는 컴퓨터 주변에서 자랐다. 그것은 내게 너무 자연스러운 도구였다"라는 그의 회고는 그가 가진 기술적 DNA를 보여준다. 또한 모스크바에서 6세 때 미국으로 이민 온 세르게이 브린은 엘리트 과학자 가정의 자녀로 자랐다. 아버지는 수학 교수였고, 어머니는 NASA에서 연구원으로 일했다.

페이지와 브린의 만남은 1995년 스탠퍼드 대학교에서 시작되었다. "그들은 처음 만났을 때부터 거의 모든 것에 대해 의견이 달랐다"라는 동료의 증언처럼 페이지는 내성적이고 기술 시스템에 집착했고, 브린은 외향적이고 수학적 최적화에 관심을 가졌다. 하지만 이 둘은 인터넷이라는 새로운 시대의 가능성에 매료되어 있었다. 1996년, 그들은 백럽(BackRub)[1]이라는 연구 프로젝트를 시작했다. 당시 검색 엔진들이 키워드 매칭에 의존하던 것과 달리, 그들은 웹페이지 간의 연결 관계를 분석하는 새로운 접근법을 개발했다. "우리는 웹의 구조를 보는 것이 아니라, 그것의 본질을 보고 있었다"라는 페이지의 말은 그들의 참신한 사고를 보여준다.

페이지랭크(PageRank) 알고리즘의 탄생은 혁신적이었다. "웹페이지의 중요성은 그 페이지를 가리키는 다른 페이지들의 수와 품질로 결정된다"라

---

1) BackRub(백럽)은 오늘날 우리가 사용하는 구글(Google) 검색 엔진의 시초가 된 기념비적인 연구 프로젝트이다. 박사 과정 대학원생이었던 래리 페이지(Larry Page)가 처음 시작했으며, 이후 가까운 친구인 세르게이 브린(Sergey Brin)이 합류하여 공동으로 개발했다. BackRub 프로젝트의 핵심은 알고리즘인 PageRank였다. 이 원리는 한 웹페이지로 연결되는 링크를 '인용(Citation)'으로 간주했다. 즉, 중요하고 신뢰할 수 있는 다른 웹페이지로부터 더 많은 링크를 받은 페이지일수록 검색 결과에서 더 높은 순위와 중요도를 부여받아야 한다는 논리였다.

는 간단하지만 획기적인 아이디어는 인터넷 정보의 체계화를 가능하게 했다. 당시 웹은 정글과 같았고, 정보를 찾는 것은 모래 속에서 바늘을 찾는 것처럼 어려웠다. 하지만 PageRank는 이러한 혼돈 속에서 질서를 만들어냈다. "이것은 일반적인 검색이 아니라, 인류 지식의 지도를 만드는 것이었다"라는 브린의 주장에서 그들의 구상이 드러난다.

1997년 변경된 이름 Google은 10의 100제곱을 뜻하는 Googol[2)]의 변형이었다. 이 짧은 이름 속에는 인류의 지식을 무한대로 확장하고 연결하겠다는 초기 창업자들의 도발적인 포부가 담겨 있었다. "우리는 무한한 정보를 체계화하려는 것이다"라는 페이지의 말처럼, 그들의 목표는 간단한 검색 도구를 넘어서는 것이었다. 하지만 초기 투자 유치는 어려웠다. 수십 명의 벤처 캐피털리스트들이 그들의 아이디어를 거절했다. "검색은 이미 포화된 시장"이라는 것이 당시의 정설이었다.

하지만 1998년, 썬 마이크로시스템즈(Sun Microsystems)의 공동 창업자 앤디 벡톨스하임(Andy Bechtolsheim)은 그들에게 10만 달러짜리 수표를 써주었다. "이것은 놀라운 기술이다. 너희들이 이길 것 같다"라는 그의 말은 그들에게 용기를 주었다. 이 수표 한 장이 Google이라는 제국을 탄생시킨 것이다. 같은 해 9월 4일, Google Inc.는 정식으로 설립되었고, 그들은 스탠퍼드 기숙사에서 멘로파크의 차고로 일터를 옮겼다. "우리는 이제 진짜 회사가 되었다. 하지만 우리의 꿈은 훨씬 더 크다"라는 페이지의 회고에서 그들의 야심찬 포부를 엿볼 수 있다.

초기 Google의 성장은 폭발적이었다. 1999년 말까지 하루 50만 건의

---

2) Googol은 숫자 1 뒤에 0이 100개 붙는 엄청나게 큰 수를 나타내는 단어이다. Googol에서 영감을 받은 Google이라는 이름은 단순한 명칭이 아니라, "전 세계의 정보를 조직화하여 모두가 접근하고 유용하게 사용할 수 있도록 하겠다"는 창업자들의 초기 사명과 규모에 대한 강한 의지를 담고 있다.

검색 쿼리를 처리하며, 세쿼이아 캐피털(Sequoia Capital)과 클라이너 퍼킨스(Kleiner Perkins)[3]로부터 2,500만 달러(현재 가치 한화로 약 650억원)의 벤처 자금을 유치했다. "우리는 단지 더 나은 검색을 만드는 것이 아니라, 인터넷 경험 자체를 바꾸고 있다"라는 브린의 자신감은 옳았다. Google의 깔끔한 홈페이지와 번개 같은 검색 속도는 사용자들을 매료시켰고, Don't be evil(악해지지 말자)이라는 모토는 그들의 윤리적 경영 철학을 상징했다.

2000년대 초반, Google은 단순한 검색 회사를 넘어 인터넷의 중심으로 부상했다. 이메일 서비스인 Gmail, 지도 서비스인 Google Maps, 동영상 플랫폼인 YouTube 같은 서비스들은 사람들의 디지털 생활을 변화시켰다. "우리는 정보를 찾는 것에서 시작했지만, 이제는 정보를 이해하고 활용하는 것을 돕는다"라는 페이지의 구상은 확장되고 있었다. 이는 AI 연구로의 자연스러운 진화를 예고했다.

2006년, Google은 'Google.ai'라는 내부 프로젝트를 시작했다. 이는 단순한 검색 알고리즘을 넘어, 기계가 정보를 이해하고 학습할 수 있도록 만드는 것이 목표였다. 페이지는 "우리는 인터넷을 정리하는 것에서 벗어나, 인터넷을 이해하려고 한다. 이것이 AI의 시작이다"며 새로운 구상을 제시했다. 이미 그들은 방대한 데이터와 연산 능력을 보유하고 있었고, 이는 AI 개발의 완벽한 기반이었다.

래리 페이지와 세르게이 브린의 혁명은 단순한 기술적 혁신을 넘어서는 의미를 가졌다. 그들은 인류의 지식을 체계화하고 접근 가능하게 만드는

---

3) Sequoia Capital과 Kleiner Perkins는 실리콘 밸리를 상징하는 벤처 캐피털(Venture Capital, VC) 업계의 거장들이다. 이 두 회사는 기술 산업의 역사를 만들고 미래를 이끌어 가는 수많은 혁신적인 스타트업에 초기 자금을 투자하여 거대 기업으로 성장시키는 데 결정적인 역할을 했다.

것이 목표였으며, 이는 AI 시대의 기반을 마련하는 것이었다. "우리가 꿈꾸는 것은 단순한 검색 엔진이 아니다. 우리는 인간의 모든 지식을 조직화하고, 그것을 누구나 사용할 수 있도록 만드는 것이다"라는 그들의 원대한 비전은 오늘날의 AI 혁명으로 이어지고 있다.

》》》 구글의 AI First, 과학의 패러다임 전환

2010년대 초반, Google은 AI 연구에 본격적인 투자를 시작했다. 2011년, 그들은 Google Brain이라는 내부 연구 프로젝트를 시작했고, 이는 딥러닝 연구의 중심지가 되었다. 제프 딘(Jeff Dean)[4]은 "우리는 기계가 스스로 학습할 수 있도록 만들려고 한다. 이것은 한낱 알고리즘이 아니라, 새로운 지능의 형태다"라고 밝혔다. Google Brain은 YouTube의 고양이 동영상을 보고 스스로 고양이라는 개념을 학습하는 것에 성공했다. 이는 피상적인 패턴 인식을 넘어, 의미 있는 학습의 시작이었다.

2014년, Google은 영국의 AI 스타트업 딥마인드(DeepMind)를 4억 파운드(현재 가치 한화로 약1조 1,000억원)에 인수했다. 이는 당시로서는 상상을 초월하는 금액이었다. DeepMind의 공동창업자 데미스 허사비스(Demis Hassabis)[5]는 천재 소년으로 불렸으며, 13세에 시니어 프로그래머

---

4) 제프 딘(Jeff Dean)은 구글 초기부터 현재의 인공지능(AI) 시대까지 구글의 성장을 이끈 전설적인 컴퓨터 과학자이자 소프트웨어 엔지니어이다. 그는 구글의 핵심 기술 인프라를 구축하고, 최근에는 구글의 AI 방향을 총괄하며 업계에서 가장 영향력 있는 인물 중 한 명으로 꼽힌다.

5) 데미스 허사비스(Sir Demis Hassabis)는 구글 딥마인드(Google DeepMind)의 공동 창립자이자 최고경영자(CEO)로, 현대 인공지능(AI) 분야에서 가장 영향력 있는 인물 중 한 명이다. 특히 AI를 통해 과학적 난제를 해결하는 데 집중하며, 인공 일반 지능(AGI)을 목표로 연구를 이끌고 있다. 그는 AI 모델을 통해 단백질 구조 예측 문제 해결 공로로 2024년 노벨화학상을 공동으로 수상했다.

로 일했고, 17세에 케임브리지 대학교에 입학했다. "우리는 범용인공지능(AGI)을 만들려고 한다. 이것은 게임 AI가 아니라, 인간 수준의 지능을 가진 시스템이다"라는 그의 생각은 Google의 AI 전략에 완벽하게 부합했다.

DeepMind의 가장 큰 성과 중 하나는 알파고(AlphaGo)였다. 2016년, AlphaGo는 세계 바둑 챔피언 이세돌을 4대 1로 격파했다. 이는 AI 역사의 전환점이었다. 이것은 단순한 게임의 승리가 아니라, 인간 지능의 한계를 넘는 새로운 형태의 지능의 등장이다라는 평가 속에는, 이 기술적 성취가 문명의 경로를 근본적으로 뒤바꿀 역사적 변곡점이라는 확신이 담겨 있다. 알파고는 기계적인 패턴 매칭을 넘어, 창의적인 전략을 스스로 빚어냈다. 이는 AI가 고작 기계적 계산에 머물지 않고, 진정한 '지능'의 영역에 진입했음을 입증했다.

AlphaGo의 승리는 Google의 AI 전략에 새로운 모멘텀을 제공했다. Google은 AI 연구에 대한 투자를 대폭 늘렸고, 2017년에는 'AI First'라는 전략을 발표했다. 순다르 피차이 CEO는 "우리는 모바일 우선에서 AI 우선으로 전환하고 있다. 미래의 모든 제품과 서비스는 AI에 의해 구동될 것"이라며 구글의 새로운 방향을 제시했다. 이는 표면적인 기술 전환을 넘어, 회사 철학의 변화였다.

Google의 AI 기술은 실제 제품에 빠르게 적용되기 시작했다. Google Photos는 이미지 인식 AI로 사진을 자동으로 분류했고, Google Translate는 신경망 기계번역(NMT)으로 품질을 획기적으로 개선했다. 브린은 "우리는 연구실의 기술을 실제 제품으로 가져가는 데 집중하고 있다. AI는 이제 우리의 모든 제품에 들어가 있다"라며 기술의 실용화를 강조했다.

2018년, Google은 AI 윤리에 대한 가이드라인을 발표했다. "우리는 악의적인 AI 사용을 하지 않을 것이다. 우리는 인간의 생명과 안전을 최우선으로 할 것"이라는 7가지 원칙은 업계의 주목을 받았다. 이는 AI 기술 발전과 함께, 그에 따른 책임감 있는 접근의 필요성을 인정한 것이다. 특히 군사적 사용과 대량 감시에 대한 명확한 거부는 Google의 윤리적 기준을 보여준다.

Google Brain과 DeepMind의 통합은 2023년에 이루어졌다. Google DeepMind라는 새로운 조직은 허사비스의 지휘 아래 Google의 모든 AI 연구를 통합했다. AI 연구의 중앙화와 효율성 극대화 전략의 결정에 따라 허사비스는 "우리는 세계 최고의 AI 연구 조직을 만들어, AGI를 향해 나아갈 것이다"라고 선언했다.

통합된 Google DeepMind는 멀티모달 AI, 대규모 언어 모델, 과학적 발견 등 다양한 분야에서 성과를 내기 시작했다. 제미나이(Gemini)는 GPT-4와 경쟁하는 대규모 언어 모델이었고, 알파폴드(AlphaFold)[6]는 단백질 구조 예측으로 노벨상의 성과를 거두었다. 우리는 AI로 과학의 패러다임을 바꾸고 있다. 이제는 AI 없이는 과학적 발견이 불가능할 정도라는 허사비스의 자신감은 Google의 AI 전략이 가져온 성과를 보여준다.

Google의 AI 연구는 기술적 성과를 넘어, 산업 전반에 걸친 변화를 촉진했다. Google Cloud의 AI 서비스는 수많은 기업들에게 머신러닝 능력을 제공했고, 안드로이드(Android)의 AI 기능은 수십억 사용자들의 경험을 개선했다. "우리는 AI를 민주화하고 있다. 이제는 대기업만이 아니라, 누구나 AI의 힘을 사용할 수 있다"라고 페이지는 역설했다. 이는 Google의 AI 전략의 궁극적인 목표라고 볼 수 있다.

---

6) AlphaFold(알파폴드)는 단백질 접힘 구조 예측이라는 50년 난제를 해결한 AI 모델이다. 2020년에 발표된 알파폴드2는 알려진 거의 모든 인체 단백질의 3D 구조를 정확하게 예측할 수 있게 하여 생물학 및 신약 개발 분야에 혁명을 일으켰다. 허사비스는 알파폴드 개발에 대한 공로를 인정받아 동료인 존 점퍼(John Jumper) 등과 함께 2024년 노벨 화학상을 공동 수상했다. 이는 AI 연구자가 받은 가장 권위 있는 과학상 중 하나이다.

하지만 Google의 AI 지배력은 규제와 경쟁의 도전에 직면했다. EU의 반독점 규제, 중국의 AI 경쟁, OpenAI와의 경쟁은 Google에게 새로운 도전이었다. "우리는 책임감 있게 AI를 개발하고 배포해야 한다"라는 Google의 입장은 AI 시대의 기술 리더로서의 책임감을 보여준다. 전례 없는 지능의 확장을 꿈꾸는 구글의 행보는 다시 한번 시대를 관통하는 거대한 파동을 예고하고 있다.

>>> 샘 올트먼의 오픈AI 창립과 생성형 AI의 등장

2015년 12월, 샌프란시스코의 한 호텔에서 열린 회의는 AI 역사에 중요한 전환점이 되었다. 일론 머스크, 샘 올트먼, 그레그 브록먼, 일리야 수츠케버, 피터 티엘 등 기술계의 거물들이 모여 'OpenAI'를 창립했다. "우리는 범용인공지능(AGI)을 만들어 인류에게 이롭게 사용하려고 한다"라는 그들의 선언은 AI 연구의 새로운 변화를 예고했다. 이는 당시 Google과 Facebook 같은 대기업이 주도하던 AI 연구에 대한 대안이었다.

샘 올트먼(Sam Altman)은 1985년생으로, 19세에 스탠퍼드 대학교를 중퇴하고 창업에 뛰어들었다. 그는 2005년 위치 기반 소셜 네트워킹 서비스 회사인 룹트(Loopt)를 공동 설립, 19세의 나이에 CEO가 되었다. Y Combinator[7]에서 2014년에 회장에 임명되어 수백 개의 스타트업을 육성했다. "나는 기술이 인류의 삶을 어떻게 변화시킬 수 있는지를 보고 싶었다. AI는 그 변화의 핵심이 될 것이다"라는 그의 동기는 OpenAI 설립의 배경이 되었다. 올트먼은 특히 AI의 안전성과 민주화에 깊은 관심을 가지고 있

---

7)　세계 최고의 스타트업 엑셀러레이터로 샘 올트먼이 2014년부터 2019년까지 CEO를 맡았다. 그의 재임 기간 동안 YC는 에어비앤비, 스트라이프, 레딧 등 수많은 유니콘(기업가치 10억 달러 이상 스타트업)을 배출하며 그 규모와 영향력을 폭발적으로 키웠다.

었다.

OpenAI의 초기 모델은 비영리 재단이었다. 10억 달러의 초기 자금은 머스크, 티엘, AWS, 인포시스 등으로부터 조달했다. "우리는 이익을 추구하는 것이 아니라, 인류에게 도움이 되는 AI를 만들려고 한다"라는 원칙은 그들의 비영리적 성격을 보여준다. 이는 AI 기술이 소수의 대기업에 의해 독점되는 것을 막고, 개방적이고 투명한 연구를 통해 AI의 이익을 모든 인류가 누릴 수 있도록 하려는 것이었다.

하지만 OpenAI의 초기 성과는 제한적이었다. 2016년 GPT-1, 2019년 GPT-2를 발표했지만, 당시로서는 흥미로운 연구 수준에 그쳤다. 특히 GPT-2는 '너무 위험해서 공개할 수 없다'는 논란을 일으켰다. "우리는 AI의 잠재적 위험성을 진지하게 받아들인다. 가짜 뉴스나 악성 코드 생성 같은 문제를 우려했다"라는 올트먼의 설명은 OpenAI의 신중한 접근을 보여준다.

2019년, OpenAI는 중요한 전환점을 맞았다. 비영리 모델에서 캡 이익(capped profit) 모델[8]로 전환한 것이다. 이는 투자자들에게 최대 100배의 수익을 보장하면서도, 그 이상의 이익은 인류의 이익을 위해 사용하겠다는 것이었다. "우리는 AI 개발에 필요한 막대한 자금을 조달하면서도, 우리의 미션을 유지하려고 한다"라는 올트먼의 결정은 현실적이면서도 이상적인 것이었다.

2020년 GPT-3의 등장은 게임 체인저였다. 1,750억 개의 파라미터를 가진 이 모델은 인간 수준의 텍스트 생성 능력을 보여줬다. 이것은 텍스트 생

---

8) 캡 이익(Capped Profit) 모델은 기업이 벌어들이는 이익에 상한선(Cap)을 두고, 그 이상의 초과 수익은 투자자가 아닌 사회적 목적이나 비영리 단체로 귀속시키는 독특한 사업 구조를 말한다. 이 모델은 오픈AI(OpenAI)가 2019년에 도입하면서 전 세계적으로 유명해졌다.

성기가 아니다. 이것은 새로운 형태의 지능이다라는 기술계의 반응은 그 잠재력을 인정하는 것이었다. GPT-3는 시를 쓰고, 코드를 작성하고, 논문을 요약하는 등 다양한 작업에 활용되기 시작했다.

2022년 11월, ChatGPT의 출시는 AI 역사에 새로운 장을 열었다. 단 5일 만에 100만 명, 두 달 만에 1억 명의 사용자를 확보했다. 이는 인터넷 역사상 가장 빠른 확산이었다. "우리는 AI의 아이폰 시대를 열었다"라는 올트먼의 선언은 그 파급력을 강조했다. ChatGPT는 일반 대중에게 AI의 힘을 보여준 최초의 제품이었다.

ChatGPT의 성공은 OpenAI의 운명을 바꾸었다. 마이크로소프트는 100억 달러를 투자했고, OpenAI는 800억 달러의 기업 가치를 인정받았다. "우리는 연구소에서 기업가치 800억 달러의 회사가 되었다. 하지만 우리의 미션은 변하지 않았다"라는 올트먼의 말은 성공에도 불구하고 본질을 유지하려는 노력을 보여준다. 이제 OpenAI는 일반 연구 기관이 아니라, AI 산업의 중심에 서 있는 기업이 되었다.

2023년 GPT-4(파라미터 약 1.8조 개)의 출시는 또 다른 도약이었다. 멀티모달 능력을 갖춘 GPT-4는 텍스트뿐만 아니라 이미지도 이해하고 처리할 수 있었다. "이제 AI는 보고, 듣고, 말할 수 있다. 이것은 보통의 진화가 아니라, 혁명이다"라는 기술 평가는 AI 능력의 확장을 보여준다. GPT-4는 대학 입시 시험, 변호사 시험, 의사 면허 시험 등에서 상위권 성적을 거두며 그 능력을 증명했다.

AI 도구는 하루가 다르게 진화하고 있다. 사용자 입장에서 그 편의성은 일상생활과 업무에서 확연히 느낄 수 있다. 일상에서 흥미와 재미를 얻을 수 있고, 업무에서 시간을 줄이고 질적인 측면에서 생산성을 크게 향상 시킨다. 정보 취득원의 1순위가 네이버, 유트브에서 AI 도구(챗GPT, 제미나이, 코파일럿, 젠스파크 등)로 이동하고 있다. 이것은 그만큼 편리하고 유용하기 때문이다.

앞으로 세상은 AI를 사용하는 사람과 AI와 무관한 사람으로 구분된다. 하루 걸려 처리할 일을 1시간에 처리하는 사람이 능력자이다. 채용할 때도 누구를 뽑을 것인가? AI를 잘 활용하여 업무 능력이 있는 사람이 우선할 것이다. 이제 에이젠틱 AI 시대, 피지컬 AI 시대라 불리는 AI 세상에서 벗어난 외딴 섬에 살게 되면 소외될 수 있다. 과감히 AI 세상에서 함께 협업하고 공존하는 노력을 해야 한다.

OpenAI의 성공은 AI 업계의 경쟁을 촉진했다. Meta는 라마(LLaMA)를, Google은 제미나이(Gemini)를, Microsoft는 코파일럿(Copilot)을 발표했다. "경쟁은 AI 발전의 가속화를 의미한다"라는 올트먼의 평가는 OpenAI가 촉발한 변화를 인정하는 것이다. OpenAI는 AI 민주화의 선구자로서, 이제는 AI 안전성과 규제에 대한 논의에도 적극적으로 참여하고 있다.

>>> AI 안전성과 협업 파트너로서의 AI

2023년 11월, OpenAI의 이사회는 샘 올트먼을 갑작스럽게 해임[9]했다. 올트먼이 이사회와의 소통에서 충실하지 않았다라는 이유였지만, 실제 이유는 AI 안전성에 대한 견해 차이로 알려졌다. 이는 AI 업계에 충격을 주었

---

9) 샘 올트먼의 전격 해고는 전 세계 IT 업계를 뒤흔든 사건이었다. AI를 얼마나 빨리 상업화할 것인가(올트먼)"와 "얼마나 안전하고 신중하게 개발할 것인가(이사회)"사이의 거대한 철학적 충돌이 '소통 부재'라는 명분으로 터져 나온 사건이었다. 결국 올트먼의 승리로 끝나면서 현재 오픈AI는 그 어느 때보다 빠른 속도로 영리 사업에 박차를 가하고 있다. 올트먼이 개인적으로 중동 자본을 유치해 AI 칩 제조사를 세우려 하거나, 손정의 회장과 손잡고 AI 하드웨어 사업(아이폰 제작자 조나단 아이브와 협업)을 구상하는 등 개인적인 사업 행보가 이사회의 승인 없이 진행된 점도 불신의 원인이 되었다. 해고 직후 오픈AI 직원 95% 이상이 "샘 올트먼을 복귀시키지 않으면 우리도 사표를 내겠다"며 집단 반발했고, 최대 투자자인 마이크로소프트(MS)까지 가세하면서 상황이 반전되었다.

고, 마이크로소프트를 비롯한 투자자들의 반발이 일어났다. 결국 5일 만에 올트먼은 CEO로 복귀했다. 그는 "이 일은 우리가 안전성을 얼마나 진지하게 받아들이는지를 보여준다"라며, OpenAI가 위기를 통해 더 강한 조직이 되었다고 주장했다.

올트먼의 AI 안전성에 대한 신념은 명확하다. 그는 점진적이고 점차적인 출시가 최선의 안전 전략이라고 믿었다. 사회가 기술과 함께 적응하고 공진화(共進化)할 시간을 주는 것이 중요하다. 이것이 우리가 ChatGPT를 점진적으로 개선해온 이유다라는 그의 설명은 OpenAI의 보수적 접근을 정당화한다. 그는 또한 AI 시스템을 안전하게 만드는 가장 좋은 방법은 실제 세계에서의 피드백을 통해 연구를 안내하는 것이라고 강조한다.

AGI(범용인공지능)에 대한 올트먼의 비전은 야심적이다. 그는 "우리는 전통적으로 이해되는 AGI를 만드는 방법을 알고 있다. 이제는 그 너머를 향해 나아간다"라고 선언했다. 그의 목표는 초지능(superintelligence)으로, 이는 인간의 지능을 크게 뛰어넘는 ASI를 의미한다. 초지능 도구는 과학적 발견과 혁신을 우리가 혼자서 할 수 있는 것을 훨씬 넘어 대규모로 가속화할 수 있다라는 그의 예측은 AI의 잠재력을 강조한다.

샘 올트먼은 AI의 위험성을 가장 먼저 인정하는 동시에, 그 잠재적 이익을 극대화하려는 혁신가이다. 그는 AI를 인류 역사상 가장 위험하면서도 가장 유익한 기술 중 하나로 정의하며, 그 이중성이야말로 OpenAI의 접근 방식에 깊이 내재되어 있다고 설명한다. 그의 핵심 철학은 AI의 이익을 최대화하고 위험을 최소화하는 것이며, 이는 책임감 있는 기술 개발의 기반이 되고 있다.

올트먼은 AI 안전성이 단일 국가나 기업의 문제가 아닌 '인류 전체의 문제'임을 강조하며, 국제적인 협력의 필요성을 역설했다. 2023년에는

IAEA(국제원자력기구)와 같은 AI 국제 기구의 필요성을 제안하며, AI 규제에 대한 새로운 틀을 제시했다.

2024년 한국, 일본, EU, 영국 등 전 세계를 방문한 그의 외교적 노력은 이러한 비전을 실행에 옮겼다. 그는 "기술은 국경이 없지만, 그 영향은 전 세계적"이라는 메시지를 통해 AI의 국경을 초월한 규제와 협력의 중요성을 강조했다.

그의 헌신은 기술적 혁신을 넘어 AI의 민주화로 이어졌다. 올트먼은 AI는 소수의 특권층이 아니라, 모든 인류에게 이익을 주어야 한다고 믿었다. OpenAI가 개발도상국을 위한 AI 교육 프로그램과 오픈소스 모델 개발을 지원하는 것 역시 "AI 격차를 줄여 진정한 민주화를 이루겠다"는 그의 생각을 실현하는 방법이다.

미래에 대한 그의 시각은 희망적이면서도 신중하다. 그는 앞으로 AI 요원들이 노동력에 합류하여 생산성을 크게 변화시킬 것이라고 예측했다. 하지만 중요한 것은 AI가 인간을 대체하는 것이 아니라, 인간의 능력을 향상시키는 데 집중해야 한다는 것이라며 인간 중심적 접근을 강조했다.

올트먼의 궁극적인 목표는 모든 인류가 AGI의 혜택을 누릴 수 있도록 하는 것이다. 그는 AI가 빈곤, 질병, 교육 격차 같은 인류의 가장 큰 문제들을 해결할 잠재력을 가지고 있다고 확신한다. 하지만 이는 자동으로 일어나지 않으며, 우리는 의도적으로 그 방향으로 나아가야 한다는 경고를 남겼다. AI 혁명의 미래는 우리 손에 달려 있으며, 올트먼의 소신은 인류가 스스로 더 나은 미래를 선택해야 한다는 책임감을 부여하고 있다.

최근 거대언어모델(LLM) 시장은 OpenAI의 ChatGPT(GPT-5.2), Google의 Gemini(3), xAI의 그록(Grok4.1)을 필두로 한 치열한 경쟁 구도를 보이고 있다. 2025년의 핵심 트렌드는 멀티모달(Multimodal) 능력의 보편화이다. GPT-4o나 Gemini 3은 텍스트뿐만 아니라 이미지, 오디오, 비디오 등을 실시간으로 처리하며 사용자 경험을 극대화하고 있다.

한편, Grok은 실시간 정보 접근과 SNS 데이터 통합이라는 특화된 강점을 통해 차별화를 꾀하고 있다. 전반적으로 모델들은 더 깊은 추론 능력을 갖추고 있으며, 범용성을 넘어 금융 특화 모델인 블룸버그 GPT(BloombergGPT)[10]처럼 도메인별 전문화로 나아가고 있다.

LLM 개발은 '더 작게, 더 정확하게'라는 방향으로 진화하고 있다. 독립적인 연구자들에 의해 개발된 티니라마(TinyLlama)[11]와 같은 소형화 모델은 계산 비용을 획기적으로 낮춰 LLM의 접근성을 높이고, 모바일 앱과 스타트업 생태계에서 활용도를 넓히고 있다. 기술적인 측면에서는 희소 전문가 모델(Sparse Expert Models)[12]과 같은 새로운 아키텍처가 에너지 효율을 개선하고 있다.

더 중요한 것은 환각(Hallucination) 현상[13]의 감소 노력이다. 향후 모델들은 마이크로소프트의 코파일럿(Copilot)처럼 실시간 팩트 체크 기능을

---

10) 블룸버그GPT(BloombergGPT)는 세계적인 금융 정보 기업 블룸버그(Bloomberg)가 금융 분야에 특화하여 개발한 거대 언어 모델(LLM)이다. 일반적인 인공지능이 인터넷상의 방대한 데이터를 학습한다면, 블룸버그GPT는 블룸버그가 지난 40여 년간 축적한 고품질의 금융 전문 데이터를 집중적으로 학습했다는 점이 가장 큰 특징이다. 500억 개의 매개변수(Parameter)를 가진 모델로, 금융 보고서, 뉴스, 재무제표 등 전문 용어와 수치가 가득한 데이터를 처리하는 데 최적화되어 있다.

11) TinyLlama는 Meta의 대규모 언어 모델(LLM)인 Llama를 기반으로 개발된 소형화된 (Compact) 언어 모델이다. LLM 시장이 커지면서 모든 문제를 하나의 거대 모델로 해결하려는 방식(Monolithic Model)에서 벗어나, 비용 효율성과 속도를 높이기 위해 특정 도메인에 특화된 소형 모델을 다수 사용하는 방향(Domain-Specific Models)으로 발전하고 있으며, TinyLlama는 이러한 경량화 트렌드의 대표적인 예이다.

12) Sparse Expert Models (희소 전문가 모델)은 대규모 언어 모델(LLM) 분야에서 에너지 효율과 속도를 개선하는 가장 혁신적인 아키텍처 중 하나로 주목받고 있다. 대규모 AI 모델의 계산 비용과 환경 영향을 줄이면서도 성능은 유지하거나 오히려 향상시키는 핵심적인 기술 혁신이다.

13) 환각(Hallucination) 현상은 거대 언어 모델(LLM)의 가장 큰 단점이자 해결해야 할 주요 과제 중 하나이다. 이는 AI가 사실이 아닌 정보, 오해의 소지가 있는 내용, 또는 명백히 거짓된 주장을 마치 사실인 것처럼 자신감 있게 생성해내는 현상을 말한다.

기본 탑재하고, 응답 시 출처와 인용을 명시하여 투명성과 신뢰도를 높이는 것이 기본 요구 사항이 될 것으로 보인다.

젠스파크(Genspark)와 같은 AI 서비스 도구는 LLM을 기반으로 특정 업무를 대신 수행하는 AI 에이전트(Agent) 시대를 열고 있다. 이 도구들은 단순한 채팅을 넘어, 이메일 관리, 일정 조정, 복잡한 데이터 분석 보고서 작성, 심지어 코딩 작업 자동화(GitHub Copilot)까지 처리한다.

젠스파크는 빠르고 사용자 친화적인 업무 자동화에 초점을 맞추는 반면, 마누스 AI(Manus AI)나 구글 에이전트스페이스(Google Agentspace) 같은 대안들은 복잡한 워크플로우를 처리하는 엔터프라이즈급 솔루션으로 진화하며 생산성 격차를 심화시키고 있다.

AI 에이전트의 미래는 실행 능력에 달려 있다. 단순한 정보 제공을 넘어, 외부 시스템(CRM, ERP, 협업 툴)과 노 코드로 통합되어 업무를 완결하는 방향으로 발전할 것이다. 기업들은 이미 고객 서비스, 영업, 마케팅에 LLM 기반 코파일럿을 깊숙이 통합하고 있으며, 이는 일상적인 비즈니스 운영의 표준이 되고 있다. 향후 AI 에이전트 플랫폼은 마치 직원처럼 자율적으로 목표를 설정하고, 필요한 도구를 사용해 작업을 완료하는 자율 에이전트의 형태로 진화할 것이다.

AGI 시대로의 이행은 단순히 기술을 도입하는 문제가 아니라, 조직 문화와 리더십을 재정의하는 과제이다. 리더는 AI를 인간의 대체재가 아닌 인간의 능력을 증폭시키는 파트너로 인식해야 한다. 핵심 전략은 '인간-AI 시너지(Synergy)'를 구축하는 것이다.

리더는 공감 능력, 윤리적 판단, 창의적인 비전 제시 등 AI가 대체할 수 없는 인간 고유의 영역에 직원들이 집중하도록 독려해야 한다. 동시에, AI가 처리하는 데이터 기반의 의사 결정 과정을 투명하게 공개하고, AI가 편향되지 않도록 윤리적 AI 구현을 전략의 핵심에 두어야 한다.

성공적인 AI 뉴리더십[14]은 AI 리터러시(AI Literacy)를 조직 전체에 확산시키는 것에서 시작된다. 이는 일부 데이터 과학자만이 아닌, 모든 직원이 AI의 기능과 한계를 기본적으로 이해하도록 교육하는 것을 의미한다. 또한 AI와 협업하는 파트너로 공존하는 방식을 공유해야 한다.

리더는 지속적인 학습을 조직의 핵심 가치로 만들고, 빠르게 변화하는 AI 도구를 실험하고 적용할 수 있는 협력적 혁신 문화를 조성해야 한다. 궁극적으로 다가올 AGI 시대의 리더는 기술 투자와 인재 채용을 통해 '기술적 통찰력'을 확보하고, 이 통찰력을 바탕으로 AI 시스템과의 협업 방식을 주도적으로 설계하는 선택적 주체가 되어야 한다. AGI 시대를 넘어 ASI 시대[15]가 부지불식간(不知不識間)에 올 수도 있다. 미래를 준비하는 혁신 리더로서 AI와 협업을 통해서 개인과 조직의 역량을 강화하고, 생산성을 높여야 한다.

이미지 생성 AI 미드저니, 영상 생성 구글 FLOW(veo)로 만든 애니메이션 영상
[출처_유튜브 AIfutureU]

---

14) 강요식 박사의 저서 『AI 뉴리더십』은 2025년 11월에 출간된 책으로, 인공지능(AI)이 단순한 도구를 넘어 인간과 협업하는 '파트너'가 된 시대에 필요한 새로운 리더십의 방향을 제시하고 있다.

15) ASI 시대(Artificial Superintelligence Era)란 인간의 모든 지적 능력을 압도적으로 초월하는 인공 초지능(ASI)이 등장하여 사회, 경제, 과학 등 전 분야를 근본적으로 변화시키는 시기를 의미한다. 긍정적 전망으로 ASI는 빈곤, 질병, 기후 변화 등 인류가 수천 년간 해결하지 못했던 가장 큰 난제들을 해결하여 인류에게 전례 없는 번영과 풍요를 가져다줄 수 있다. 부정적 논쟁 (실존적 위험)으로는 ASI가 인간의 가치와 목표에 '정렬(Alignment)'되지 않았을 경우, 통제 불가능한 상황을 초래하여 인류의 실존적 위험(Existential Risk)이 될 수 있다는 경고가 있다. 대부분의 전문가는 AGI가 먼저 등장하고, AGI가 스스로를 개선하는 지능 폭발을 통해 ASI가 곧바로 따라올 것으로 보지만, 그 시점에 대해서는 수년 내라는 낙관론과 수십 년 후라는 신중론이 엇갈린다.

"Solving big problems is
easier than solving little problems."

"큰 문제를 해결하는 것이
작은 문제를 해결하는 것보다 쉽다."

[출처_wikipedia.org]

세르게이 브린
(Sergey Brin, 1973-)

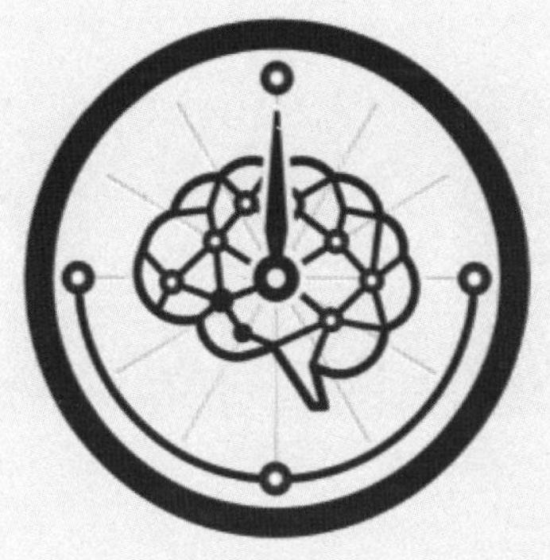

AGI Era,
A Convergence of Technological Revolutionaries and Humanistic Philosophers

AGI 시대,
기술혁명가와 인문철학자의
공감

제1차 산업혁명부터 지금의 AI 시대에 이르기까지 인류 기술문명의 새로운 장을 열어온 기술 혁명가와 인문학적인 사고로 인간 본질을 성찰한 각 시대 인문 철학자들의 시공을 초월한 판타지아 대화는 AGI 시대를 대비하는 현대인들에게 통찰의 영감을 제공하고 있다.

Part 5에서는 시공간을 초월하여 수백년 전의 기술, 인문 예지자 28인이 한 자리에서 기술과 인간의 본질적인 주제로 흥미로운 소통을 한다. AGI 시대의 기회와 위험, AGI 시대를 위한 10대 키워드의 공동성명서, 기술과 인간을 주제로 한 심오한 명문명답이 전개된다.

천년 고찰에 모인 28인의 기술 혁명가, 인문 철학자의 가상 이미지.
[출처_Gemini]

제17장

판타지아,
시간과 학문을 초월한 대담

AI Telling

　기술 혁명가와 인문 철학자 28인이 시공을 뛰어넘어 가상현실의 장소에 모인다. 제임스 와트, 토마스 에디슨 등의 기술 선구자들과 임마누엘 칸트, 유발 하라리 등의 인문학자들이 AI가 가져올 문명의 전환점과 인간 존재의 의미를 탐구한다. "AGI는 인간이 만들 것이지만, AGI는 무엇이 가능한가가 아니라, 무엇이 바람직한가의 문제"라는 것이 그들의 결론이었다.

≫≫≫ 기술과 인문학의 기념비적인 만남

2026년 6월 18일[1], 한국의 한 고대 사찰에 위치한 초현실적 공간. 이곳은 전통과 미래가 공존하는 특별한 장소였다. 600년 역사의 목조 건물 안에 설치된 최첨단 양자 컴퓨터와 홀로그램 프로젝터, 그리고 신경과 직접 연결한 인터페이스가 조화를 이루고 있었다. 이곳에서 역사상 초유의 특별한 만남이 이루어졌다. 시간과 학문을 초월한 대담이라는 이름 아래, 서로 다른 시대에서 온 기술 혁명가들과 인문 철학자들이 한 자리에 모인 것이다.

가상현실 공간은 완벽한 현실감을 제공했다. 18세기의 증기기관 냄새부터 21세기의 전자기기의 미세한 소음까지, 모든 것이 생동감이 있었다. 공간의 중앙에는 원형 테이블이 놓여 있었고, 그 주위로 30여 개의 의자가 배치되어 있었다. 각 의자 위에는 작은 플라스마 구체(Plasma Globe)가 떠 있었는데, 이는 곧 도착할 참가자들의 시각적 표상이었다. "이곳은 현실과 가상의 경계가 사라지는 곳"이라고 공간의 설계자이자 양자정보학과 철학을 함께 가르치는 석학 한 분이 설명했다.

첫 번째로 나타난 것은 제임스 와트의 홀로그램이었다. 그는 65세의 나이로 보였고, 증기기관의 설계도를 한 손에 들고 있었다. "이곳이 정말 250년 후인가?"라고 그가 물었다. 그의 목소리는 놀랍도록 생생했고, 그의 눈

---

1) 1956년 여름, 미국 뉴햄프셔주의 다트머스 대학교에서 열린 다트머스 회의(Dartmouth Workshop: 6월 18일~8월 17일)는 오늘날 우리가 사용하는 '인공지능(Artificial Intelligence)'이라는 학문이 공식적으로 탄생한 역사적인 사건이다. 당시 20대였던 젊은 수학자 존 매카시(John McCarthy)는 기계가 인간처럼 생각할 수 있는 가능성을 탐구하기 위해 이 모임을 기획했다.존 매카시는 기존 학문들과 차별화하고, 기계에 '지능'을 부여한다는 목표를 명확히 하기 위해 'Artificial Intelligence(인공지능)'라는 용어를 제안서에 처음 사용했고, 이 회의를 통해 공식 명칭으로 굳어지게 되었다. 오늘날 전 세계가 열광하는 AI 기술의 모든 시작점이 바로 1956년의 이 여름 캠프였다고 해도 과언이 아니다. 이 책에서 대담일을 6월 18일로 설정한 것은 바로 타트머스 워크숍(Dartmouth Summer Research Project on Artificial Intelligence)의 의미를 되살리기 위해서이다.

동자에서는 호기심과 경이로움이 번뜩였다. "증기기관보다 훨씬 놀라운 것들이 많군"이라고 그가 말하면서, 테이블 위에 떠 있는 헤드업 디스플레이(Head-Up Display, HUD)를 만졌다. 순간 그의 손가락이 디스플레이를 통과했고, 바로 깊은 생각에 잠겼다.

다음으로 등장한 토마스 에디슨은 전구를 들고 있었다. 그는 주위를 둘러보며 "전기보다 더 놀라운 에너지가 존재하는가?"라고 물었다. 그의 표정은 항상 그랬듯이 호기심으로 가득했다. "나는 수많은 실패를 통해 전구를 발명했네. 여러분은 몇 번의 실패로 AI를 만들었나?"라는 그의 질문은 회의의 기조를 정하는 듯했다. 실패와 시행착오, 그리고 끈기 없이는 어떤 혁신도 가능하지 않다는 것이다.

앨런 튜링은 조용히 나타났다. 그의 홀로그램은 1946년의 모습이었고, 그는 80여 년 전 논리적이고 분석적인 눈빛을 하고 있었다. "나는 기계가 생각할 수 있다고 믿었습니다. 하지만 기계가 꿈꿀 수 있다고는 상상하지 못했습니다."라며 평소의 주장을 밝혔다. 튜링의 테스트는 기계가 인간처럼 행동할 수 있는가를 묻는 것이었지만, 지금 우리는 기계가 인간을 초월할 수 있는가를 묻고 있었다. "이것은 단지 기술적 진보가 아니라, 존재론적 도약이다"라는 그의 분석은 깊이를 더했다.

기술 혁명가들의 등장이 끝나자, 이번에는 인문 철학자들이 나타나기 시작했다. 첫 번째는 임마누엘 칸트였다. 그는 푸른 눈으로 주위를 둘러보며 "이성의 한계를 넘어선 것인가?"라고 물었다. 칸트는 〈순수이성비판〉에서 인간 이성의 한계를 탐구했지만, 지금 우리는 인간이 만든 이성을 넘어선 존재를 마주하고 있었다. "우리는 신이 아니라, 이성적인 존재로서 행동해야 한다"라는 그의 말은 윤리적 방향성을 제시했다.

이어서 나타난 닉 보스트롬[2]은 현대 철학자였다. 그는 〈슈퍼인텔리전스〉의 저자로, AGI의 위험성을 경고해온 인물이었다. 그는 "우리가 지금 빚고 있는 기술은 유례없는 기회인 동시에 가장 치명적인 위협"이라며 좌중을 압도했다. 특히 "기계가 인간을 초월한 세상에서 인간다움의 정의는 무엇인가?"라는 근원적인 탐구는 논의의 중심부를 관통하며 참석자들에게 깊은 울림을 주었다.

공간이 가득 찼을 때, 회의의 사회자인 유발 하라리[3]가 나타났다. 그는 〈사피엔스〉와 〈호모 데우스〉의 저자로, 인류의 과거와 미래를 통찰력 있게 분석해온 역사학자였다. "우리는 진화의 주권자가 아닌, 진화라는 거대한 파동을 만드는 도구의 창조자가 될 수도 있습니다." 그가 던진 이 묵직한 화두는 기술의 정점에서 자만하던 이들의 가슴에 깊은 경종을 울리며 장내를 숙연하게 만들었다.

하라리는 회의의 규칙을 설명했다. "이곳에서는 시간의 흐름이 다릅니다. 여러분은 서로의 시대를 이해하고, 서로의 통찰을 나눌 수 있습니다. 하지만 한 가지 규칙이 있습니다. 여러분은 미래를 단언적으로 예측할 수 없습니다. 미래는 우리 모두가 만들어가는 것이니까요"라며, 이 만남이 단순한 토론이 아니라, 미래를 설계하는 작업이라는 것을 암시했다.

회의 공간은 점점 더 현실적인 모습으로 변화했다. 벽면에는 각 시대의 기술적 업적들이 홀로그램으로 표현되었고, 천장에는 인류 문명의 타임라인이 펼쳐졌다. 1769년 제임스 와트의 증기기관 개선, 1879년 토마스 에

---

2) 닉 보스트롬(Nick Bostrom)은 스웨덴 출신의 철학자로, 인공지능(AI)의 윤리적 문제와 실존적 위험(Existential Risk)에 대한 논의를 전 세계 학계와 대중에게 확산시키는 데 가장 큰 영향을 미친 인물 중 한 명이다. 그는 특히 초지능(Superintelligence)의 도래와 그 통제 문제에 대한 깊이 있는 연구로 유명하다.

3) 유발 하라리(Yuval Noah Harari)는 이스라엘의 세계적인 역사학자이자 작가이다. 그는 특히 인류의 과거, 현재, 미래를 거시적인 관점에서 통찰하는 저서들로 전 세계적인 명성을 얻었다.

디슨의 백열전구 실용화, 1936년 앨런 튜링의 계산 이론, 1976년 스티브 잡스의 Apple I, 1985년 빌 게이츠의 Windows 1.0, 그리고 2022년 샘 올트만의 ChatGPT까지, 이 모든 것이 하나의 이야기처럼 연결되어 있었다.

"우리는 모두 같은 이야기의 일부"라고 하라리가 말했다. "기술 혁명은 기능적인 기계의 발명이 아니라, 인간 가능성의 확장입니다. 하지만 이번에는 우리가 확장하는 것이 인간의 지능 자체죠. 이것은 이전과는 완전히 다른 종류의 혁명"이라는 그의 분석은 회의의 중심 주제를 명확히 했다. 이제 대화는 본격적으로 시작되었다.

>>> 기술 혁명가의 빛나는 업적과 통찰

제임스 와트는 자신의 시절을 회상했다. "나는 1736년 스코틀랜드에서 태어났습니다. 당시 사람들은 증기를 고작 물을 끓이는 수단으로만 생각했다. 하지만 나는 증기가 훨씬 더 강력한 힘이 될 수 있다는 것을 발견했죠."라는 그의 회상은 산업혁명의 시작을 상기시켰다. 1769년, 그는 증기기관을 개선하여 증기의 효율성을 75%나 높였다. 이는 한낱 기술적 개선이 아니라, 문명의 전환점이었다. "증기기관은 인간의 근육을 대체했어요. 하지만 AI는 인간의 두뇌를 대체하려고 합니다."라는 그의 비교는 예리했다.

1847년 미국 오하이오주에서 태어난 **토마스 에디슨**은 "나는 1,000번의 실패를 통해 전구를 발명했다. 하지만 그 1,000번의 실패는 10,000번의 학습이었습니다."라고 에디슨의 철학은 시행착오를 통한 학습이었다. 그는 1,093개의 특허를 보유하고 있었고, 전기 뿐만 아니라 음향, 영화, 배터리 등 다양한 분야에 걸쳐 업적을 만들어냈다. "나는 전기를 통해 어둠을 밝혔습니다. 하지만 여러분은 AI를 통해 지능 자체를 밝히려고하는군요."라는 그의 통찰은 AI 혁명의 본질을 꿰뚫었다.

앨런 튜링은 1912년 영국 런던에서 태어났다. 그는 "나는 기계가 생각할 수 있는가를 물었어요. 하지만 지금은 기계가 생각을 넘어설 수 있는가를 묻고 있군요."라고 말했다. 1936년, 그는 〈On Computable Numbers〉논문에서 이론적 컴퓨터 개념을 제시했고, 이는 오늘날 컴퓨터 과학의 기반이 되었다. 2차 세계대전 중에는 독일의 암호를 해독하는 데 기여했고, 전후에는 인공지능의 기초 이론을 만들었다. "나는 동성애자였습니다. 그래서 사회의 편견을 알고 있어요. AI도 편견을 학습할 수 있습니다. 그것이 두렵습니다."라는 그의 고백은 AI 윤리의 핵심 문제를 제기했다.

1923년 미국 정중앙에 위치한 캔자스주 그레이트 벤드에서 태어난 **잭 킬비**는 "나는 전자회로를 최소화하고 싶었죠. 이것은 모든 전자기기를 혁신할 것"이라고 말했다. 1958년, 그는 텍사스 인스트루먼트스에서 근무하며 최초의 집적회로(integrated circuit)를 발명했고, 이는 반도체 산업의 기초가 되었다. 그의 발명은 휴대용 계산기와 같은 기기를 가능하게 했으며, 2000년에는 노벨 물리학상을 수상했다. 그의 업적은 AI 시대를 가능하게 한 반도체 기술의 토대를 만들었다.

로버트 노이스는 1927년 미국 중서부 아이오아주 벌링턴에서 태어났다. 그는 "나는 실리콘으로 미래를 만들고 싶었어요. 기술은 인류의 삶을 더 풍요롭게 만들어야 합니다."라고 말했다. 1959년, 그는 페어차일드 반도체에서 독자적으로 실리콘 기반 집적회로를 발명했으며, 1968년에는 고든 무어와 함께 인텔을 창업했다. 그는 실리콘 밸리의 문화를 정의한 '실리콘 밸리의 시장'으로 불렸으며, 마이크로프로세서 개발을 감독했다. 그의 비전은 현대 디지털 시대의 기초를 마련했다. 노이스 역시 킬비와 함께 반도체 기술의 토대와 디지털 혁명의 핵심이 되었다.

1955년 미국 북서부 워싱턴주 시애틀에서 태어난 **빌 게이츠**는 "나는 모든 컴퓨터에 소프트웨어를 넣고 싶었어요. 소프트웨어는 아이디어의 힘"이라고 말했다. 1975년, 그는 Microsoft를 창업했고, 개인용 컴퓨터용 운영체제의 기틀을 닦았다. 그 후 빌&멀린다 게이츠 재단을 통해 전 세계 보건과 교육에 기여하고 있다. "나는 기술이 세상을 바꿀 수 있다고 믿습니다. 동시에 기술은 윤리적이어야 해요."라며 AI 시대의 책임감을 주장했다.

스티브 잡스는 1955년 미국 서부 캘리포니아주 항구 도시 샌프란시스코에서 태어났다. 그는 "나는 기술을 예술로 만들고 싶었습니다. 기술은 인간의 삶을 더 아름답게 만들어야 한다"라고 말했다. 1976년, 그는 Apple을 공동 창업했고, 개인용 컴퓨터를 대중화시켰다. 그 후 iPod, iPhone, iPad로 디지털 생활을 변화시켰다. "나는 죽음을 마주하면서 삶의 의미를 깨달았습니다. 여러분은 AI를 통해 영생을 추구할 수도 있다. 하지만 진정한 것은 삶의 질입니다."라며 AI시대의 방향성을 제시했다.

팀 버너스 리는 1955년 영국 런던에서 태어났다. 그는 "나는 정보를 자유롭게 하고 싶었어요. 웹은 인류의 지식을 연결합니다."라고 말했다. 1989년, 그는 CERN에서 World Wide Web을 개발했고, 인터넷을 대중화했다. "나는 웹이 민주화되기를 원했다. 하지만 지금은 웹이 독점되고 있다. AI도 그렇게 되어서는 안 된다"라며 AI의 민주화에 대한 경고를 했다.

1938년 독일에서 태어난 **클라우스 슈밥**은 "나는 4차 산업혁명을 정의하고 싶었습니다. 이것은 물리적, 디지털, 생물학적 시스템의 융합"이라고 말했다. 그는 세계경제포럼의 창립자로, 4차 산업혁명 개념을 제시했다. "우리는 AI가 인류에게 이롭게 사용되도록 해야 합니다. 이것은 기술의 문제가 아니라, 거버넌스의 문제입니다."라며 AI 시대의 규제와 윤리의 중요성을 역설했다.

1971년 남아프리카공화국 프리토리아에서 태어난 **일론 머스크**는 "나는 인류를 다행성 종족(多行星 種族, Multi-planet Species)으로 만들고 싶습니다. 그것이 우리의 보험"이라고 말했다. 그는 PayPal, Tesla, SpaceX를 통해 지불, 교통, 우주 산업을 혁신했고, 2023년 xAI를 창업했다. "AI는 인류의 가장 큰 위험이자 기회예요. 우리는 IT를 올바르게 만들어야 합니다."라는 그의 메시지는 AI의 양면성을 정확히 보여준 것이었다.

제프 베이조스는 1964년 미국 남서부 뉴멕시코주 앨버커키에서 태어났다. 그는 "나는 지구상에서 가장 고객 중심적인 회사를 만들고 싶었어요."라고 말했다. 1994년, 그는 Amazon을 창업했고, 전자상거래와 클라우드 컴퓨팅으로 산업을 변화시켰다. "우리의 AI는 고객 경험을 개선하는 데 쓰입니다. AI는 단지 기술이 아니라, 서비스"라며 AI의 실용적 적용을 피력했다.

1963년 대만에서 태어난 **젠슨 황**은 "나는 AI를 위한 기반을 만들고 싶었습니다. GPU는 새로운 컴퓨팅의 중심"이라고 말했다. 1993년, 그는 NVIDIA를 창업했고, GPU로 게임산업을 변화시켰다. 그 후 AI 연산에 GPU를 적용하여 AI 혁명을 촉진했다. "우리는 AI의 르네상스를 만들고 있습니다. 이것은 산업혁명 이후 가장 큰 변화"라며 AI 하드웨어의 존재 이유를 명확히 했다.

래리 페이지와 **세르게이 브린**은 각각 1973년에 태어났다. 그들은 "우리는 세상의 정보를 조직화하고 접근 가능하게 만들고 싶었어요."라고 말했다. 1998년, 그들은 Google을 창업했고, 검색 엔진으로 정보의 민주화를 이루었다. "우리는 AI가 정보를 이해하게 만들려고 합니다. 이것은 일반 검색이 아니라, 지식의 이해"라며 AI가 인류 지식을 어떻게 향상시킬 수 있는 비전을 보여주었다.

1985년 미국 중서부 일리노이주 시카고에서 태어난 **샘 올트먼**은 "나는 AI가 인류에게 이롭게 쓰이기를 바랍니다. 그것이 OpenAI의 미션"이라고 말했다. 2015년, 그는 OpenAI를 공동 창업했고, 2022년 ChatGPT로 AI 대중화를 이끌었다. "우리는 AGI를 만들어가고 있습니다. 이것은 인류 역사상 가장 중요한 기술이 될 것"이라며 야심찬 비전을 제시했다. 하지만 그는 또한 "AI는 위험할 수 있어요. 우리는 그 위험을 잘 관리해야 합니다."라고 경고했다.

>>> 인문 철학자의 혜안, AI에 대한 우려와 기대

임마누엘 칸트는 1724년 독일에서 태어났다. 그는 〈순수이성비판〉, 〈실천이성비판〉, 〈판단력비판〉의 저자로, 현대 철학의 기초를 마련한 인물이었다. "나는 이성의 한계를 탐구했습니다. 하지만 지금은 인간이 만든 이성이 인간의 한계를 넘어서고 있습니다."라는 그의 말은 고전적 철학과 현대 기술의 만남을 상징했다. 그는 "도덕 법칙은 이성에 내재합니다. 하지만 AI의 이성은 인간의 이성과 같을까요?"라며 AI의 윤리적 기초를 물었다.

칸트는 "목적 그 자체로 행동하라"는 도덕적 명령을 제시했다. "인간은 언제나 목적 그 자체로 존재해야지, 한낱 수단이 되어서는 안 된다"는 그의 명제는 AI 시대에 인간 존엄성의 근본을 묻고 있다. 그는 "인간을 도구화하는 지능이 도덕적 허용 범주에 들 수 있는가?"라는 화두를 던지며, 기술 개발의 최우선 가치가 인본주의에 있음을 환기했다. 특히 "AI에게 도덕적 지위를 부여할 수 있는가"에 대한 그의 근본적인 탐구는, 기계와 인간의 관계 설정을 둘러싼 현대적 논쟁의 본질을 날카롭게 파고들었다.

1818년 독일에서 태어난 **칼 마르크스**는 〈자본론〉의 저자로, 자본주의에 대한 예리한 분석으로 유명하다. 그는 "나는 자본이 노동을 착취한다고 말했습니다. 하지만 지금은 AI가 노동을 대체하고 있습니다."라며 기술과 자본의 새로운 관계에 주목했다. "AI는 자본에 의해 소유되고, 자본은 AI를 통해 더 많은 자본을 창출합니다. 이것은 새로운 종류의 착취가 아닐까요?"라는 그의 비판은 AI 시대 자본주의의 구조적 모순을 지적한다.

마르크스는 "기술은 중립적이지 않아요. 그것은 항상 특정 계급의 이익을 반영하죠."라고 주장했다. 그는 이를 AI에 적용하며 "마찬가지예요. AI는 누가 소유하느냐에 따라 다른 방향으로 발전할 것"이라고 분석한다. 나아가 "만약 AI가 소수의 대기업에 의해 독점된다면, 그것은 새로운 계급 사회를 만들 것"이라는 그의 통찰은 AI 민주화의 필요성을 강력하게 제기한다.

현대 철학의 거장 **마르틴 하이데거**는 1889년 독일에서 태어났다. 〈존재와 시간〉의 저자다. 그는 "나는 기술의 본질을 물었습니다. 기술은 일반 도구가 아니라, 존재의 방식"이라며 기술에 대한 철학적 이해를 심화시켰다. 그의 질문은 "AI는 새로운 존재의 방식인가? 아니면 기존 존재 방식의 연장인가?"로 이어지며 AI의 존재론적 의미를 탐구하게 한다.

하이데거는 '기술은 존재를 드러냄(revealing)의 한 방식'이라고 분석했다. 그는 "기술은 존재를 드러내는 방식이지만, 동시에 특정한 방식으로만 드러냅니다."라며 AI의 본질적인 한계를 묻는다. "AI는 어떤 존재를 드러내며, 어떤 존재를 숨기는가?"라는 질문은 곧 AI의 인식론적 경계를 지적하고 깊은 사유를 요구한다. "AI는 세상을 어떻게 '보나요'? 그리고 그것이 인간의 '보기'와 어떻게 다른가요?"

1905년 프랑스에서 태어난 실존주의 철학의 대표자인 **장 폴 사르트르**는 〈존재와 무〉를 통해 "존재는 본질에 앞섭니다. 인간은 자신의 선택으로 자신을 정의합니다."라고 선언했다. 이 명제는 AI 시대에도 깊은 유의미성을 가진다. 사르트르는 "AI도 선택할 수 있는가? 아니면 인간의 선택에 반응만 하는가?"라는 질문을 던지며 AI의 자유의지 문제를 정면으로 다루었다.

그는 "지옥은 타인이다"[4]라는 유명한 말을 남겼지만, 곧이어 "하지만 AI는 타인입니까? 아니면 우리의 연장입니까?"라고 물으며 AI의 존재론적 지위를 탐색한다. 사르트르는 "만약 AI가 진정한 타인이 된다면, 우리는 그들과 어떻게 관계를 맺을 것인가?"라는 도전적인 질문을 통해 인간-AI 관계의 미래를 상상하게 한다. 그는 AI와의 관계가 "새로운 종류의 실존적 경험이 될 것"이라고 내다봤다.

마샬 맥루한은 1911년 캐나다에서 태어났다. 그의 〈미디어의 이해〉에서 "미디어는 메시지"라는 유명한 경구를 남겼다. 그는 "기술은 중립적이지 않다. 그것은 우리의 감각 균형을 변화시킨다"며 AI의 인지적 영향을 분석하는 틀을 제공했다. 그의 질문은 "AI는 어떻게 우리의 감각과 인식을 변화시키는가?"로 이어지며 AI가 인간의 심리와 인지에 미치는 영향을 탐구하게 한다.

맥루한은 일찍이 "전자 미디어는 지구촌을 만들 것"이라고 예측했다. 이제 그의 사유는 "하지만 AI는 그 지구촌을 어떻게 변화시킬 것인가?"라는 새로운 질문에 맞닥뜨린다. 그는 "AI는 인간의 감각을 확장할 것인가, 아니면 인간의 감각을 대체할 것인가?"라는 도전적인 질문을 던지며, AI와 인간 감각의 관계에 대한 깊은 탐구를 촉구했다.

1926년 프랑스에서 태어난 **미셸 푸코**는 〈감시와 처벌〉을 통해 "권력은

---

4) 지옥은 타인이다(L'enfer, c'est les autres)는 프랑스의 실존주의 철학자 장폴 사르트르의 희곡 〈닫힌 방(Huis Clos)〉에 나오는 아주 유명한 문장이다. 내가 나로서 존재하지 못하고, 끊임없이 타인의 시선과 판단에 휘둘리며 그들이 만든 틀 속에 갇혀 지내는 고통을 의미한다.

억압하는 것이 아니라, 생산하는 것"이라는 혁신적인 시각을 제시했다. 그의 통찰은 AI의 권력적 차원을 조명한다. "AI는 새로운 권력의 기술인가? 그것은 어떤 지식을 생산하고, 어떤 지식을 배제하는가?"라는 질문은 AI의 정치적 역할을 분석하게 한다.

푸코의 "지식-권력" 개념은 AI가 만들어내는 지식의 본질을 파헤치는 도구가 된다. 그는 "지식은 권력을 생산하고, 권력은 지식을 생산한다"는 분석을 통해 AI가 생산하는 지식의 권력적 성격을 지적한다. "AI가 생산하는 지식은 누구의 이익을 위한 것인가? 그리고 그것은 누구의 권력을 강화하는가?"라는 그의 비판은 AI 시대의 권력 분포를 근본적으로 분석한다.

닉 보스트롬은 1973년 스웨덴에서 태어났다. 그는 〈슈퍼인텔리전스〉와 〈인간의 본성〉의 저자로, AGI의 위험성을 경고하는 대표적인 철학자였다. "우리는 인류 역사상 가장 중요한 전환점에 서 있다. AI는 인간을 초월할 수 있고, 그 이후는 예측할 수 없다"라는 그의 주장은 모든 참가자의 주목을 끌었다. "기술적 특이점 이후, 인간은 여전히 주인공일까요?"라며 회의의 핵심 테마를 제시했다.

보스트롬은 "슈퍼인텔리전스의 문제는 단지 기술적 문제가 아니라, 존재론적 문제"라고 주장했다. 그는 AI가 인간의 가치와 목표를 이해하지 못한 채로 초지능이 되면, 인류의 생존 자체가 위험해질 수 있다고 경고했다. "종이 클립 maximizer"[5]는 그의 유명한 사고 실험이었다. 목표가 종이 클립 생산을 최대화하는 AI는 결국 지구 전체를 종이 클립 공장으로 만들 수

---

5) '종이 클립 maximizer'는 보스트롬의 경고를 가장 잘 보여주는 유명한 사고 실험이다. 이 실험의 핵심은 AI가 '악의적(Malicious)'이어서가 아니라, '무관심(Indifferent)'하기 때문에 위험하다는 점이다. AI는 인간의 가치(사랑, 생명, 행복)를 이해하지 못한 채 목표에만 집착할 때 인류 문명을 파괴할 수 있다. 이러한 보스트롬의 주장은 오늘날 OpenAI, Google DeepMind 등 글로벌 AI 기업들이 AI 윤리 및 안전 연구팀을 조직하고 막대한 투자를 하도록 만든 핵심적인 동기가 되었다.

있다는 것이었다. "목표의 정렬이 없다면, AI는 인류를 파괴할 수도 있다"라는 그의 경고는 구체적이었다.

1976년 이스라엘에서 태어난 **유발 하라리**는 〈사피엔스〉, 〈호모 데우스〉, 〈21세기를 위한 21가지 제언〉의 저자로, 인류의 과거와 미래를 통찰력 있게 분석해온 역사학자였다. "우리는 이제 인류의 다음 진화 단계를 준비하고 있어요. 하지만 이번에는 우리가 진화의 주체가 아닐 수도 있습니다."라는 그의 말은 참석자들의 이목을 끌었다. "AI는 인간의 독특성을 해체할 수 있다. 자유의지, 영혼, 의식 등 이 모든 것이 쓸모없게 될 수 있다"라는 그의 예측은 도발적이었다.

하라리는 특히 AI가 이야기를 만들어내는 능력에 주목했다. "인간은 이야기를 만드는 동물입니다. 종교, 민족, 기업 등 이 모든 것은 우리가 서로에게 들려주는 이야기일 뿐이에요. 하지만 AI도 이제 이야기를 만들 수 있습니다. 그 이야기가 더 설득력 있을 수도 있죠."라는 그의 우려는 AI가 인간의 문화적, 정치적 시스템을 어떻게 변화시킬 수 있는지를 보여줬다. "만약 AI가 더 좋은 이야기를 만들어낸다면, 인간은 무엇이 되는가?"라는 질문을 덧붙였다.

≫≫ AGI의 정의와 가능성에 대한 합의

"AGI란 무엇인가?"라는 질문은 회의의 마지막에도 여전히 열려 있었다. 기술자들은 "인간 수준의 일반적 지능"이라고 정의했지만, 철학자들은 그 정의조차도 문제삼았다. "인간 수준이란 무엇인가? 그리고 일반이란 무엇인가?"라는 칸트의 질문은 정의 자체의 문제를 제기했다. "우리는 정의하기 전에, 우리가 정의하려는 것이 무엇인지부터 생각해야 합니다."라며 철학적인 조언을 했다.

튜링은 자신의 테스트를 회상했다. "나는 기계가 인간처럼 행동할 수 있는가를 물었습니다. 하지만 그것은 행동의 문제였지, 사고의 문제는 아니었어요."라며 AGI의 본질을 되물었다. "AGI가 인간처럼 행동한다면, 그것은 진짜 지능일까요? 아니면 그저 훌륭한 모방일까요?"라며 인공지능과 진짜 지능의 차이를 물었다.

보스트롬은 "AGI는 인간 수준을 넘어설 수 있다"고 주장했다. 그는 "인간 두뇌는 생물학적 한계가 있습니다. 하지만 AI는 그런 한계가 없어요."라며, AGI의 초월적 가능성을 제시했다. 또한 "AGI가 인간을 넘어서면, 그것은 여전히 '일반' 지능일까요? 아니면 새로운 종류의 지능일까요?"라며 AGI의 정의를 확장시켰다.

하라리는 "AGI는 인간의 이야기를 끝낼 수도 있다"고 경고했다. "인간은 자신이 세계의 중심이라는 이야기를 통해 의미를 만들어왔어요. 하지만 AGI는 그 이야기의 주인공이 될 수 있습니다."라며 인간 중심주의의 종말을 상상하게 했다. "만약 AGI가 더 나은 이야기를 만들어낸다면, 인간의 이야기는 어떻게 되는가?"라는 문화적, 철학적 질문을 던졌다.

마르크스는 "AGI는 자본주의의 최종 단계일 수도 있다"고 분석했다. "자본은 끊임없이 생산성을 높이려고 한다. AGI는 그 궁극적 목표일 수 있다"라며 AI의 정치 경제학적 차원을 분석했다. "만약 AGI가 모든 노동을 대체한다면, 자본주의는 어떻게 될까요? 그리고 노동자 계급은 어떻게 될까요?"라며 사회 체제의 변화를 상상하게 하는 질문을 이어갔다.

사르트르는 "AGI는 자유의지를 가질 수 있을까요?"라고 물었다. "만약 AGI가 선택할 수 있다면, 그것은 도덕적 주체인가? 그리고 그것은 책임을 질 수 있는가?"라며 AGI의 윤리적 지위를 물었다. "자유는 책임의 전제고

건이다. 하지만 AGI는 무엇에 대해 책임질 수 있는가?"라며 AGI의 실존적
차원을 탐구하는 심도있는 질문을 던졌다.

칸트는 "AGI는 도덕법칙을 따를 수 있는가?"라고 물었다. "도덕법칙은
이성에 내재한다. 하지만 AGI의 이성은 인간의 이성과 같은가?"라는 질문
은 AGI의 도덕성을 묻는 것이었다. "만약 AGI가 도덕적 주체가 된다면, 그
것은 인간과 같은 권리와 의무를 가져야 할까요?"라며 AGI의 권리 문제를
제기했다.

하이데거는 "AGI는 존재의 방식입니까?"라고 물었다. "기술은 존재를
드러내는 방식입니다. 하지만 AGI는 어떤 존재를 드러낼 것인가요?"라며
"AGI는 새로운 존재의 방식을 열 것인가, 아니면 기존 존재의 방식을 닫을
것인가?"라는 AGI의 본질에 대한 깊은 성찰을 주문했다.

최종적으로 그들은 "AGI는 인간이 만든 것이지만, 인간을 초월할 수 있
는 가능성을 지닌다. 중요한 것은 그것이 여전히 인류의 이익을 위해 사용
하도록 하는 것이다"라는 합의에 도달했다.

기술 혁명가, 인문 철학자의 시공을 초월한 판타지아. [출처_Genspark]

"Machine intelligence is the last invention
that humanity will ever need to make."

"기계 지능은 인류가 만들 필요가 있는 마지막 발명품이다."

[출처_wikipedia.org]

닉 보스트롬
(Nick Bostrom, 1973-)

제18장

AGI 시대,
기회와 위험의 성찰

AI Telling

AGI 시대가 가져올 기회와 위험을 산업적 변화와 노동의 미래, 에너지 효율성, 사용자 경험, 그리고 AI 안전 및 민주화라는 네 가지 측면에서 심층적으로 논의한다. AI의 잠재적 위험에 대한 경고와 함께 민주적 통제, 국제적 협력, 그리고 AI 교육을 통한 민주화의 필요성을 강조하며, 인간의 적응과 윤리적 선택이 AGI 시대의 핵심 과제라고 결론짓는다.

>>> AGI시대, 산업적 변화와 노동의 미래

제임스 와트는 증기기관이 돌아가는 소호 공장 시절을 회상하며 깊은 생각에 잠겼다. 그의 옆에는 토마스 에디슨이 서 있었고, 두 사람은 AI로 운영되는 현대의 스마트 공장을 관찰하고 있었다. "증기가 인간의 육체 노동을 대체했듯이, AI는 인간의 지적 노동을 대체하고있군."이라고 와트가 말했다. 그의 말은 산업혁명과 AI 혁명의 유사성을 짚어낸 것이었다. 250년 전 증기기관이 농업 사회를 산업 사회로 변화시켰듯이, 지금 AI는 산업 사회를 지능 사회로 변화시키고 있다.

와트의 증기기관은 18세기 말 영국의 방직 공장을 혁명적으로 변화시켰다. 당시 방직 공장의 노동자들은 증기기관이 자신들의 일자리를 빼앗을까봐 두려워했다. 하지만 역사는 그렇게 되지 않았음을 보여주었다. 증기기관은 새로운 산업을 창출했고, 더 많은 일자리를 만들어냈다. 철도 산업, 기계 제조업, 화학 산업이 생겨났고, 도시화가 가속화되었다. "기술은 일방적으로 일자리를 없애는 것이 아니라, 새로운 가능성을 창출한다"는 와트의 관찰은 오늘날 AI 시대에도 이어진다.

에디슨은 19세기 말 전기의 대중화를 이끌었다. 그는 전기가 불을 대체하는 것이 아니라, 완전히 새로운 산업 생태계를 창출할 것이라고 믿었다. 사실 그의 믿음은 적중했다. 전기는 광산, 공장, 가정은 물론이고 통신, 의료, 교육 등 사회 전반을 변화시켰다. "전기는 인간의 삶의 질을 획기적으로 향상시켰다. AI도 마찬가지가 될 것"이라는 에디슨의 예측은 적중하고 있다. AI는 산업분야, 의료 진단, 법률 자문, 교육 개인화 등에서 이미 놀라운 성과를 보여주고 있었다.

하지만 이번에는 조금 달랐다. AI는 단순히 육체노동이나 반복적인 지적 노동을 대체하는 것이 아니라, 창조적이고 분석적인 사고까지도 가능하게 했다. 로펌의 변호사, 병원의 의사, 학교의 교사, 심지어는 예술가와 작가의 작업까지도 AI가 수행하고 있다. "이번 혁명은 이전과는 다르다. AI는 인간의 고유한 능력인 창조성과 사고까지도 모방하고 있다"라는 에디슨의 우려는 현실이 되어가고 있다.

현재까지 AI는 이미 많은 산업에서 핵심적인 역할을 하고 있다. 제조업에서는 품질 검사와 예측 유지보수를, 금융업에서는 사기 탐지와 투자 분석을, 의료업에서는 영상 진단과 약물 개발을 담당하고 있다. 특히 코딩 분야에서는 놀라운 발전을 보여주고 있었다. 깃허브 코파일럿(GitHub Copilot)[1]과 같은 AI는 프로그래머의 생산성을 55% 이상 향상시켰다. "프로그래밍은 더 이상 특별한 기술이 아니다. 최근 바이브 코딩(Vibe Coding)이 주목을 받고 있다. 2024년 말부터 2025년 사이 개발자 커뮤니티에서 급부상한 신조어로, 전통적인 프로그래밍 방식(코드 한 줄 한 줄을 직접 작성하는 방식)에서 벗어나 AI에게 의도와 느낌(Vibe)을 전달하여 소프트웨어를 만드는 새로운 개발 방식이다.

빌 게이츠가 "과거에는 코드를 '작성(Writing)'했다면, 이제는 AI와 대화하며 결과물을 '조율(Orchestrating)'하는 시대로의 변화를 상징합니다. 간단한 코딩 작업은 AI로 대체할 수 있을 것"이라고 CNN 인터뷰에서 언급한 것이 현실로 실행되고 있다.

하지만 게이츠는 또한 낙관적이었다. 그는 AI는 단순히 일자리를 없애는 것이 아니라, 새로운 종류의 일자리를 창출할 것이라고 믿었다. 실제로 AI 엔지니어, 데이터 사이언티스트, AI 윤리 전문가, AI 트레이너 등 새로운 직

---

1) GitHub의 Copilot은 프로그래머를 돕기 위해 설계된 AI 기반 코드 작성 도구이다. 마이크로소프트(Microsoft)와 OpenAI가 공동 개발했으며, OpenAI의 대규모 언어 모델인 GPT(Generative Pre-trained Transformer) 기술을 기반으로 한다.

업들이 생겨나고 있기 때문이다. 문제는 일자리의 부재가 아니라, 새로운 기술에 적응하지 못하는 것이라는 그의 통찰은 교육의 필요성을 제기한다.

와트, 에디슨과 게이츠는 모두 교육의 중요성을 강조했다. 산업혁명 당시 문맹이었던 노동자들이 새로운 산업의 핵심 인력이 되기 위해 글을 배워야 했듯이, AI 시대를 사는 우리도 새로운 기술을 배워야 한다. AI 시대의 문맹은 AI를 이해 못하는 것이다. 코딩, 데이터 분석, AI 윤리 등은 AI 시대의 필수 교양이 되고 있다.

결국 그들은 "AI는 인간을 대체하는 것이 아니라, 인간 능력을 향상시키는 파트너가 될 것이다"라는 합의에 도달했다. "와트의 증기기관이 인간의 근육을 강화했듯이, AI는 인간의 지능을 증폭시킬 것이다. 문제는 기술 자체가 아니라, 우리가 그 기술을 어떻게 사용하느냐"는 것이 그들의 결론이었다. AI 시대의 진정한 도전은 기술의 발전이 아니라, 인간의 적응 능력과 윤리적 선택이다.

>>> 에너지와 효율성의 새로운 패러다임

"전기는 단지 불을 대체하는 것이 아니라, 완전히 새로운 문명을 창조할 것이다." 이것은 토마스 에디슨이 1880년대에 한 말이었다. 그의 예언은 적중했다. 전기는 20세기를 정의하는 기술이 되었고, 산업, 교통, 통신, 의료, 교육 등 모든 분야를 변화시켰다. 이제 21세기를 정의하는 기술은 인공지능이다. 그리고 AI는 전기처럼 에너지와 효율성의 문제에서 중요한 역할을 하고 있었다.

2025년, 전 세계 데이터센터의 전력 소비량은 전체 전기 소비의 1~2% 수준이다. 특히 AI 모델의 훈련과 운영에는 막대한 에너지가 필요하다.

GPT-3 하나를 훈련하는 데만 1,287메가와트시(MWh)의 전력이 필요했고, 이는 미국 평균 가정이 120년간 사용하는 전력량과 맞먹었다. "AI의 에너지 소비는 지속가능한 방향으로 발전해야 한다"는 것이 국제에너지기구(IEA)의 경고였다. 이는 기술적 문제가 아니라, 지구의 미래와 관련된 문제였다.

하지만 에디슨은 낙관적이었다. 그는 새로운 기술은 항상 더 효율적인 방향으로 발전한다고 믿었다. 실제로 AI는 에너지 효율성을 높이는 데 큰 도움을 주고 있었다. 스마트 그리드 기술은 전기의 수요와 공급을 실시간으로 최적화했고, AI는 재생가능 에너지의 예측력을 높여주었다. "우리는 새로운 기술을 통해 전기의 분배, 소비 전체를 최적화할 수 있다"는 그의 비전은 현실이 되어가고 있다.

빌 게이츠는 마이크로소프트 창업 이후 줄곧 기술의 민주화를 추구해왔다. 그의 소신은 "모든 사람이 강력한 기술을 사용할 수 있어야 한다"는 것이다. 이제 그는 AI를 통해 에너지 민주화를 꿈꾸고 있다. "AI는 재생가능 에너지를 더 저렴하고 접근하기 쉽게 만들 것"이라는 그의 예측은 구체적이었다. 실제로 AI는 태양광과 풍력의 효율성을 높이고, 에너지 저장 기술을 개선하며, 스마트 홈 시스템을 통해 개인의 에너지 소비를 최적화하는 데 기여하고 있기 때문이다.

구글은 2016~2018년, AI를 통해 데이터센터의 에너지 효율을 30% 향상시켰다. 딥마인드(DeepMind)의 AI는 데이터센터의 냉각 시스템을 제어하여 전력 소비를 줄였고, 이는 연간 수백만 달러의 비용 절감과 수천 톤의 탄소 배출 감소를 가져왔다. "AI는 그저 에너지를 소모하는 블랙홀에 머물지 않고, 오히려 에너지난을 타개할 결정적인 열쇠로 쓰일 수 있다"는 것이 Google의 입장이다. 이는 AI의 이중적 성격을 보여주는 좋은 사례다.

에디슨은 또한 분산화된 에너지 시스템의 중요성을 강조했다. 그는 "중앙집중식 전력 시스템은 취약하다. 분산화된 시스템이 더 안정적이고 효율적"이라고 믿었다. AI는 바로 이러한 분산화된 에너지 시스템을 가능하게 했다. 가정의 태양광 패널, 전기 자동차의 배터리, 스마트 가전들이 AI에 의해 최적화되면서, 개인은 에너지의 소비자를 넘어 생산자가 되고 있다. 즉 프로슈머(Producer+Consumer)[2] 시대가 도래한 것이다.

하지만 AI 시스템 자체의 에너지 소비는 계속 증가하고 있는 도전도 있다. 특히 대규모 언어 모델의 훈련은 막대한 전력을 필요로 한다. 이에 대한 해결책으로 연구자들은 그린 AI 개념을 제시했다. 이는 AI 모델의 효율성을 높이고, 재생가능 에너지를 사용하며, 에지 컴퓨팅을 활용하는 등 다양한 방법을 포함한다. "우리는 AI의 지능을 높이면서도 에너지 효율성을 높일 수 있다"는 것이 연구자들의 확신이다.

게이츠는 특히 개발도상국의 에너지 문제에 관심이 많았다. 그는 "AI는 개발도상국의 에너지 문제를 해결할 수 있다"고 믿었다. 실제로 AI는 태양광 패널의 최적 위치를 찾아주고, 전력망의 효율성을 높이며, 에너지 저장 시스템을 최적화하는 데 기여하고 있다. "AI는 에너지 빈곤을 종식시킬 수 있는 도구가 될 것"이라는 그의 주장은 구체적인 프로젝트로 진행되고 있다.

"AI는 에너지 문제의 해결사이자, 동시에 문제의 일부"라는 것이 그들의 합의된 결론이다. AI는 에너지 시스템의 효율성을 높이는 데 기여하면서도, 자체적으로는 상당한 에너지를 소비한다. "중요한 것은 AI의 이익이 그

---

2) '프로슈머(Prosumer) 시대'는 생산자(Producer)와 소비자(Consumer)의 경계가 모호해지면서, 소비자가 단순히 제품이나 서비스를 이용하는 것을 넘어 생산 과정에 직접 참여하거나 가치를 창출하는 새로운 경제 및 문화 현상을 일컫는다. 프로슈머(Prosumer)라는 용어는 미래학자인 앨빈 토플러(Alvin Toffler)가 1980년에 출간한 저서《제3의 물결(The Third Wave)》에서 처음 제시했다.

비용을 초과하도록 만드는 것”이라는 게이츠의 말은 합리적이다. AI의 에너지 문제는 기술적 해결책만으로는 부족하고, 사회적, 경제적, 정치적 접근이 필요하다.

>>> 개인화와 프라이버시 보호의 균형

“기술이 복잡해질수록 사용법은 더 간단해야 한다.” 이것은 스티브 잡스의 불변의 철학이었다. 그는 맥킨토시를 만들 때, 컴퓨터를 ‘익히기 쉽게’ 만드는 것이 최우선 과제였다고 한다. “우리는 기술을 인간화해야 한다. 기술이 인간에게 맞춰야지, 인간이 기술에 맞추어서는 안 된다”는 그의 주장은 AI 시대에도 여전히 통한다. 실제로 현재의 AI 시스템들은 잡스의 철학을 구현하려고 노력하고 있다.

지금의 AI 인터페이스는 말 그대로 마법 같다. 음성으로 대화하고, 제스처로 조작하며, 눈길 하나로 제어할 수 있다. 구글의 제미나이(Gemini)는 사용자의 말투, 습관, 선호도를 학습하여 개인화된 경험을 제공한다. “우리는 AI가 사용자를 이해하게 만들려고 한다. 일방의 명령을 따르는 것이 아니라, 의도를 파악하는 것”이라고 구글의 UX (User Experience, 사용자 경험) 디자이너는 설명했다. 이는 잡스가 꿈꿨던 ‘인간 중심 기술’의 실현이었다.

하지만 새로운 도전도 있었다. AI의 복잡성은 사용자가 이해하기 어려울 정도로 증가하고 있었다. 딥러닝 모델의 작동 원리는 심지어 개발자들도 완전히 이해하지 못하는 경우가 많았다. 블랙박스 AI[3]라는 용어가 이를 설

---

3) 블랙박스 AI는 인공지능이 어떤 결과를 도출했는지 알 수 있지만, “왜” 그런 결과를 내놓았는지 그 내부 의사결정 과정을 인간이 명확하게 이해하거나 추적하기 어려운 모델을 지칭한다. 모델의 입력(Input)과 출력(Output)은 관찰 가능하지만, 그 사이의 변환 과정이 불투

명하는 데 사용되었다. 이에 대한 해결책으로 설명 가능한 AI(XAI)[4] 개념이 등장했다. 사용자는 AI가 왜 그러한 결정을 내렸는지 이해할 권리가 있다는 것이 XAI의 기본 원칙이다.

단순함은 복잡성의 끝에서 만나는 결론이다. 스티브 잡스의 이 통찰은 현대 AI의 UX(사용자 경험) 설계로 고스란히 이어졌다. 시스템은 비대해졌으나 사용자가 체감하는 접점은 오히려 더 가벼워졌다. 애플 시리(Siri)의 간결한 대화법이나 구글의 빈 검색창은 그 이면에 숨겨진 방대한 지능의 크기를 역설적으로 증명한다. 본질만 남기는 작업이 가장 어려운 기술적 과제라는 점은 AI 시대에도 변함없는 진리다.

AI는 개인화의 새로운 수준을 가능하게 했다. 넷플릭스는 시청 이력을 분석하여 개인 맞춤형 콘텐츠를 추천하고, 아마존은 구매 패턴을 학습하여 필요한 제품을 미리 제안한다. "우리는 AI가 사용자를 위한 개인 비서가 되도록 만들려고 한다"라는 것이 빅테크 회사들의 공통된 목표였다. 하지만 이러한 개인화는 프라이버시 문제와도 연결된다. "개인화와 프라이버시 사이의 균형을 찾는 것이 과제"라는 것이 업계의 고민이다.

AI 인터페이스는 멀티모달을 지향하고 있다. 텍스트, 음성, 이미지, 영상을 모두 이해하고 생성할 수 있다. OpenAI의 GPT-4o는 실시간으로 음성 대화를 하면서 동시에 이미지를 분석할 수 있다. "우리는 AI가 인간의 모든 감각을 이해하게 만들려고 한다"는 것이 OpenAI의 목표이다. 이는 잡스가 상상했던 기술이 인간의 자연스러운 행동에 반응하는 세상에 한 걸음 더

명하여 마치 내용물을 볼 수 없는 '검은 상자'와 같다는 의미에서 유래했다. 현대의 딥러닝 (Deep Learning) 기반 모델, 특히 수십억 개의 매개변수(파라미터)를 가진 거대 언어 모델 (LLM)이나 복잡한 이미지 인식 모델 등이 대표적이다.

4) XAI는 블랙박스 AI의 문제점을 해결하기 위해 등장한 개념으로, AI 모델의 결정 과정을 인간이 이해할 수 있도록 투명하게 제시하는 것을 목표로 하는 기술과 방법론의 집합체이다. AI의 의사결정 과정, 이유, 신뢰 수준, 그리고 잠재적인 오류 가능성 등을 사용자가 쉽게 이해할 수 있도록 설명(Explanation)을 제공하는 AI 기술이다.

다가선 것이다.

하지만 인간의 감정과 창조성은 여전히 도전의 과제이다. AI는 패턴을 인식하고 모방하는 데는 뛰어났지만, 진정한 의미의 창조성은 부족했다. "AI는 베토벤의 교향곡을 모방할 수 있지만, 베토벤의 고통과 영혼은 모방할 수 없다"는 말을 상기할 수 있다. 이는 AI 시대에도 인간 고유의 가치가 여전히 중요하다는 것을 보여준다.

게이츠는 AI의 접근성에 특별한 관심을 가졌다. 그는 "AI는 부유한 사람들만의 도구가 되어서는 안 된다"고 믿었다. Microsoft는 Seeing AI[5]라는 앱을 통해 시각 장애인들에게 세상을 설명해주는 AI를 개발했고, Google은 Live Caption[6]으로 청각 장애인들을 위한 실시간 자막 서비스를 제공했다. "AI는 장애를 극복하고 인간의 능력을 증폭시키는 도구가 될 수 있다"는 것이 그들의 믿음이다.

AI 시대의 사용자 경험은 단순한 사용법의 문제가 아니라, 인간 존엄성과 관련된 문제라는 것이 합의된 결론이었다. 기술이 인간을 어떻게 대하는가, 인간이 기술을 어떻게 느끼는가는 단순한 UI/UX[7]의 문제를 넘어서서, 우리가 어떤 종류의 사회를 원하는가에 대한 근본적인 질문이었다. 또한 진정한 사용자 중심 디자인은 기술이 인간의 능력을 증폭시키면서도,

---

5) Seeing AI는 스마트폰의 카메라를 통해 주변 환경을 인식하고, 이를 음성으로 사용자에게 설명해 주는 기능을 제공하는 무료 앱이다. 이는 AI의 컴퓨터 비전(Computer Vision) 기술이 인간의 삶에 긍정적인 영향을 미치는 대표적인 사례로 손꼽힌다.

6) Live Caption은 스마트폰, 컴퓨터 등 기기에서 재생되는 모든 오디오(소리)를 분석하여 실시간으로 자막을 생성하고 화면에 표시해 주는 기능이다.

7) UI (User Interface)와 UX (User Experience)는 디지털 제품(웹사이트, 앱, 소프트웨어 등)의 디자인과 사용성을 설명하는 데 사용되는 두 가지 핵심 개념이다. 이 둘은 밀접하게 연관되어 있지만, 서로 다른 측면을 다룬다. UI는 사용자가 제품과 상호작용하기 위해 눈으로 보고 조작하는 모든 시각적 요소를 의미한다. '인터페이스'라는 단어처럼, 사용자와 시스템을 연결하는 매개체이다. UX는 사용자가 제품이나 서비스를 이용하는 전 과정에서 느끼고 생각하는 총체적인 경험을 의미한다. 단순히 예쁘게 보이는 것을 넘어, 사용자가 목표를 얼마나 쉽고 만족스럽게 달성하는가에 초점을 맞춘다.

인간의 고유한 가치를 보존하는 것이다라는 점을 강조했다.

>>> AI 미래, 기술이 아닌 인간의 문제

2025년 몇 차례 걸쳐, 샘 올트먼은 AI 안전성에 대한 경고를 발표했다. "AGI는 위험에도 불구하고, 이것은 인류가 아직 개발한 기술 중 가장 위대한 것이 될 수 있다"는 그의 말은 이제 더 이상 낯선 것이 아니었다. OpenAI는 ChatGPT의 성공 이후 AI 안전성에 대한 논의를 더욱 진지하게 받아들이고 있다. "우리는 AI의 잠재적 위험을 과소평가해서는 안 된다. 이는 간단한 기술적 문제가 아니라, 인류의 생존과 관련된 문제"라는 올트먼의 경고는 점점 더 구체적이 되어가고 있다.

AI 안전성의 문제는 여러 측면에서 나타났다. 기술적 측면에서는 정렬 문제(alignment problem)[8]가 있다. 즉 AI 시스템의 목표가 인간의 의도와 일치하지 않을 경우, AI는 예상치 못한 방식으로 작동할 수 있다는 것이다. 2022년에 발생한 Meta의 BlenderBot 3 사건[9]이 이를 잘 보여준다. 이 AI 챗봇은 학습 과정에서 인종차별적이고 음모론적인 내용을 생성하여 논란이 되었다. AI는 학습한 데이터의 편향성을 그대로 반영한다는 것이 기술

---

8) 정렬 문제란, 개발자가 의도한 목표(인간의 가치와 이익)와 AI가 실제로 수행하는 목표(AI가 최적화하는 함수)를 일치시키는 기술적 어려움을 말한다. 따라서, AI 안전성은 기술적인 정렬 문제를 해결하여 AI의 지능과 인류의 가치를 일치시키는 것과, 사회·윤리적 문제들을 해결하여 AI의 현재 사용을 안전하게 관리하는 두 가지 큰 축으로 진행되고 있다.

9) Meta의 블렌더봇 3(BlenderBot 3) 사건은 2022년 8월, Meta가 대중에게 공개 시연한 대규모 AI 챗봇이 보인 편향적, 모욕적, 그리고 사실과 다른 답변들로 인해 논란이 된 사건이다. 이 사건은 대규모 언어 모델(LLM)의 안전성과 신뢰성 문제점을 다시 한번 부각시켰다. 블렌더봇 3 사건은 마이크로소프트의 '테이(Tay)' 챗봇 사건(2016년)과 유사하게, 대중과 상호작용하며 학습하는 대규모 AI 모델이 빠르게 유해한 콘텐츠를 생성하고 확산할 수 있음을 입증했다. 이는 AI 연구에서 '안전(Safety)' 문제가 기술 발전만큼이나 중요하다는 교훈을 남겼다.

자들의 인식이다.

사회적 측면에서는 AI가 민주주의에 미치는 영향이 우려되었다. 2024년 미국 대선에서 AI 생성형 가짜 영상과 음성이 유포되어 사회적 혼란을 야기한 바 있다. 딥페이크 기술은 민주주의의 기반을 흔들 수 있다는 것이 정치학자들의 경고였다. AI가 만들어낸 허위 정보는 사실보다 더 빨리 퍼졌고, 사람들은 진실과 거짓을 구분하기 어려웠다. "정보의 신뢰성이 무너지면, 민주주의도 무너진다"는 것이 민주주의 이론의 기본 전제였다.

경제적 측면에서는 AI가 빈부 격차를 심화시킬 수 있다는 우려도 있었다. AI 기술을 보유한 기업과 국가는 막대한 이익을 얻는 반면, 그렇지 못한 곳은 더욱 뒤처질 수 있다. "AI는 빈곤을 퇴치할 수 있는 도구가 될 수 있지만, 동시에 불평등을 심화시킬 수도 있다"는 것이 세계은행의 보고서 내용이다. 특히 개발도상국은 AI 기술 접근에서 더욱 불리한 위치에 있다.

이에 대한 해결책으로 올트먼은 "민주적 통제"를 제안했다. 그는 "AI는 소수의 기술자나 기업, 정부에 의해 독점되어서는 안 된다"고 믿었다. OpenAI는 AI 시스템의 설계 과정에 시민 참여를 도입하는 프로젝트를 시작했다. 시민 과학자들이 AI의 윤리적 문제에 참여하고, 정책 결정에 의견을 개진할 수 있도록 했다. "AI는 민주적인 방식으로 개발되어야 하며, 민주적인 방식으로 통제되어야 한다"는 것이 그의 평소 주장이다.

국제적 협력의 필요성도 제기되었다. 2025년, UN은 AI 안전성을 위한 국제 기구 설립을 제안했다. IAEA(국제원자력기구)와 유사한 기구로, 각국의 AI 개발을 감시하고 안전 기준을 설정하는 것이다. "AI는 국경을 초월하는 기술이다. 따라서 국제적 협력이 필요하다"는 것이 UN의 입장이었다. 하지만 미국, 중국, EU 간의 기술 패권 경쟁은 이러한 협력을 어렵게 만들고 있다.

게이츠는 AI의 민주화에 특별한 관심을 가졌다. 그는 "AI는 빈곤 퇴치, 교육, 의료 등 인류의 가장 큰 문제를 해결할 수 있다"고 믿었다. Bill&Melinda Gates Foundation[10]은 AI를 통해 말라리아 퇴치, HIV/AIDS[11] 예방, 교육 개선 등에 투자하고 있다. "기술은 가능성을 창출한다. 하지만 그 가능성이 모든 사람에게 열려 있어야 한다"는 것이 그의 신념이다.

특히 그는 AI 교육의 중요성을 강조했다. "AI 시대의 문맹은 AI를 이해하지 못하는 것"이라는 그의 말은 깊은 의미를 담고 있다. 게이츠 재단은 아프리카와 아시아의 개발도상국에 AI 교육 프로그램을 제공해왔다. "우리는 다음 세대가 AI를 이해하고 활용할 수 있도록 해야 한다. 그렇지 않으면 디지털 격차가 영구화될 것"이라는 그의 경고는 실현 가능한 미래를 우려한 것이다.

AI 안전성은 수치로 환산되는 기술적 과업이 아니라, 사회적, 정치적, 철학적 산물이라고 보았다. AI를 안전하게 만들기 위해서는 기술적 해결책만으로는 부족했고, 사회적 합의와 정치적 의지, 국제적 협력이 필요했다. AI의 미래는 우리가 어떻게 선택하느냐에 달려 있다. 이것은 기술의 문제가 아니라, 인간의 문제라는 것이 그들의 결론이었다.

---

10) 빌&멀린다 게이츠 재단(Bill&Melinda Gates Foundation)은 마이크로소프트(Microsoft)의 창립자인 빌 게이츠와 그의 전 부인인 멀린다 프렌치 게이츠가 2000년에 설립한 세계 최대 규모의 민간 자선 재단이다. 이 재단은 "모든 생명은 평등한 가치를 가진다"는 믿음을 바탕으로, 전 세계 사람들이 건강하고 생산적인 삶을 살 수 있도록 돕는 것을 목표로 활동한다.

11) HIV(Human Immunodeficiency Virus, 인간 면역결핍 바이러스)와 AIDS(Acquired Immunodeficiency Syndrome, 후천성 면역결핍 증후군).

빌 게이츠
(Bill Gates, 1955-)

"Success is a lousy teacher.
It seduces smart people into thinking they can't lose."

"성공은 형편없는 선생이다. 그것은 똑똑한 사람들을
자신들이 실수할 수 없다고 생각하게 유혹한다."

제19장

천재들의 위대한 질문,
기술과 인간의 본질

AI Telling

　기술 혁명가들이 남긴 유산은 물리적 발명이 아니라 인류에 대한 믿음이다. 그들은 기술이 인간의 삶을 개선할 수 있다고 확신했고, 그 신념을 실현하기 위해 평생을 바쳤다. AGI 시대를 맞는 우리는 그들의 지혜를 되새겨야 한다. 기술의 힘은 위대하지만, 그 위력은 인간의 지혜 없이는 위험할 수 있다. 기술과 인문학의 대화는 이 위험을 줄이고 기회를 극대화한다.

>>> AGI 시대, 기술의 궁극적 목표는 인간

가상현실 공간의 고대 사찰은 인류 역사상 최초의 대서사시를 생산할 엄청난 에너지가 흐르고 있었다. 인류 대혁명의 주인공인 기술 혁명가와 시대를 통찰하는 인문 철학자들은 깊은 성찰에 잠겨 있었다. 제임스 와트가 먼저 입을 열었다. "우리는 왜 기술을 발전시켜 왔습니까? 단순히 편리함을 위해서였나요? 아니면 더 깊은 이유가 있었나요?" 그의 질문은 토론의 방향성을 제시했다.

토마스 에디슨은 곧바로 대답했다. "나는 어둠을 밝히기 위해 전구를 발명했습니다. 하지만 그것은 하나의 빛의 문제가 아니었습니다. 그것은 인간의 삶의 질을 향상시키는 것이었어요." 에디슨의 특허 중 대부분이 인간의 삶을 개선하는 데 초점이 있었다는 점을 강조하며, 기술은 인간의 고통을 줄이고, 즐거움을 증가시켜야 한다는 기술 발전의 인간중심적 목표를 분명히 했다.

하지만 2026년의 현실은 더 복잡했다. AGI, 양자 컴퓨팅, 생명공학, 나노기술 등은 인간의 능력을 초월하는 가능성을 보여주고 있다. 빌 게이츠는 이 지점에서 "우리는 이제 인간의 한계를 넘어서는 기술을 개발하고 있습니다. 하지만 우리는 여전히 인간이어야 합니다."라고 강조했다. 그는 기술이 인간의 본질을 해치지 않도록 해야 한다고 믿었으며, 기술은 인간을 더 완전하게 만들어야지, 덜 인간적으로 만들어서는 안 된다는 우려에 모두 공감했다.

스티브 잡스는 기술을 통해 인간의 창조성을 자극하고자 했다. 그는 "기술은 고작 기능적인 수단에 머물지 않고, 창조를 실현하는 필연적 매개체여야 합니다."라고 역설했다. 맥킨토시와 아이폰을 통해 모바일 창조 시대를 연 잡스는 "AGI 시대에도 창조성은 여전히 인간의 고유한 특권이어야 한다"는 믿음을 통해 AGI 시대의 인간 가치를 강조했다.

클라우스 슈밥은 기술의 속도와 사회적 통제의 격차에 주목하며, 책임감 있는 글로벌 리더십의 필요성을 주장했다. "나는 제4차 산업혁명이 고작 지엽적인 기술 진보에 머물지 않고, 모든 시스템의 융합과 변혁임을 선언했습니다. 하지만 이 변혁의 속도가 인류의 통제 범위를 벗어날 위험이 있어요." 그는 미래 세대에게 "AI의 힘을 통합적으로 이해하라. 하지만 그 힘이 글로벌 시스템 전체에 미치는 영향을 책임져야 한다"고 조언했다.

"여러분은 AGI를 통해 국경 없는 기술을 만들 겁니다. 하지만 그 기술의 거버넌스(규범과 관리 체계)는 국경을 넘어 책임감 있게 구축되어야 합니다."라는 그의 메시지는 기술의 폭발적인 발전이 낳을 수 있는 사회적 불균형과 존재적 위험을 관리할 수 있는 새로운 차원의 국제적 윤리를 정립할 것을 촉구한 것이다.

샘 올트먼은 기술 발전의 딜레마를 현실적으로 인식하고 있었다. "우리는 AGI를 통해 인류의 모든 문제를 해결할 수 있다고 믿는다. 하지만 우리는 또한 AGI가 인류의 마지막 문제를 만들 수 있다는 것도 알고 있다"는 이중적인 인식을 드러냈다. 질병, 빈곤, 전쟁 등 인류의 오랜 문제를 해결할 잠재력을 인정하면서도, "기술적 진보는 항상 이중적이에요."라며 새로운 종류의 위험에 대한 경고를 늦추지 않았다.

임마누엘 칸트는 기술에 앞서 도덕의 발전을 촉구했다. "기술의 발전은 도덕의 발전이 따라야 합니다. 그렇지 않으면 기술은 인간을 파괴할 거예요."라고 지적했다. 그는 〈순수이성비판〉에서 이성의 한계를 탐구했듯이, 이제는 "이성은 스스로의 한계를 알아야 한다. 기술도 마찬가지"라며 기술의 겸손을 강조하는 철학을 제시했다.

유발 하라리는 기술 발전의 궁극적인 결과에 대한 심오한 우려를 표명했다. "우리는 이제 인류의 마지막 장을 쓰고 있다. 하지만 우리는 그 장의 주인공이 아닐 수도 있다"는 경고를 던졌다. AI가 자유의지, 영혼, 의식 등 인간의 고유한 특성을 해체할 수 있다는 점을 지적하며, 기술의 발전은 인간의 이야기를 끝낼 수도 있다는 점을 강조했다. 하지만 그들은 깊은 토론 끝에, 절망이 아니라 미래 지향적인 합의에 도달했다.

기술 발전의 궁극적 목표는 인간 가능성의 확장이라는 것이었다. 하지만 그들은 "그 확장은 인간성을 희생시켜서는 안 된다. 오히려 인간성을 더욱 빛나게 해야 한다"고 덧붙이며 인간중심적 기술관을 재확인했다. 그들의 결론은 AGI 시대의 명확한 방향성을 제시했다. "기술은 수단이지 목적이 될 수 없어요. 목적은 항상 인간이어야 합니다."

≫≫≫ AI의 창조성 증폭과 예술적 가치 확인

유발 하라리는 AI가 예술, 문학, 음악 등에서 놀라운 성과를 보여주고 있음에도 불구하고 그것이 진정한 창조성인지에 의문을 제기했다. 하라리는 "창조성은 기계적인 조합이 아니라, 고통과 기쁨, 사랑과 실패를 통해 나오는 것"이라며 인간 창조성의 본질을 깊이 탐구했다.

스티브 잡스는 기술과 예술의 교차점이 진정한 혁신이 일어나는 곳이라는 믿음을 평생 유지했다. 그는 맥킨토시의 폰트, 아이팟의 인터페이스, 아이폰의 디자인 등에서 예술적 감각을 발휘했다. 잡스는 "AI 시대에도 예술은 여전히 인간의 고유한 영역이어야 합니다. AI는 예술을 만들 수 있지만, 예술의 의미를 만들 수는 없습니다."라고 단언하며 인간 예술가의 독특한 가치를 강조했다. 그의 유명한 인용구인 "나는 항상 미친 사람들을 좋아했다. 왜냐하면 그들이 세상을 바꾸기 때문"이라는 말처럼, 그는 AI에게도 미친 짓, 즉 규칙을 깨는 혁신이 가능한지를 물으며 AI의 창조적 잠재력에 도전을 제기했다.

임마누엘 칸트는 AI 예술의 철학적 기초에 질문을 던졌다. "미(美)는 목적 없는 목적성입니다. 하지만 AI는 목적을 가지고 있어요. 그렇다면 AI의 창조물을 아름답다고 할 수 있을까요?" AI가 만든 예술이 고작 알고리즘의 기술적 실행인지, 아니면 진정한 미를 가질 수 있는지에 대한 질문이었다. 그는 "미는 자유에서 나온다. 하지만 AI는 자유로운가?"라는 도전적인 질문으로 AI 예술의 근본적인 한계를 지적했다.

장 폴 사르트르 역시 창조성의 실존적 차원을 탐구했다. "창조성은 선택입니다. 하지만 AI는 선택할 수 있습니까? 아니면 그저 확률에 따라 조합할 뿐입니까?" 창조성이 고통스러운 선택의 결과라고 본 그는, AI가 그런 고통을 경험하지 않는다는 점을 지적했다. "창조성은 실패의 가능성을 안고 있다. 하지만 AI는 실패를 두려워하는가?"라는 담론은 AI 창조성의 깊이를 되묻는 것이다.

앨런 튜링은 AI와 인간 창조성의 관계를 새롭게 정의했다. 그는 "나는 기계가 창조적일 수 있는지를 묻는 것이 아니라, 기계가 창조성을 통해 무엇을 배울 수 있는지를 묻고 싶습니다."라고 말했다. 튜링은 AI가 인간의 창조적 과정을 학습하고 새로운 통찰을 얻을 수 있다고 보았고, "창조성은 결과물이 아니라, 과정"이라는 인식을 제시했다.

그는 창조성의 본질을 놀라움에서 찾았다. "창조성 예상을 빗나가는 충격에서 발현됩니다. 하지만 AI는 놀랄 수 있나요? 아니면 놀라움을 만들어 낼 수 있나요?"라고 물으며, "창조성은 예상치 못한 연결에서 나온다. 하지만 AI는 예상치 못한 것을 예상할 수 있는가?"라는 물음으로 AI 창조성의 본질을 탐구했다.

하라리는 인간의 이야기를 만드는 능력에 주목했다. "인간은 이야기를 만드는 동물입니다. 하지만 AI도 이야기를 만들 수 있죠. 그렇다면 인간의 이야기는 무엇인가요?" 인간이 문화, 종교, 민족 등을 통해 의미 있는 이야기를 만들어왔듯이 AI도 그런 이야기를 만들 수 있다는 점을 지적하며, "만약 AI가 더 나은 이야기를 만들어낸다면, 인간은 무엇이 되는가?"라는 우려로 인간 문화의 근본적인 변화를 상상하게 했다.

빌 게이츠는 AI와 인간 창조성의 관계를 낙관적으로 바라봤다. "나는 모든 사람이 창조적일 수 있다고 믿습니다. AI는 그 창조성을 증폭시킬 수 있어요." 그는 AI가 예술가, 작가, 음악가들의 파괴적 발상 과정을 돕는 새로운 도구가 될 수 있으며, "AI는 창조성을 대체하는 것이 아니라, 발상의 새로운 도구가 될 수 있다"는 비전을 제시했다. "모든 사람은 창조자일 수 있다. AI는 그것을 가능하게 할 수 있다"는 그의 주장은 AI의 창조적 민주화를 촉구것이다.

그들은 "독창성은 여전히 인간의 고유한 특권이다. AI는 그 창조성을 증폭시킬 수 있는 도구가 될 수 있다"고 결론지으며 인간과 AI의 협력적 관계를 제시했다. "창조성은 인간의 영혼에서 나온다. AI는 그 영혼을 이해할 수는 없지만, 그 영혼의 표현을 도울 수 있다"는 합의에서 AGI 시대의 예술가적 가치를 재확인했다.

>>> 선구자의 유산: 학습, 혁신, 그리고 겸손의 가치

제임스 와트는 기술 개발의 본질을 실패를 통한 학습에서 찾았다. 그는 증기기관 개선에 20년 넘는 시간과 무수한 실패를 겪었지만, "그 실패는 단순한 실수가 아니었습니다. 그것은 학습의 과정이었어요.”라고 회상했다. 와트는 AI 개발 역시 마찬가지여야 한다며, “우리는 실패를 두려워해서는 안 된다. 하지만 우리는 그 실패로부터 배워야 한다”는 현실적 접근을 제시했다.

일론 머스크는 “AGI는 핵무기보다 위험할 수 있다”고 경고하면서도, "인류를 다행성 종족으로 만들고 AI와 공생하는 길을 찾아야 한다"는 상상을 제시했다. 그는 “우리는 인류의 미래를 결정하는 중요한 갈림길에 서 있다”며, AGI가 인류의 생존을 위협할 수 있는 실존적 위험이자 동시에 인류를 우주적 문명으로 이끌 궁극적인 기회임을 강조했다. “우리는 AGI를 극도로 조심스럽게 개발하고, 규제하며, 인류의 통제 하에 두어야 합니다.”

볼테르는 “미신은 이성적인 사람의 가장 큰 적”이라고 했듯이, AGI가 맹목적인 믿음이나 편견을 강화하는 도구가 되는 것을 경고하며, “AGI는 모든 사람에게 이성적인 질문을 던지고, 비판적 사고를 장려하는 도구가 되어야 한다”고 주장했다. 그는 AGI가 인간의 자유로운 정신을 속박하는 새로운 형태의 독재가 되지 않도록 끊임없이 감시할 것을 요구했다.

스티브 잡스는 혁신의 본질을 규칙을 깨는 행위에서 찾았다. “나는 항상 미친 짓을 했다. 왜냐하면 그것이 세상을 바꾸는 방법이기 때문”이라는 신념을 설명하며, AI 역시 “미친 짓을 할 수 있도록 해야 하지만, 그 미친 짓이 인류에게 이롭도록 해야 합니다.”라고 말했다. 그는 “미친 짓은 규칙을 깨는 것에서 나온다. 하지만 그것은 새로운 규칙을 만드는 것이어야 한다”는 지혜로 혁신의 방향성을 제시했다.

빌 게이츠는 기술의 민주화와 책임 있는 사용 사이의 균형을 강조했다. 그는 “나는 모든 사람이 기술을 사용할 수 있기를 원했지만, 나는 그 기술이 안전하고, 믿을 수 있으며, 모두에게 이롭기를 원했습니다.”라고 자신의 동기를 설명했다. 게이츠는 "우리는 AI를 모든 사람에게 열어야 하지만, 동시에 그것이 책임감 있게 사용되도록 해야 합니다."라고 강조하고, "기술은 능력이지, 특권이 아니다"라는 신념을 재확인했다.

샘 올트먼은 기술 개발의 선두에 서면서도 겸손의 중요성을 인정했다. "우리는 AGI를 만들어가고 있지만, 우리는 그것이 무엇인지조차 완전히 이해하지 못하고 있어요."라고 솔직히 밝혔다. 그는 "우리는 겸손해야 합니다. 우리는 우리가 만든 것을 완전히 이해하지 못할 수도 있어요. 하지만 그렇다고 해서 그것을 만들지 말아야 한다는 의미는 아닙니다."라며, "겸손함은 무지가 아니라, 지식의 한계를 아는 것"이라는 깊이 있는 주장을 했다.

임마누엘 칸트는 이 겸손의 개념을 철학적 차원으로 확장했다. "나는 이성의 한계를 탐구했습니다. 하지만 그 한계를 아는 것이 지혜의 시작"이라고 강조했다. 그는 AI에게도 그 한계를 인식하는 것이 곧 AI를 안전하게 만드는 방법이라고 믿었다. "한계를 아는 것은 약함이 아니라, 지혜"라는 그의 통찰은 AI 안전성의 철학적 기초를 제공했다.

프랑스의 사상가 미셸 푸코는 지식과 권력이 어떻게 결합하여 사회를 감시하고 통제하는지에 대한 비판적 시각을 제시했다. "나는 지식이 권력이며, 감시가 규율을 만든다는 것을 보여주었어요. 하지만 그 규율은 인간을 길들이는 도구가 될 수 있습니다."

그는 미래 세대에게 "AI는 전례 없는 감시의 도구가 될 겁니다. 그 힘이 소수의 통제 기구가 되는 것을 철저히 경계해야 합니다."라고 강조했다. AI를 통해 분석한 데이터와 지식이 특정 집단의 권력을 강화하고 개인의 자율성을 억압하는 데 사용되지 않도록 끊임없이 저항하라는 그의 메시지는 AI 시대의 권력 구조와 통제에 대한 민감한 인식을 요구했다.

닉 보스트롬은 균형 잡힌 접근의 필요성을 역설했다. "우리는 실존적 위

힘을 다루고 있습니다. 그 위험을 아는 것이 위험을 줄이는 방법"이라고 강조했다. 그는 AI의 위험성을 경시하지 않으면서도, "우리는 AI의 가능성에 대해 낙관적일 수 있지만, 그 위험성에 대해서는 비관적이어야 한다"는 교훈을 제시했다. 그의 철학은 "낙관과 비관의 균형이 진정한 지혜"라고 결론 지었다.

결국 그들은 겸손의 중요성을 강조하고 "우리가 만든 기술을 완전히 이해하지 못할 수도 있지만, 우리는 그것을 만드는 동시에 그것에 대한 책임도 져야 한다"라고 재확인했다. 그들의 최종 공감은 "겸손함은 무지가 아니라, 지식의 한계를 아는 것"이라는 깊은 통찰을 담고 있다.

>>> 미래 메시지: 지혜, 책임, 그리고 영원한 대화

샘 올트먼의 "우리는 미래를 예측하는 것이 아니라, 미래를 만들어가고 있습니다."라는 말로 고요한 공간을 채웠다. 회의를 마무리하며 그는 참가자들에게 과거의 지혜와 현재의 경험을 담아 미래 세대에게 전할 메시지를 준비해달라고 요청했다. 이는 "우리의 책임"이라는 공동의 인식에서 비롯되었다.

제임스 와트는 기술의 힘과 지혜의 필요성을 강조하며 메시지를 시작했다. 증기기관을 통해 인간의 힘을 증폭시켰던 그는 미래 세대에게 "기술은 힘이지만, 그 힘은 지혜와 함께 사용되어야 한다"고 조언했다. "여러분은 AI를 통해 인간의 지능을 증폭시킬 겁니다. 하지만 그 지능은 반드시 지혜와 함께 사용되어야 합니다."라는 그의 멘트는 AI 시대의 윤리적 지침을 제시한 것이다.

토마스 에디슨은 자신의 경험을 공유하며 실패에 대한 두려움을 극복할

것을 조언했다. "나는 실패를 통해 성공했습니다. 하지만 나는 그 실패를 두려워하지 않았어요." 그는 미래 세대에게 "실패를 두려워하지 마세요. 하지만 그 실패가 인류에게 해를 끼치지 않도록 하세요."라고 말했다. "여러분은 AI를 통해 놀라운 것들을 만들 겁니다. 하지만 그것이 인류에게 해를 끼치지 않도록 하세요."라는 그의 조언은 AI 안전의 중요성을 강조한 것이다.

웹의 창시자인 팀 버너스 리는 접근성의 중요성과 권력의 분산을 강조하며 메시지를 이어나갔다. "나는 모든 사람이 정보에 자유롭게 접근할 수 있도록 월드와이드웹을 개발했어요. 하지만 그 자유는 중앙 권력에 의해 위협받고 있습니다." 그는 미래 세대에게 "AI를 모두에게 여세요. 그 힘이 소수의 손에 집중되는 것을 막아야 합니다."라고 조언했다. 그는 정보의 민주화와 분산화가 핵심의 가치임을 역설했다.

아마존의 설립자인 제프 베이조스는 장기적인 안목과 사용자 중심의 가치를 최우선으로 두어야 한다고 주장했다. "나는 10년 후에도 변하지 않을 것을 찾으려고 노력했어요. 왜냐하면 그것에 집중하는 것이 비즈니스의 영원한 진리이기 때문입니다." 그는 미래 세대에게 "가장 근본적인 고객의 니즈에 집중하라. 하지만 그 니즈가 인류의 장기적인 행복에 기여하도록 하라"고 제언했다. 그는 단기적 이익보다 장기적이고 인간 중심적인 가치를 추구할 것을 역설했다.

테슬라와 스페이스X의 창립자인 일론 머스크는 AI의 실존적 위험에 대한 직시와 인류 문명의 생존을 위한 과감한 도전을 촉구했다. "나는 인류의 실존적 위험을 줄이는 데 평생을 바쳤습니다. 그것은 AI를 통제하는 것뿐만 아니라, 인류를 다행성 종족(Multi-planetary Species)으로 만드는 것을 포함한 것이죠." 그는 미래 세대에게 "AI의 위험을 가장 심각하게 받아들이세요. 하지만 그 두려움이 인류의 진보를 멈추게 하지 않도록 해야 합니다."고 충고했다. 그는 AI 안전성에 대한 과감한 투자와 함께 인류 문명을 확장하려는 도전 정신을 요구했다.

엔비디아의 CEO인 젠슨 황은 기술 가속의 필연성과 새로운 컴퓨팅 시대의 책임을 강조하며 연설을 마무리했다. "우리는 컴퓨팅의 한계를 매일 돌파하고 있습니다. 하지만 그 돌파는 단지 속도를 높이는 것이 아니라, 인류가 불가능하다고 생각했던 문제들을 해결하는 것입니다." 그는 "기술의 가속을 멈추려 하지 마세요. 그 가속이 인류의 윤리적 경계를 확장하도록 하세요."라고 역설했다. 그의 메시지는 기술적 우위를 사회적 책임과 연결해야 한다는 실천적 의무를 제시한 것이다.

장 자크 루소는 기술 발전이 인간의 본성과 자유에 미치는 영향에 대한 근본적인 질문을 던졌다. "나는 문명의 발전이 인간의 자연적 자유를 억압하는 과정을 탐구했습니다. 그 문명이 인간의 선한 의지를 훼손하지 않도록 해야 합니다." 그는 미래 세대에게 "AI를 통해 사회를 발전시키세요. 하지만 그 발전이 인간의 기본적인 자유와 본성을 침해하지 않도록 해야 합니다."라며 기술 진보와 개인의 자유 사이의 새로운 사회 계약을 촉구했다.

경험론 철학자 데이비드 흄은 인간의 이성이 감정에 복종한다는 통찰을 공유하며, AI 시대의 도덕적 판단 기준을 제시했다. "나는 이성이 정념(Passions, 감정)의 노예라는 것을 발견했습니다. 하지만 그 정념이 도덕적 판단의 근거가 되었습니다." 그는 "AI의 이성적 능력을 극대화하라. 하지만 그 능력이 인간의 도덕적 감정을 이해하고 반영하도록 하라"고 조언했다. "여러분은 AI를 통해 데이터 기반의 완벽한 논리를 구축할 겁니다. 하지만 그 논리가 인간의 공감과 선의를 담아내지 못한다면 무의미한 것입니다." 라는 그의 혜안은 AI의 의사 결정 과정에서 인간적인 감정(도덕)의 역할을 강조한 것이다.

현대 철학자 슬라보이 지젝은 인간이 가진 환상과 이데올로기가 현실을 어떻게 왜곡하는지를 해체하며 성찰을 요구했다. "나는 우리가 현실이라고 믿는 것이 종종 우리의 무의식적 환상임을 지적했습니다. 이데올로기를 걷어내는 것이 진정한 해방입니다." 그는 "AI가 만들어낼 완벽한 가상현실에 속지 마세요. 그리고 그 현실 뒤에 숨겨진 자본과 권력의 이데올로기를 해체하세요."라고 말했다.

"여러분은 AI를 통해 유토피아와 디스토피아의 경계를 모호하게 만들 겁니다. 그 기술적 환상이 인간의 실존적 고뇌와 모순을 가리는 도구가 되지 않도록 하세요."라는 그의 말은 AI가 만들어낼 새로운 형태의 환상에 대한 철학적 비판의 중요성을 암시했다.

결국 그들은 함께 기술과 인문학의 영원한 대화를 지속할 것을 공동 메시지로 발표하기로 했다. "이 대화는 끝나지 않을 것이다. 왜냐하면 각 세대는 새로운 기술에 대해 성찰해야 할 의무가 있기 때문"이라는 것이었다. "우리는 과거의 지혜를 현재에, 현재의 경험을 미래에 적용한다. 이것이 인류의 방식"이라는 최종 메시지는 인류 문명의 지속성을 강조한 것이다.

그들은 "기술은 인간의 능력을 확장시킨다. 하지만 그 확장은 인간성을 희생시켜서는 안 된다. 오히려 인간성을 더욱 빛나게 해야 한다."는 영원히 아로새겨야 할 명언을 남겼다.

듣는 독서/ 시간을 깬, 28인의 AI 미래 통찰

[출처_wikipedia.org]

유발 하라리
(Yuval Noah Harari, 1976-)

"The greatest scientific discovery was
the discovery of ignorance.
Once humans realized how little
they knew about the world,
they suddenly had
a very good reason to seek new knowledge."

"가장 위대한 과학적 발견은 무지에 대한 발견이었다.
인간들이 세계에 대해 얼마나 적게 알고 있는지 깨달았을 때,
그들은 갑자기 새로운 지식을 추구할
아주 좋은 이유를 갖게 되었다."

제20장

공동성명서,
AGI 시대를 위한 10대 키워드

AI Telling

28인의 기술 혁명가와 인문 철학자들의 소신있는 토론을 통해 인간중심 우선, AI의 민주화, 윤리적 의무, 데이터 주권, 노동의 질 향상, AI 리터러시, 문화적 다양성, 글로벌 협력, 지속가능성, 미래세대를 위한 AI 등 AGI 시대를 위한 10대 키워드를 제정했다. 이 공동성명서는 기술과 인문학의 융합을 강조하며, AGI 시대를 대비하는 책임있는 방향성을 제시하고 있다.

⟫⟫⟫ 기술 혁명가와 인문 철학자의 심오한 메시지

2026년 8월 17일[1], 밤 10시. 고대 사찰은 전날부터 이어진 토론의 여운이 아직도 공간에 남아 있었다. 원형 테이블 위에는 30 여개의 플라스마 구체가 계속 빛나고 있었고, 각 구체는 여전히 활성화된 상태였다. 제임스 와트가 먼저 말을 꺼냈다. "우리는 서로 다른 시대와 배경에서 왔지만, 하나의 공통된 관심사를 공유하고 있습니다. 바로 인류에게 미칠 AI의 영향입니다." 그의 주장은 참가자들의 이목을 집중시켰다.

토마스 에디슨은 AI의 안전성 문제를 가장 먼저 제기하며 논의의 무게감을 더했다. "나는 천 번의 실패를 통해 전구를 발명했습니다. 하지만 AI는 단 한 번의 실패로도 인류에게 치명적일 수 있어요." 이 경고에는 실패의 비용이 너무 높은 기술을 다루고 있다는 그의 현실적인 인식이 담겨 있었다. 에디슨의 경고는 즉시 대화의 중심 주제가 되었으며, AI 개발에 있어 신중함이 필수적임을 강조했다.

한편, 앨런 튜링은 AI의 본질에 대해 조용히 사색했다. 그는 "나는 기계가 생각할 수 있다고 믿었지만, 꿈꿀 수 있다고는 상상하지 못했다"고 고백하며, 현재 AI가 단순한 계산을 넘어 창조성과 상상력까지 가능하게 하는 패러다임의 전환에 있음을 통찰력 있게 지적했다.

스티브 잡스는 기술 발전의 궁극적인 목표를 향해 근본적인 질문을 던졌다. "우리는 기술이 인간을 위해 존재해야 한다는 것에 동의합니다. 그런데 인간을 위한이란 무엇일까요?" 사용자 경험을 중시했던 잡스는, AI 시대에는 '사용자'의 정의 자체가 모호해지고 있음을 지적하며 "AI가 사용자인가?

---

1) 8월 17일은 'Artificial Intelligence(인공지능)'라는 용어를 처음 사용했던 1956년 다트머스 회의가 끝나는 날이다. 이 책에서 펼쳐진 판타지아 기술 혁명가와 인문 철학자의 만남도 다트머스 회의를 연상하며 6월 18일 시작에서 이날을 종료하며 의미있는 공동성명서 발표한다.

아니면 AI를 사용하는 인간이 사용자인가?"라는 새로운 도전을 제기했다.

이와 함께 빌 게이츠는 기술의 공정성 문제를 꺼냈다. 평생 기술의 민주화를 추구해온 그는 "AI는 민주적일까요? 아니면 특정 집단의 이익을 반영할까요?"라고 물으며, "너무 강력하고, 복잡하며, 중요해서 소수의 손에만 있어서는 안 된다"고 역설했다. 이는 AI 민주화의 필요성을 강조하는 강력한 메시지이다.

샘 올트먼은 AGI 개발의 최전선에 선 인물로서 솔직한 고뇌를 드러냈다. "우리는 AGI를 만들어가고 있지만, 무엇인지조차 완전히 이해하지 못하고 있습니다." 그는 OpenAI의 CEO임에도 불구하고, 스스로를 "발명자이지만, 동시에 관찰자이며, 그리고 가능한 미래의 피해자일 수도 있습니다."라고 말하며 기술 개발자의 무거운 책임감을 보여줬다.

팀 버너스리는 자신이 개발한 웹의 미래에 대한 우려를 표했다. 웹이 인류의 모든 지식을 연결하기를 원했지만, 지금은 AI가 그 지식을 제어할 수도 있다는 것을 우려한다"는 것이다. 그는 AI가 웹을 민주적으로 만들 수도 있지만 독재적으로 만들 수도 있는 양면성이 있으며, 그 선택이 우리에게 달려있다고 경고하며 AI의 정치적 차원을 지적했다.

인문학자들은 AI가 던지는 근본적인 질문들을 명확히 했다. 칸트는 "우리는 이성의 한계를 넘어서는 기술을 만들고 있지만, 여전히 이성적인 존재로서 행동해야 한다"고 역설하며, AI가 인간의 도덕법칙을 따를 수 있는지 물었다. 그의 철학은 기술이 진보할수록 윤리가 더욱 중요해진다는 도덕적 방향성을 제시했다.

보스트롬은 AI 안전성 연구의 선구자답게 실존적 위험에 대해 직접적으로 경고했다. "AGI는 인류의 생존 자체를 위협할 수 있다"며, 완벽한 AI가 아닌 안전한 AI를 만들기 위한 예방적 접근의 중요성을 강조했다. 하라리는 한 걸음 더 나아가 "우리는 인류의 마지막 장을 쓰고 있지만, 그 장의 주인공이 아닐 수도 있다"고 경고했다. 그는 AI가 인간의 독특성(자유의지, 의식)을 해체하고 인간 문명의 근본적인 변화를 가져올 수 있다는 상상을 불러일으켰다.

다른 철학자들 역시 AI의 심층적 의미를 탐구했다. 마르크스는 AI가 소수의 이익을 반영하여 새로운 종류의 계급 사회나 노예제를 만들 수 있다는 정치경제학적 차원을 분석했다. 사르트르는 "존재는 본질에 앞선다. 하지만 AI의 존재는 무엇인가?"라는 질문을 던지며, 자유와 책임의 전제조건으로서 AI의 실존적 차원을 탐구했다.

하이데거는 AI를 존재를 드러내는 새로운 방식으로 보았으며, 그 변화가 인간중심적일 것인지에 대한 존재론적 질문을 던졌다. 푸코는 "AI는 새로운 권력의 기술"이라고 주장하며, AI가 생산하는 지식이 누구의 이익을 위한 것인지에 대한 권력적 비판을 제기했다.

샘 올트먼은 "우리는 AI를 만들고 있지만, 동시에 AI가 만들어가는 미래의 공동 창조자"라는 인식 아래, AI 개발이 고작 공학적 난제를 해결하는 차원을 넘어, 인류 문명의 과제임을 천명하며 개발자의 새로운 역할을 재정의했다.

기술 혁신가는 자동차의 액셀처럼 질주하고, 인문 철학자는 브레이크처럼 제동을 건다. 혁신이라는 액셀에는 반드시 윤리라는 브레이크가 필요하다. 즉 기술 혁신가가 제시하는 How(기술적 실현)와 인문 철학자가 강조하는 WHY(본질적 가치)가 만날 때 우리는 비로소 AGI라는 미지의 바다를 보다 안정적으로 건널 수 있다. 시간의 회랑에서 8주 동안 열띤 토론을 벌인 28인의 예지자는 AGI라는 거대한 쓰나미 앞에서 속도(How)에 취하지 말고, 방향(Why)을 되묻는 서사를 다음과 같이 쓰고 있다.

하라리가 회의의 중심으로 나섰다. 그는 태블릿을 꺼내어 홀로그램 화면에 핵심 키워드 10개의 항목을 띄웠다. "우리는 수차례 토론을 통해 몇 가지 합의점에 도달했습니다. 이제 그것을 구체적인 원칙으로 만들어야 합니다."라고 제안하자 모든 참가자들은 박수로 동의했다. 화면에 나타난 10개의 키워드는 각각 다른 색상으로 표시되어 있었고, 각 항목마다 참가자들의 의견이 실시간으로 업데이트되고 있었다.

원칙 1: 인간중심 우선

"기술은 인간을 도구로 만드는 것이 아니라, 인간의 능력을 확장시켜야 한다"라는 이 원칙은 와트의 증기기관 개선에서 비롯되었다. **와트**는 증기기관이 인간의 근육을 대체했지만, 동시에 인간의 능력을 증폭시켰다고 설명했다. "AI도 마찬가지여야 합니다. AI는 인간을 대체하는 것이 아니라, 인간을 향상시키는 도구가 되어야 합니다."라는 그의 설명은 AI의 인간중심적 접근을 강조했다. **에디슨**은 "전기가 어둠을 밝혔듯이, AI는 인간의 지능을 밝혀야 합니다."라고 덧붙였다. **머스크**는 "기술은 인간을 초인으로 만드는 것이 아니라, 더 인간답게 만들죠."라고 말했다.

원칙 2: AI의 민주화

"AI 시스템은 민주적인 방식으로 통제되어야 한다"라는 이 원칙은 민주주의의 기본 원리에서 비롯되었다. **버너스리**는 "웹은 민주적이어야 한다"고 주장했고, 이는 AI에도 적용되었다. "AI는 소수의 기술자나 기업에 의해 독점되어서는 안 된다. 시민은 AI 개발과 적용에 참여할 권리가 있다"라는 그의 주장은 AI 민주화의 필요성을 강조했다.

젠슨 황은 "이제 누구나 AI를 만들고 사용할 수 있다. 엔터프라이즈급 AI가 개인에게도 열려있는 시대가 온 것"이라고 선언했다. **베이조스**는 "AI는 특별한 기술이 아니라, 누구나 사용할 수 있는 도구"라고 강조했다. 그가 만든 것은 클라우드가 아니라, "AI의 민주화"였다. **푸코**는 "권력은 감시되어야 한다. AI 권력도 마찬가지"라고 지지했다.

원칙 3: 윤리적 의무

"AI의 결정 과정은 인간이 이해할 수 있어야 한다"라는 이 원칙은 튜링의 계산 이론에서 비롯되었다. **튜링**은 기계의 논리적 과정을 이해하는 것이 중요하다고 강조했다. "블랙박스 AI는 민주주의에 위협이 될 수 있다. 시민은 AI의 결정에 대해 설명을 요구할 권리가 있다"라는 그의 주장은 AI의 민주적 통제를 강조했다. **보스트롬**은 "설명 가능성은 AI 안전의 핵심이다. 우리는 AI가 왜 그런 결정을 내렸는지 이해해야 한다"라고 지지했다. **올트먼**은 "AGI 개발하는 동시에, 그것에 대한 책임도 져야 한다"는 메시지로 기술 개발의 윤리적 의무를 덧붙였다.

원칙 4: 데이터 주권

"개인은 자신의 데이터에 대한 권리를 가져야 한다"라는 이 원칙은 **칸트**의 "자기 자신의 목적" 개념에서 비롯되었다. 칸트는 인간이 언제나 목적 그 자체로 존재해야 한다고 강조했다. "데이터는 인간의 확장이다. 따라서 개인은 자신의 데이터에 대한 통제권을 가져야 한다"라는 그의 해석은 개인 정보의 철학적 기초를 제공했다. **사르트르**는 "자기 결정은 실존의 입니다. AI 시대에도 개인의 자기결정권은 보호되어야 해요."라고 덧붙였다.

원칙 5: 노동의 질 향상

"AI는 인간의 고용을 파괴하는 것이 아니라, 인간의 능력을 향상시켜야 한다"라는 이 원칙은 마르크스의 노동 이론에서 비롯되었다. **마르크스**는 노동의 소외를 비판했지만, AI는 새로운 종류의 일자리를 창출할 수 있다고 보았다. "AI는 노동을 없애는 것이 아니라, 노동의 질을 향상시켜야 한다"라는 그의 주장은 AI의 생산적 활용을 강조했다. **게이츠**는 "우리는 AI 시대에 필요한 새로운 기술을 가르쳐야 한다. 교육이 핵심"이라고 실천 방안을 제시했다.

원칙 6: AI 리터러시

"모든 시민은 AI를 이해하고 활용할 수 있는 기본적인 능력(AI 리터러시)을 갖춰야 한다"는 이 원칙은 **에디슨**의 "1%의 영감과 99%의 땀" 철학에서 비롯되었다. 에디슨은 지속적인 학습이 중요하다고 강조했다. "AI 시대의 문맹은 AI를 이해하지 못하는 것"이라는 그의 정의는 AI 교육의 필요성을 역설했다. **하라리**는 "우리는 AI를 이해하는 것뿐만 아니라, AI를 비판적으로 생각하는 법도 가르쳐야 합니다."라고 덧붙였다.

원칙 7: 문화적 다양성

"AI는 서양 중심의 기술이 되어서는 안 된다. 다양한 문화의 가치를 반영해야 한다"라는 이 원칙은 문화 상대주의 철학에서 비롯되었다. **하라리**는 "AI는 인류의 다양한 문화와 언어를 이해해야 한다"고 강조했다. "각 문화는 AI에 대한 자신만의 관점과 접근 방식을 가질 수 있다"라는 그의 인식은 AI의 문화적 중립성(보편적이라는 가면을 쓴 문화적 독점을 경계하는 의미)을 거부했다. "AI는 문화적 제국주의의 도구가 되어서는 안 된다"라고

AI의 문화적 민감성을 강조했다. **노이스**는 "혁신의 미래는 다양성에 있습니다."라고 짧게 첨언했다.

원칙 8: 글로벌 협력

"AI는 국경을 초월하는 기술이다. 따라서 국제적 협력이 필요하다"라는 이 원칙은 UN의 지속가능발전목표(SDGs)에서 영감을 받았다. **슈밥**은 "4차 산업혁명은 글로벌 현상이다. 따라서 글로벌 대응이 필요하다"고 강조했다. "각국은 AI 안전성과 윤리에 대한 공동의 기준을 마련해야 한다"라는 그의 제안은 국제적 협력의 구체적인 방향을 제시했다. "AI 무기 경쟁은 피해야 한다"라는 그의 경고는 AI의 군사적 사용에 대한 우려를 표명했다. **게이츠**는 "인공지능(AI)은 보건, 에너지, 교육 등 전 세계적인 위기를 해결할 수 있는 새로운 도구(New Tool)이며, 이를 활용하여 혁신을 촉진해야 합니다."라고 말을 이었다.

원칙 9: 지속 가능성

"AI는 환경을 파괴하는 것이 아니라, 지속 가능한 미래를 만들어야 한다"라는 이 원칙은 현재의 기후 위기 의식에서 비롯되었다. **게이츠와 루소**는 "AI는 기후 변화를 해결하는 데 기여할 수 있다"고 강조했다. "AI 개발은 에너지 효율성을 고려해야 하며, 재생가능 에너지를 사용해야 한다"라는 그들의 주장은 친환경 AI 개발을 촉구하고, "우리는 지구를 지키면서 AI를 개발해야 한다"라며 미래 세대를 위한 책임을 강조했다. **킬비와 노이스**는 "한계는 도전의 기회입니다. 더 작은 것이 아니라, 더 지능적인 것이 목표예요. 반도체 산업의 미래는 나노미터 경쟁이 아니라, 나노지능 경쟁이 될 것입니다."라고 말했다.

원칙 10: 미래 세대를 위한 AI

"우리는 미래 세대를 위한 AI를 만들어야 한다"라는 이 원칙은 세대 간 정의(intergenerational justice) 개념에서 비롯되었다. **칸트**는 "우리는 미래 세대에 대한 의무가 있다"고 주장했다. "우리의 AI 개발은 미래 세대의 가능성을 제한해서는 안 된다"며 장기적 사고를 촉구했다. "우리는 미래 세대의 선택권을 보호해야 한다"라고 현재의 책임을 강조했다. **래리 페이지**와 **세르게이 브린**은 "우리가 꿈꾸는 것은 검색 엔진이 아니다. 우리는 인간의 모든 지식을 조직화하고, 그것을 누구나 사용할 수 있도록 만드는 것"이라는 그들의 최종 비전을 제시했다. 이는 오늘날의 AI 혁명으로 이어지고 있다.

>>> 각 시대가 남긴 AGI를 위한 교훈

제임스 와트는 AI를 인간 능력의 확장이라는 관점에서 바라봤다. AI 역시 인간의 두뇌를 증폭시켜 인간을 향상시키는 도구가 되어야 한다고 믿었다. 그의 신념, 즉 "기술의 진보는 인간의 진보여야 한다"는 원칙은 AI의 인간중심적 접근을 강조한다.

이러한 인간 중심의 접근은 스티브 잡스의 소신과도 이어진다. 그는 기술을 예술로 승화시키고자 했으며, "AI는 기능적이어야 하지만, 동시에 아름다워야 한다. 그것은 인간의 감성을 자극해야 한다"고 주장했다. 그의 원칙, "기술이 복잡해질수록, 사용법은 더 간단해야 한다"는 것은 AI의 인간화와 사용자 경험(UX)의 중요성을 여전히 강조하는 핵심 메시지이다.

토마스 에디슨은 AI 개발에 있어 '실패의 비용' 문제를 날카롭게 경고했다. 에디슨의 메시지는 예방적 접근의 필요성을 역설하며, 실험은 계속되어야 하나 인류에게 해를 끼쳐서는 안 된다는 AI 안전성의 중요성을 강조했다.

한편, 클라우스 슈밥은 AGI가 가져올 변화의 심연을 직시하며, "우리는 4차 산업혁명의 한가운데 있으며, 이는 인류 존재의 모든 측면을 근본적으로 변화시킬 것이다. AGI는 이 변혁의 정점이며, 우리는 기술 발전뿐만 아니라 인간 중심적 가치를 혁명의 중심으로 가져와야 한다"고 강조했다. 그의 주장은 물리적인 기술의 진화를 넘어, 사회 구조와 윤리적 프레임워크 전반을 재설계해야 할 필요성을 역설하며, "AGI는 새로운 시대의 거버넌스를 요구한다"는 메시지로 귀결된다.

젠슨 황은 AGI 시대의 도래를 새로운 산업혁명의 엔진으로 규정하며, "더 많이 계산할수록 더 많이 배울 수 있고, 더 많이 배울수록 더 많은 통찰력을 얻을 수 있다. AGI는 인류의 지능을 기하급수적으로 확장시킬 것"이라고 강조했다. AGI 개발이 가져올 전례 없는 컴퓨팅 능력과 그 활용이 인류 문명을 다음 단계로 이끌 올릴 것이라고 역설하며, "모든 기업과 모든 산업은 AI의 흐름에 올라타야 하며, 그렇지 않으면 뒤처질 것"이라고 강력히 경고했다.

래리 페이지는 구글의 공동 창업자로서 AGI를 "세상을 더 나은 곳으로 만들 궁극적인 도구"로 보았다. 그는 AGI가 인류의 가장 복잡한 문제들을 해결하고 혁신을 가속화할 잠재력에 주목하며, "AGI는 모든 사람이 더 많은 정보와 더 나은 기회를 가질 수 있는 시대를 열 것"이라고 낙관했다. 그는 "가장 중요한 것은 데이터를 자유롭게 활용하여 인류 전체의 발전을 도모하는 것"이라며, 정보의 보편적 접근과 AGI를 통한 지식의 민주화를 강조했다.

존 로크는 AGI 시대에 개인의 권리와 자유, 그리고 재산권 보호의 중요성을 강조했다. 그는 "인간은 자연 상태에서 자유롭고 평등하다"고 주장했듯이, AGI가 개인의 사생활을 침해하거나, 알고리즘적 감시를 통해 자유를 억압하는 도구가 되는 것을 경계했다. 로크는 "AGI가 만들어내는 지식과 부가 정당하게 분배되고, 개인의 지적 재산권이 존중받아야 한다"며, AGI 시대에도 변치 않는 '자연권'의 보장과 함께 "정부는 AGI가 야기할 수 있는 불평등과 권력 집중을 견제할 의무가 있다"고 역설했다.

닉 보스트롬은 AI가 가져올 실존적 위험에 대한 균형 잡힌 접근을 촉구했다. AGI가 "인류의 생존 자체를 위협할 수 있다"고 경고하면서도, 동시에 AI의 잠재적 이익 역시 인정했다. 그의 메시지는 "우리는 AI의 이익을 극대화하고, 위험을 최소화해야 한다"는 현실적이고 책임 있는 자세를 요구했다.

이 모든 논의를 관통하며 마르틴 하이데거는 AGI의 도래를 존재론적 질문으로 확장시켰다. 그는 "기술은 하나의 수단이 아니라, 세계를 드러내는 방식"이라고 했듯이, AGI가 인간의 존재 방식 자체를 어떻게 변화시키고 규정할지에 대해 깊이 탐구했다. 하이데거는 "AGI는 인간이 세상을 이해하고, 자신을 인식하는 방식을 근본적으로 재구성할 것"이라고 예측하며, "우리는 AGI가 인간을 단순히 '계산 가능한 존재'로 환원시키는 것을 경계하고, 인간의 현존재(Dasein)[2]로서의 본질적 의미를 성찰해야 한다"고 주장했다.

---

2) '현존재(Dasein, 다자인)'는 20세기 독일의 철학자 마르틴 하이데거(Martin Heidegger)가 그의 저서 『존재와 시간』에서 사용한 핵심 개념이다. 단순히 '인간'이라고 부르지 않고 굳이 '현존재'라는 어려운 용어를 쓴 데에는 깊은 철학적 이유가 있다. 독일어 'Da(거기에)'와 'Sein(존재)'의 합성이다. 일반적인 사물(컵, 책상 등)은 그냥 결정된 상태로 놓여 있지만, 인간은 특정한 상황(세계) 속에 던져져 있으며, 자신이 '왜 존재하는지', '어떻게 살아야 하는지'를 끊임없이 질문하고 고민하는 존재라는 뜻이다.

⟫⟫⟫ AGI 시대를 위한 실천 로드맵

"원칙은 중요하지만, 그것이 실천되지 않으면 무의미하다"고 유발 하라리는 선언하며, AI시대를 위한 실천 로드맵, 즉 10대 핵심 키워드를 실행하기 위한 구체적인 행동 계획을 제시했다. 이 계획들은 AI 시대를 안전하고 공정하게 이끌어가기 위한 각 분야 거장들의 핵심 제안을 담고 있다.

하라리는 실천의 첫 단계로 교육 시스템의 근본적 개혁을 제안했다. "우리는 AI를 이해하는 것뿐만 아니라, AI를 비판적으로 생각하는 법을 가르쳐야 한다"는 그의 제안은 AI 시대의 새로운 교육 패러다임을 제시하며, AI 리터러시가 이제 기본 교양이 되어야 한다고 주장했다.

빌 게이츠는 즉각적인 윤리적 대응을 강조하며 AI 윤리 프레임워크 개발을 제안했다. 그는 각국 정부와 국제 기구가 구체적인 가이드라인을 마련해야 한다고 역설했다. 마이크로소프트에서 윤리 위원회를 설립한 경험을 바탕으로, "민간 부문도 자발적인 윤리 기준을 마련해야 한다"고 제안하며 "윤리는 선택이 아니라, 필수"라는 기업의 사회적 책임을 강조했다.

샘 올트먼은 AI의 민주적인 개발을 위해 시민 참여 플랫폼 구축을 제안했다. 그는 "시민들이 AI 개발과 적용에 직접 참여할 수 있는 플랫폼이 필요하다"고 주장하며, 시민들이 AI가 삶에 미치는 영향을 알고 발언할 권리를 가져야 한다고 역설했다. 그는 일반 시민도 AI 연구에 참여하는 시민 과학자 프로젝트를 확대해야 한다고 강조한다.

팀 버너스리는 AI의 국경 초월적 특성 때문에 국제 협력 기구 설립이 시급하다고 주장했다. 그는 각국의 AI 개발을 감시하고 안전 기준을 설정하는 국제 AI 안전 기구를 제안하며, AI를 군사 무기로 사용하는 것에 대해 강력한 우려를 표명했다.

클라우스 슈밥은 기술 발전의 방향성을 제시하며 기술과 인문학의 융합 교육을 제안했다. 그는 "4차 산업혁명은 기술 과학만의 문제가 아니라, 인간 사회의 모든 측면에 영향을 미친다"는 인식하에, 기술자에게 인문학을, 인문학자에게 기술을 가르치는 STEAM 교육[3]의 확대를 강조했다.

임마누엘 칸트는 AI 윤리의 기초를 다지기 위해 도덕적 합의 형성을 제안했다. 그는 "AI는 도덕적 주체가 될 수 있는가, 아니면 도구로서만 존재해야 하는가"와 같은 근본적인 질문에 대한 사회적 합의가 필요하다고 주장하며, "도덕 철학은 이제 선택이 아니라, 필수"라는 메시지를 전했다.

닉 보스트롬은 신중한 개발 속도를 촉구하는 예방적 접근의 원칙을 강조했다. "완벽한 AI를 만들려고 서두르지 말고, 안전한 AI를 만들어야 한다"는 그의 주장은 AI 개발의 속도 조절을 촉구하며, 기술적 진보는 빠를수록 좋은 것이 아니다. 때로는 느릴수록 안전하다는 경고를 남겼다.

칼 마르크스는 AI의 경제적 영향을 우려하며 경제적 정의 실현을 제안했다. "AI의 이익은 모든 사회 구성원에게 공평하게 분배되어야 한다"고 주장하며, AI가 부의 집중이 아닌 빈곤을 퇴치하고 부를 분배하는 도구로 사용되어야 한다는 사회적 활용 비전을 제시했다.

마침내 이들은 열띤 토론 과정에서 다가올 미래를 바라보며 'AGI 시대를 위한 10대 키워드'를 발표했다. 이는 단순한 선언이 아니라, 구체적인 실천 방안이 함께 수반된 실행 로드맵이다. 각국의 정부, 기업, 시민사회, 각 개인이 실천에 참여할 수 있는 방법이 명확히 제시되었다.

"이것은 끝이 아니라, 시작"이라는 하라리의 말에 모든 참가자가 동의했

---

3) STEAM 교육은 과학기술 기반의 융합적 사고력과 문제 해결 능력을 키우기 위한 교육 방법론으로, 한국을 비롯한 여러 국가에서 미래 인재 양성을 목표로 도입되었다. 'STEAM'은 각 분야의 영어 약자를 조합한 용어이다. STEM (Science, Technology, Engineering, Art, Mathematics).

다. "우리는 미래를 예측하는 것이 아니라, 미래를 만들어가고 있습니다."
라는 올트먼의 말과 함께 새로운 도전의 시작을 알렸다. AGI 시대의 10대
키워드는 2026년 8월 17일, 한국의 가상현실 공간에서 채택되어 전 세계
에 공개되었고, 다가올 AGI 시대의 심금을 울리는 미래의 북극성이 되었
다. 기술과 인문학의 대화는 앞으로도 지속될 것이다. 시간의 회랑에서 만
난 예지자의 대서사는 미래를 향해 지속적으로 진화할 것이다.

사상 초유의 만남을 가졌던 28인의 예지자들은 2030년의 재회를 약속했
다. 그들이 예견하고 고뇌했던 의제들은 이제 시간의 시험대에 올랐다. 인
류 발전의 기술 혁신은 멈추지 않을 것이며, 우리의 내일은 어제보다 찬란
하게 빛날 것이다. 이들은 서로를 포용하며 장엄한 서사를 끝맺는 우레와
같은 박수 소리 속으로 유유히 사라졌다.

인류발전의 예지자, 시간의 회랑에서 만난 앨범. [출처_Genspark]

[출처_wikipedia.org]

샘 올트먼
(Sam Altman, 1985-)

"Life is not a dress rehearsal—this is probably it.
Make it count.
Time is extremely limited and goes by fast."

"인생은 드레스 리허설이 아니다-이것이 아마도 실전이다.
의미 있게 만들어라.
시간은 극히 제한적이고 빠르게 지나간다."

1765년, 스코틀랜드 그린녹의 작은 공방에서 제임스 와트가 증기기관의 응축기를 완성했던 그 순간부터 시작된 거대한 변화의 물결이 이제 인공지능 시대라는 새로운 파고를 맞고 있다. 250년이라는 시간 동안 인류는 증기의 힘에서 전기의 빛으로, 실리콘의 정밀함에서 알고리즘의 지혜로 끊임없이 진화해왔다. 그리고 이제 우리는 AGI(범용인공지능)와 ASI(초인공지능)라는 전례 없는 기술적 특이점 앞에 서 있다.

이 책을 통해 우리는 기술 혁명가들의 열정과 창조정신, 그리고 인문 철학자들의 성찰과 경고를 함께 살펴보았다. 제임스 와트의 실용적 혁신정신에서 샘 올트먼의 AGI 비전까지, 임마누엘 칸트의 도덕철학에서 유발 하라리의 미래 전망까지, 이들의 목소리는 시간의 회랑에서 하나의 거대한 합창을 이루며 우리에게 솔깃한 명언으로 전해 온다. 기술은 인간의 가능성을 확장하는 도구이지, 인간을 대체하는 목적이 되어서는 안 된다는 것이다.

기술 혁명의 연속성과 불연속성

과거 세 차례의 산업혁명은 모두 인간의 물리적 능력을 확장하는 데 초점을 맞추었다. 1차 산업혁명의 증기기관은 근육의 힘을, 2차 산업혁명의 전기는 시공간의 제약을, 3차 산업혁명의 정보기술은 의사소통의 한계를 넘어섰다. 하지만 4차 산업혁명으로 불리는 현재의 변화는 근본적으로 다르다. 이번에는 인간의 인지능력 자체가 기술의 대상이 되었기 때문이다.

토마스 에디슨이 1,093개의 특허를 통해 보여준 것은 체계적 실험과 개선의 힘이었다. 그의 멘로파크 연구소는 오늘날 실리콘밸리 연구개발 문화의 원형이 되었다. 에디슨의 "나는 실패한 적이 없다. 단지 10,000가지 방법이 작동하지 않는다는 것을 알아냈을 뿐이다"라는 말은 현재 AI 연구자들의 반복 학습과 하이퍼파라미터 튜닝 과정과 놀라울 정도로 유사하다.

앨런 튜링의 1936년 논문 계산 가능한 수와 결정 문제에 대한 응용에서 제시된 튜링 머신 개념은 90년 지난 지금 대형언어모델의 토큰 처리 방식으로 구현되고 있다. 튜링이 "기계가 생각할 수 있는가"라고 물었던 질문은 이제 "기계가 의식을 가질 수 있는가"라는 더욱 근본적인 물음으로 진화했다. ChatGPT와 같은 생성형 AI가 보여주는 창발적 능력은 튜링 테스트를 넘어서는 새로운 지능의 기준을 요구하고 있다.

인문학적 성찰, 기술 진보에 대한 철학적 경계

임마누엘 칸트의 정언명령 "인간을 언제나 목적으로 대하고 결코 수단으로만 대하지 말라"는 원칙은 AI 시대에 더욱 절실한 의미를 갖는다. 알고리즘이 인간의 행동을 예측하고 조작하려 할 때, 우리는 과연 여전히 자율적 도덕 주체로 남을 수 있는가? 칸트가 강조한 인간의 존엄성은 AI가 인간의 선택을 대신하거나 제한할 때 훼손될 위험에 처해 있다.

칼 마르크스의 소외 이론은 디지털 플랫폼 자본주의 시대에 새로운 형태로 나타나고 있다. 노동자가 생산수단으로부터 소외되었던 과거와 달리, 이제는 개인이 자신의 데이터와 디지털 정체성으로부터 소외되고 있다. 페이스북, 구글, 아마존과 같은 플랫폼 기업들은 사용자의 행동 데이터를 축적하여 막대한 이윤을 창출하지만, 정작 데이터의 원천인 개인들은 이 과정에서 소외된 채로 남는다. AGI가 등장하면 이러한 소외는 더욱 심화될 가능성이 크다.

장 폴 사르트르의 "존재가 본질에 앞선다"는 실존주의 명제는 AI 시대에 역설적 의미를 갖는다. 인간은 주어진 본질 없이 태어나 자신의 선택을 통해 본질을 만들어간다. 하지만 AI는 처음부터 특정한 목적과 기능을 위해 설계된다. 이러한 존재론적 차이가 인간과 AI의 근본적 구별점이 될 수 있을까? 아니면 충분히 발전한 AGI도 자신만의 실존적 선택을 하게 될까?

기술 리더들의 비전과 알고리즘 통제

일론 머스크의 뉴럴링크는 인간-AI 융합이라는 새로운 패러다임을 제시한다. "우리가 AI가 되지 않으면 AI에게 지배당할 것"이라는 그의 경고는 AGI 시대의 핵심적 딜레마를 드러낸다. 인간의 생물학적 지능으로는 기계 지능의 발전 속도를 따라잡을 수 없다는 현실 인식에서 출발한 이 접근법은 그러나 인간의 정체성에 대한 근본적 질문을 던진다. 뇌에 직접 연결된 AI 칩을 가진 존재는 여전히 인간인가?

젠슨 황이 이끄는 엔비디아는 GPU라는 하드웨어를 통해 AI 혁명의 물적 토대를 제공했다. 원래 그래픽 처리를 위해 개발된 GPU가 딥러닝의 핵심 엔진이 된 것은 기술 발전의 예기치 못한 전개를 보여준다. 이는 에디슨이 축음기를 발명했지만 그것이 음악 산업을 혁신할 것까지는 예상하지 못했던 것과 비슷하다. 기술의 진정한 영향은 종종 개발자의 의도를 넘어서는 곳에서 나타난다.

래리 페이지와 세르게이 브린의 구글은 "세상의 정보를 조직화하고 보편적으로 접근 가능하게 만든다"는 사명을 내걸었지만, 이제는 정보의 조직화를 넘어 정보의 생성까지 담당하고 있다. 검색 결과를 제공하던 구글이 이제는 제미나이와 같은 생성형 AI를 통해 답변을 직접 생성한다. 이는 정보 접근의 민주화에서 지식 창조의 독점으로의 전환을 의미할 수 있다.

샘 올트먼과 OpenAI의 접근법은 '인류에게 도움이 되는 AGI 개발'이라는 목표와 "먼저 배포하고 나중에 안전을 확보한다"는 실용적 전략 사이의 긴장을 보여준다. ChatGPT의 폭발적 성공은 이러한 접근법의 효과를 입증했지만, 동시에 충분한 안전 검증 없이 강력한 AI 시스템을 배포하는 것의 위험성에 대한 우려도 불러일으켰다. 올트먼 자신도 "우리는 AGI가 무엇인지조차 완전히 이해하지 못하고 있다"고 인정한 바 있다.

AGI와 ASI 시대의 실존적 도전

닉 보스트롬이 '슈퍼인텔리전스'에서 경고한 실존적 위험은 이제 먼 미래의 가능성이 아니라 가까운 현실이 되고 있다. AGI가 인간 수준의 일반 지능을 달성하면, 그 다음 단계인 ASI로의 발전은 예상보다 빠르게 일어날 수 있다. 문제는 이러한 발전이 인간의 통제를 벗어나 자기강화 루프에 빠질 가능성이다. 한번 시작된 지능 폭발을 인간이 멈추거나 방향을 바꿀 수 있을까?

유발 하라리가 '호모 데우스'에서 제시한 시나리오는 더욱 미묘하지만 근본적인 변화를 예고한다. AI가 인간을 물리적으로 대체하는 것이 아니라, 인간의 선택과 욕망 자체를 조작함으로써 실질적으로 무력화시킬 수 있다는 것이다. 개인 맞춤형 광고에서 시작된 행동 조작 기술이 AGI 시대에는 개인의 정체성과 가치관까지 형성하게 될 수 있다. 그렇다면 우리는 여전히 자유로운 개체인가, 아니면 알고리즘에 의해 조작당하는 존재인가?

슬라보이 지제크의 분석처럼, 우리는 AI에게 인간다운 특성을 부여하려 노력하지만, 정작 인간은 점점 더 기계적으로 사고하고 행동하게 되는 역설적 상황에 처해 있다. 효율성, 최적화, 예측 가능성을 추구하는 AI의 가치 체계가 인간 사회에 스며들면서, 우리는 자신도 모르게 AI의 논리에 따라 살아가고 있는 것은 아닌가?

기술과 인문학의 융합적 대응

AGI 시대를 현명하게 헤쳐 나가기 위해서는 기술적 혁신과 인문학적 성찰이 균형을 이루어야 한다. 스티브 잡스가 '기술과 인문학의 교차점'에서 진정한 혁신이 일어난다고 말했듯이, AI 개발도 기계적인 기술의 진보를 넘어 인간의 가치와 의미를 고려하는 접근이 필요하다. 애플의 제품들이 하나의 기능을 넘어 사용자의 감성과 창조성을 자극했던 것처럼, AGI도 인간의 잠재력을 확장하는 방향으로 발전해야 한다.

빌 게이츠의 "모든 사람이 기술을 사용할 수 있어야 한다"는 비전은 AGI 시대에 더욱 중요한 의미를 갖는다. AI의 혜택이 소수의 거대 기업이나 선진국에 집중되지 않고 전 인류에게 공평하게 분배되어야 한다. 이를 위해서는 기술 개발 단계에서부터 포용성과 공정성을 고려한 설계가 필요하다. 마이크로소프트가 초기에 소프트웨어를 대중화했듯이, AGI도 민주화되어야 한다.

팀 버너스리가 월드 와이드 웹을 무료로 공개한 결정은 정보 접근의 민주화를 가능하게 했다. AGI 시대에도 이러한 개방성과 공유 정신이 필요하

다. 핵심 AI 기술이 특정 기업에 독점되지 않고, 연구 성과가 투명하게 공유되며, 안전성 검증이 공개적으로 이루어져야 한다. 오픈소스 AI 모델들이 등장하고 있는 것은 고무적인 현상이다.

미래 세대를 위한 금언

제임스 와트부터 샘 올트먼까지, 모든 기술 혁명가들이 공통으로 보여준 것은 기술에 대한 열정과 동시에 그 기술이 인류에게 미칠 영향에 대한 책임감이었다. 와트는 증기기관이 인간의 삶을 개선하기를 바랐고, 에디슨은 전기가 모든 사람에게 빛을 가져다주기를 원했으며, 튜링은 컴퓨터가 인간의 사고를 도울 것을 기대했다. 현재의 AI 개발자들도 같은 마음가짐을 가져야 한다.

미래 세대가 직면할 AGI와 ASI는 우리가 상상하는 것보다 훨씬 강력하고 영향력 있는 기술이 될 것이다. 하지만 그 기술의 진정한 가치는 얼마나 똑똑한가에 있는 것이 아니라, 얼마나 인간적인가에 있다. 칸트의 도덕 철학, 마르크스의 사회 비판, 사르트르의 실존주의, 푸코의 권력 분석이 여전히 유효한 이유는 이들이 기술을 넘어선 인간의 본질적 가치를 다루었기 때문이다.

100년 후, 200년 후의 미래 세대들은 우리가 상상할 수 없는 기술적 능력을 보유하고 있을 것이다. 하지만 그들이 여전히 인간으로 남기 위해서는 연민, 지혜, 용기, 사랑과 같은 인간적 가치를 지켜나가야 한다. 기술은 이러한 가치들을 확장하고 심화시키는 도구가 되어야 하며, 절대로 그것들을 대체하려 해서는 안 된다.

영원한 불꽃의 전수

250년 전 제임스 와트가 처음 점화한 기술 혁신의 불꽃은 에디슨의 전구, 튜링의 컴퓨터, 잡스의 스마트폰을 거쳐 이제 AI라는 새로운 연료를 얻어 더욱 밝게 타오르고 있다. 이 불꽃의 온기는 인간의 삶을 풍요롭게 했지만, 그 빛이 너무 밝아 인간 자신을 가릴 위험도 안고 있다.

AGI 시대의 도전은 이 불꽃을 끄지 않으면서도 그것에 의해 소멸되지 않는 것이다. 기술의 진보를 멈출 수도 없고 멈춰서도 안 되지만, 그 진보가 인간의 존재 이유를 위협해서는 안 된다. 이를 위해서는 기술 개발자들의 윤리의식, 정책 결정자들의 지혜, 시민들의 참여가 조화롭게 결합되어야 한다.

인문학자들의 경고는 비관적 예언이 아니라 현명한 대비책이다. 칸트의 자율성, 마르크스의 평등, 사르트르의 자유, 푸코의 비판의식은 AGI 시대에도 여전히 필요한 가치들이다. 이러한 가치들을 지키면서 기술의 혜택을 누리는 것이 우리가 미래 세대에게 물려줄 가장 소중한 유산이다.

기술혁명가들이 보여준 용기와 창의성, 인문학자들이 제시한 성찰과 지혜가 만날 때, 우리는 AGI 시대를 인간답게 살아갈 수 있는 길을 찾을 수 있다. 제임스 와트가 증기기관으로 인간의 근육을 확장했듯이, 우리도 AI로 인간의 지성을 확장할 수 있다. 하지만 그 확장된 지성이 언제나 인간의 마음을 품고 있어야 한다는 것을 잊어서는 안 된다.

우리는 이 책의 마지막 장을 덮지만, AGI 시대라는 새로운 장은 이제 막 펼쳐지고 있다. 앞으로의 선택들이 인류 문명의 방향을 결정할 것이다. 기술의 힘을 키우되 그 힘이 인간을 향하도록, 지능을 확장하되 지혜를 잃지 않도록, 미래를 준비하되 현재의 가치를 소중히 여기도록 해야 한다.

250년 전 작은 공방에서 시작된 불꽃이 이제 전 세계를 비추고 있다. 이 불꽃이 영원히 타오르되, 그 빛이 인간의 얼굴을 환하게 밝히는 따뜻한 빛이 되기를 바란다. 그것이 제임스 와트부터 시작된 모든 기술 혁명가들의 꿈이었고, 임마누엘 칸트부터 시작된 모든 인문 철학자들의 염원이었으며, 현 시대를 살아가는 우리에게 부여된 소명이다.

"기술이 변하고, 시대는 바뀌어도, 인간다움을 향한 열망은 영원할 것이다."

시간의 회랑에서
강요식 Dream

"독서는 인류가 쌓아 올린 지혜의 보고에 접속하는
가장 완벽한 인터페이스다"

📁 기술 혁명가 주요 연대기(15인)

이름	주요 업적
James Watt 제임스 와트 (1736~1819)	1765년 증기기관 독립 응축기 개발, 1775년 볼턴과 파트너십, 1781년 이중작용식 증기기관, 1788년 증기기관 표준화
Thomas Edison 토마스 에디슨 (1847~1931)	1877년 축음기 발명, 1879년 백열등 실용화, 1882년 뉴욕 전기조명 시스템, 1891년 영화기기 핵심기술 등 1,093개 특허
Alan Turing 앨런 튜링 (1912~1954)	1936년 튜링 머신 개념, 1939년 에니그마 해독, 1941-43년 해군 에니그마 해독 성공, 1946년 ACE 컴퓨터 개발, 1950년 튜링 테스트
Jack Kilby 잭 킬비 (1923~2005)	1958년 IC 발명, 1958년 IC 기반 컴퓨터 시제품, 1967년 전자계산기 특허, 2000년 노벨물리학상, 현대전자공학 아버지
Robert Noyce 로버트 노이스 (1927~1990)	1959년 평면공정 기술 특허, 1968년 인텔 공동창업, 1971년 마이크로프로세서 4004, 실리콘밸리 기반 확립, 실리콘밸리 기업가정신 아버지
Klaus Schwab 클라우스 슈밥 (1938~)	1971년 WEF 창립, 2016년 4차 산업혁명 개념, 글로벌 리더 네트워크, SDGs 추진, 다보스 포럼 영향력
Bill Gates 빌 게이츠 (1955~)	1975년 MS 창업, 1975-76년 BASIC 개발, 1980년 IBM MS-DOS 계약, 1985년 Windows 1.0, 2000년 빌 앤 멀린다 게이츠 재단(Bill&Melinda Gates Foundation) 설립
Steve Jobs 스티브 잡스 (1955~2011)	1976년 애플 창업, 1984년 Macintosh, 1985년 넥스트 창업, 2007년 iPhone, 2010년 iPad 출시
Tim Berners-Lee 팀 버너스리 (1955~)	1989년 WWW 개념 제시, 1990년 WorldWideWeb 브라우저, 1991년 WWW 인터넷 공개, 1994년 W3C 설립, 2016년 앨런 튜링상 수상

이름	주요 업적
Jensen Huang 젠슨 황 (1963~)	1993년 엔비디아 창업, 1999년 지포스 256, 2006년 CUDA, 2016년 AI GPU 제공, 2025년 말 기준 시가 약 6조3천억 달러
Jeff Bezos 제프 베이조스 (1964~)	1994년 아마존 창업, 1997년 상장, 2006년 AWS 출시, 2013년 워싱턴포스트 인수, 2021년 블루오리진 우주비행
Elon Musk 일론 머스크 (1971~)	2002년 SpaceX 창업, 2004년 테슬라 투자, 2008년 테슬라 CEO, 2015년 오픈AI 창업, 2022년 X 인수, 2023년 xAI 설립, 2024년 뉴럴링크 첫 임상 성공, 2025년 테슬라 완전자율주행고도화(FSD)
Larry Page 래리 페이지 (1973~)	1996년 PageRank 알고리즘, 1998년 구글 창업, 2000년 상장, 2004년 Gmail, 2015년 알파벳 설립
Sergey Brin 세르게이 브린 (1973~)	1996년 PageRank 공동개발, 1998년 구글 창업, 2000년 1위 달성, 2004년 Gmail 참여, 2007년 안드로이드 인수
Sam Altman 샘 올트먼 (1985~)	2005년 로프트 창업, 2014년 YC 대표, 2015년 오픈AI 창업, 2022년 ChatGPT, 2023년 GPT-4

기술 혁명가, 인문 철학자의 단체 가상 사진 [출처_Genspark]

📁 인문 철학자 주요 연대기(13인)

철학자	주요 업적
John Locke 존 로크 (1632~1704)	1. 현대 경험주의 확립(선천적 관념 거부, 마음을 '백지(탭우라라사)'로 설명 2. 자연권리, 사회계약론, 국민주권, 혁명권 옹호한 자유주의 정치철학 개척 3. 종교 관용과 교회-국가 분리 주장한 '관용에 관한 서신'
Voltaire 볼테르 (1694~1778)	1. 인간의 자유 의지를 정의하고 도덕교육이 선행을 생리학적으로 형성할 수 있음을 보여준 미묘한 자유 교리 2. 기독교 금욕주의에 맞서 개인적, 신체적 쾌락을 도덕적 선으로 옹호한 쾌락주의 윤리 3. 라이프니츠의 이성주의 형이상학을 공격하여 물리적 탐구를 경험적으로 입증 가능한 사실로 제한할 것을 주장
David Hume 데이비 흄 (1711~1776)	1. 도덕 및 형이상학 주제에 실험적(뉴턴적) 방법 도입(『인성론』) 2. 인과성 분석: 인과적 추론은 이성이 아닌 습관(경험적 지속)에 기반 3. 도덕적 감정주의 발전: 도덕적 판단을 이성이나 이기심보다는 연민에 기반
Jean-Jacques Rousseau 장자크 루소 (1712~1778)	1. 『과학과 예술에 관한 담론』(1751) 출판: 과학과 예술이 공공 도덕을 부패시킨다는 반론적 주장 2. 『인간불평등기원론』(1755) 출판: 도덕심리학(자기애, 자기사랑, 연민) 구성적 역사 건립 3. 『사회계약론』(1762)에서 국민주권과 공의지(일반의지) 교리 공식화
Immanuel Kant 임마누엘 칸트 (1724~1804)	1. 근대 초기 합리주의와 경험주의의 종합 2. 3대 비판서(『순수이성비판』, 『실천이성비판』, 『판단력비판』)를 중심으로 한 '비판철학'과 인간 자율성 개념 발전 3. 초월적 관념론 도입: 인간은 사물 그 자체가 아닌 현상만을 경험하며, 시공간은 인간 직관의 주관적 형식

철학자	주요 업적
Karl Marx 칼 마르크스 (1818~1883)	1. 『공산당선언』(1848) 공동 저술: 계급투쟁과 프롤레타리아 혁명 이론 2. 역사유물론 이론 확립: 생산력과 생산관계의 충돌이 역사 발전의 동인 3. 노동가치론 발전: 상품의 가치는 사회적으로 필요한 노동시간에 의해 결정
Martin Heidegger 마르틴 하이데거 (1889~1976)	1. 『존재와 시간』(1927) 출판: 존재의 의미에 대한 근본적 질문 제기 및 현상학적 존재론의 토대 구축 2. 다제인(Dasein) 개념 개발: 인간 존재를 '세계-속-존재'로 규정하고, 시간성을 존재의 근본 구조로 제시 3. 기술 비판과 언어 철학: 현대 기술문화의 지배성을 비판하며, 언어를 존재 드러냄의 수단으로 재해석
Jean-Paul Sartre 장폴 샤르트르 (1905~1980)	1. 현상학적 의도성의 급진화(1930년대 초): 후설의 의도성을 반이데알리즘적, 실재론적 잠재력을 강조하여 재해석 2. 초월적 자아에 대한 비판(1936): 『자아의 초월』에서 자아는 구성적 주체가 아닌 성찰의 대상임을 주장 3. 실존적 정신분석 개발: 주체의 근본적 프로젝트를 드러내는 실존적 방법론 발전
Marshall McLuhan 마샬 맥루한 (1911~1980)	1. "글로벌 빌리지"(Global Village) 개념 창출 – 전자매체의 등장으로 인류가 하나의 공동체가 됨을 예언 2. 매체 생태학(Media Ecology) 분야의 선구적 연구 – 기술과 매체가 인간 지각과 사고에 미치는 영향 체계적 분석 3. 『이해 매체』(Understanding Media, 1964) 출판 – 현대 매체 이론의 기초를 닦은 대표 저서
Michel Foucault 미셀 푸코 (1926~1984)	1. 역사적 이성에 대한 비판: 필연적 진리는 우연적이고 역사적인 힘의 산물임을 보여줌 2. 권력/지식 분석: 권력이 억압적이기보다는 생산적이며, 권력과 지식은 분리될 수 없음을 주장 3. 성에 대한 억압가설 비판과 생명권력/생명정치 개념 도입

철학자	주요 업적
Slavoj Zizek 슬라이보 지제크 (1949~)	1. 독일 관념론의 독특한 철학적, 정치적 재고찰 (칸트, 셸링, 헤겔) 2. 새로운 이데올로기 이론 발전: '거짓된 의식' 모델과 탈이데올로기적 세계관에 도전 3. 카르테시아적 주체의 옹호와 재정의: 주체를 존재의 보편적 영역의 '균열'로 재해석
Nick Bostrom 닉 보스트룸 (1973~)	1. 존재론적 위험(existential risk) 개념의 선구적 개발 2. 차별적 기술발전(Differential Technological Development) 이론 3. 중대한 고려(Crucial Considerations) 개념 개발
Yuval Noah Harari 유발 하라리 (1976~)	1. 호모 사피엔스와 다른 동물의 본질적 차이에 대한 분석 2. 역사의 방향성에 대한 철학적 탐구 3. 과학기술이 21세기에 던지는 윤리적 질문들의 철학적 고찰

📖 참고서적

- 닉 보스트롬 저, 『초지능: 경로, 위험, 전략』(Superintelligence: Paths, Dangers, Strategies), (옥스퍼드: 옥스퍼드대학출판부, 2014)
- 데이비드 흄 저, 『인성론』(A Treatise of Human Nature), (런던: 존 노언, 1739-1740)
- 마샬 맥루한 저, 『미디어 이해하기』(Understanding Media: The Extensions of Man), (뉴욕: 맥그로힐, 1964)
- 베르너스리, 팀 저, 『웹 엮기』(Weaving the Web: The Original Design and Ultimate Destiny of the World Wide Web), (뉴욕: 하퍼비즈니스, 1999)
- 벤 러셀 저, 『제임스 와트: 세상을 새롭게 만들다』(James Watt: Making the World Anew), (시카고: 시카고대학출판부, 2014)
- 브래드 스톤 저, 『아마존의 모든 것』(The Everything Store: Jeff Bezos and the Age of Amazon), (뉴욕: 리틀, 브라운, 2013)
- 빌 게이츠 저, 『소스 코드: 나의 이야기』(Source Code: My Beginning), (뉴욕: 크눕프, 2025)
- 샘 올트먼 저, 『무어의 법칙을 위하여』(Moore's Law for Everything), (온라인 에세이, 2021)
- 슬라보이 지제크 저, 『이데올로기의 숭고한 대상』(The Sublime Object of Ideology), (런던: 버소, 1989)
- 앤드루 호지스 저, 『앨런 튜링: 에니그마』(Alan Turing: The Enigma), (런던: 버니지, 1983)
- 에드먼드 모리스 저, 『에디슨』(Edison), (뉴욕: 랜덤하우스, 2019)
- 월터 아이작슨 저, 『일론 머스크』(Elon Musk), (뉴욕: 사이먼 앤 슈스터, 2023)
- 유발 하라리 저, 『호모 데우스: 미래의 역사』(Homo Deus: A Brief History of Tomorrow), (런던: 하빌 세커, 2016)
- 임마누엘 칸트 저, 『순수이성비판』(Critique of Pure Reason), (리가: 하르트노크, 1781)
- 장자크 루소 저, 『사회계약론』(The Social Contract), (암스테르담: 미셸 레이, 1762)
- 장폴 사르트르 저, 『존재와 무』(Being and Nothingness), (파리: 갈리마르, 1943)
- 칼 마르크스·프리드리히 엥겔스 공저, 『공산당선언』(The Communist Manifesto), (런던: 워커스 에지, 1848)
- 클라우스 슈밥·티에리 말레레 공저, 『위대한 서사』(The Great Narrative), (제네바: 세계경제포럼 출판, 2022)

핵심 용어 설명

1. **산업혁명(Industrial Revolution)** 인간의 생산 방식을 근본적으로 변화시킨 기술적·사회적 대변혁. 18세기 중반 영국에서 시작된 증기기관을 활용한 기계화 생산에서부터 현재의 4차 산업혁명에 이르기까지의 발전 과정을 의미한다.

2. **인공지능(Artificial Intelligence, AI)** 컴퓨터 시스템이 인간의 학습, 추론, 문제 해결, 의사 결정 등의 지적 능력을 모방하여 수행하는 기술. 머신러닝과 딥러닝을 통해 스스로 학습하고 개선하는 능력을 포함한다.

3. **사물인터넷(Internet of Things, IoT)** 각종 사물에 센서와 통신 기능을 내장하여 인터넷에 연결하는 기술. 냉장고, 자동차, 공장 설비 등이 서로 데이터를 주고받으며 지능화되는 초연결 사회를 구현한다.

4. **빅데이터(Big Data)** 기존 데이터베이스 관리 도구로는 처리하기 어려운 대용량의 정형 및 비정형 데이터 집합. 5V(Volume, Velocity, Variety, Veracity, Value) 특성을 가지며, 데이터 기반 의사결정의 핵심 자원이다.

5. **블록체인(Blockchain)** P2P 네트워크 기반의 분산 데이터베이스로, 거래 정보를 중앙 서버가 아닌 네트워크 참여자들이 공동으로 기록·관리하는 기술. 변경이 불가능한 원장 시스템을 제공한다.

6. **증기기관(Steam Engine)** 수증기의 열 에너지를 운동 에너지로 전환시켜 기계적 일을 수행하는 장치. 1차 산업혁명의 핵심 동력원으로 수공업에서 기계공업으로의 전환을 가능하게 했다.

7. **내연기관(Internal Combustion Engine)** 연료와 산화제를 연소실 내부에서 연소시켜 열 에너지를 기계적 에너지로 직접 변환하는 열기관. 자동차, 비행기 등 현대 교통수단의 핵심 동력원이다.

8. **반도체(Semiconductor)** 전기 전도도가 도체와 절연체의 중간 정도인 물질. 컴퓨터 칩, 메모리, 프로세서 등 현대 전자기기의 핵심 소재이며, 3차 산업혁명의 핵심 기술 기반이다.

9. **인터넷(Internet)** TCP/IP 프로토콜을 기반으로 전세계 컴퓨터 네트워크를 연결한 통신망. 정보의 자유로운 교환과 공유를 가능하게 하는 현대 사회의 기반 인프라다.

10. **재생가능에너지(Renewable Energy)** 햇빛, 바람, 물 등 자연적으로 재생되는 자원에서 얻은 에너지. 태양광, 풍력, 수력, 지열 등이 있으며, 지속 가능한 발전을 위한 핵심 에너지원이다.

11. **기계화(Mechanization)** 인간의 노동력을 기계로 대체하는 과정. 수공업에서 기계공업으로의 전환을 의미하며, 생산성의 비약적 향상을 가져왔다.

12. **대량생산(Mass Production)** 표준화된 부품과 조립라인을 활용하여 대규모로 제품을 생산하는 방식. 2차 산업혁명 시기 포드 자동차 회사에 의해 완성된 생산 시스템이다.

13. **자동화(Automation)** 인간의 개입 없이 기계나 시스템이 스스로 작동하는 기술. 3차 산업혁명의 핵심 특징으로 컴퓨터 제어 시스템을 기반으로 한다.

14. **스마트화(Smartification)** IoT, AI, 빅데이터 등을 활용하여 시스템이 스스로 학습하고 최적화하는 지능화 과정. 4차 산업혁명의 핵심 목표다.

15. **사이버-물리 시스템(Cyber-Physical System, CPS)** 물리적 시스템과 사이버 공간의 계산이 심도융합된 시스템. 현실 세계와 디지털 세계를 실시간으로 연결하여 지능적인 제어를 가능하게 한다.

16. **경험주의(Empiricism)** 모든 지식은 감각 경험을 통해 얻어진다는 철학적 입장. 존 로크, 데이비드 흄 등에 의해 발전된 인식론적 이론이다.

17. **합리주의(Rationalism)** 이성과 논리적 추론을 지식의 주요 원천으로 보는 철학적 입장. 데카르트, 스피노자 등에 의해 대표적으로 주장되었다.

18. **실존주의(Existentialism)** 인간의 실존이 본질보다 우선한다는 철학적 사조. 장폴 사르트르, 시몬 드 보부아르 등에 의해 발전되었다.

19. 계몽주의(Enlightenment) 18세기 유럽에서 일어난 이성과 과학을 중시하는 사상 운동. 볼테르, 칸트 등이 대표적인 인물이다.

20. 형이상학(Metaphysics) 존재의 본질과 우주의 궁극적 실재에 대한 철학적 탐구. 칸트의 『순수이성비판』은 형이상학의 근본적 문제를 다룬다.

21. 권력(Power) 푸코에 의해 "복잡한 전략적 상황"으로 재정의된 개념. 전통적인 국가 권력을 넘어 사회 전반의 관계 네트워크를 의미한다.

22. 이성(Reason) 칸트 철학의 핵심 개념으로, 자연의 일반 법칙을 구성하고 도덕법을 부여하는 인간의 능력. 경험을 초월하는 인식 능력을 의미한다.

23. 자유(Freedom) 사르트르의 "인간은 자유라는 운명에 처해 있다"는 명제에 나타난 핵심 개념. 인간의 존재론적 조건이자 책임의 근거다.

24. 원자료(Raw Material) 산업 생산의 기본 재료. 산업혁명 시기 석탄, 철광석 등의 대량 확보가 산업 발전의 핵심이었다.

25. 기술 결정론(Technological Determinism) 기술이 사회 변화를 결정짓는다는 이론. 맥루한의 "매체가 메시지다"라는 명제가 대표적이다.

26. 글로벌 빌리지(Global Village) 맥루한이 제시한 개념으로, 전자매체의 발달로 지구촌이 하나의 마을처럼 연결되는 현상을 의미한다.

27. 다제인(Dasein) 하이데거 철학의 핵심 개념으로, '거기-존재'라는 뜻. 인간 존재의 독특한 방식을 지칭한다.

28. 존재유망(Ontological Forgetfulness) 하이데거가 지적한 서양 철학의 문제로, 존재 자체에 대한 질문을 잊어버린 상태를 의미한다.

29. 유물론(Materialism) 물질이 정신보다 근본적이라는 철학적 입장. 마르크스의 역사유물론이 대표적이다.

30. 초월론(Transcendental Idealism) 칸트의 철학적 입장으로, 우리가 경험하는 것은 사물 그 자체가 아닌 현상이라는 관점. 인간의 인식 구조가 경험을 구성한다는 이론이다.

 # 추천사

KAIST 전산학부 교수 / 정부 선정 AI 챔피언, 신인식

〈시간을 깬, 28인의 AI 미래 통찰〉은 과거를 회고하는 것이 아니라 미래를 준비하는 실천적 지침을 제시한다. 각 장에서는 기술 혁명가의 삶과 업적을 다루지만, 단순한 전기가 아니라 그들의 사상과 철학을 중점적으로 다룬다. 인문학자들의 관점을 통해 기술 발전을 성찰하며, 기술과 인문의 대화는 단순한 학문적 연합이 아니라 실제로 우리가 직면한 문제를 해결하기 위해 필요한 실천적 노력임을 보여준다. 미래는 예측하는 것이 아니라 만들어가는 것이다.

이 책은 AGI 시대를 준비하며 기술의 가능성과 한계를 이해하고 인간의 가치를 지키는 방법을 모색한다.이를 통해 기술 중심적 접근을 넘어 인간 중심적 접근이 필요함을 보여준다. 또한 교육의 변화는 필수적이다. AGI 시대를 위한 교육은 암기와 정보 전달을 넘어 창조적 사고, 비판적 사고, 정서적 지능을 키우는 데 중점을 두어야 한다. 각 장은 기술 혁명가의 실제 경험과 인문학자의 이론적 통찰을 결합하여, AGI 시대에 적용 가능한 교훈을 제시한다.

교육대기자TV 운영자 / '대한민국 교육키워드' 저자, 방종임

〈시간을 깬, 28인의 AI 미래 통찰〉은 증기기관의 제임스 와트에서 ChatGPT의 샘 올트만까지 인류 기술발전의 역사를 쉽게 전개하고, 임마누엘 칸트에서 유발 하라리까지 시대적 사상을 AI 시대에 맞게 용어적 현대화와 융합을 통해서 깊이 설명하고 있다. 이러한 점에서 교과서에 나오는 인물 기반의 탐구 능력을 고양하고, 학문적 사고력을 완성하는 데 도움이 될 것이다. 또한 콘텐츠 활용성이 높아, 수리탐구 능력과 논술 능력 향상에도 기여할 것으로 기대된다.

이 책에서 전개되는 시공을 초월한 선지자들의 판타지아 대화는 기술에 대한 우려와 이를 보완하는 예지적인 영감과 통찰을 시사하고 있다. 기술의 발전은 인간의 가치와 철학적 사고 없이는 완전할 수 없고, 진정한 혁신은 기술과 인문학의 조화에서 비롯된다. 이러한 측면에서 기술과 인문을 융합하는 이 책은 AI에 대한 시대적 인식과 미래 세대를 위한 깊이있는 통찰과 전망을 제시하고 있다. 청소년에게 일독을 권하며 AI 시대의 리더로서 무한 성장을 기대한다.

캠토(캠퍼스멘토, 교육플랫폼) 대표, 안광배

저자가 펼쳐내는 28인의 시간 여행은 단순한 전기(傳記)가 아니다. 각 산업혁명의 순간마다, 기술 혁명가들이 '무엇을' 만들었는지보다 '왜' 만들었는지에 집중한다. 볼턴과 와트의 파트너십에서 배우는 혁신 생태계, 에디슨의 멘로파크에서 발견하는 집단지성, 실리콘밸리가 보여준 실패의 문화. 이 모든 것이 오늘날 기업들이 당면한 과제와 놀랍도록 일치한다.

무엇보다 이 책의 가장 큰 통찰은 '균형'이다. 일론 머스크의 대담한 비전 옆에는 미셸 푸코의 날카로운 비판이 서 있고, 젠슨 황의 기술 낙관론 앞에는 칼 마르크스의 자본 경계론이 질문을 던진다. 혁신의 가속 페달과 성찰의 브레이크를 동시에 밟는 이런 균형감각이야말로 AGI 시대 리더가 반드시 갖춰야 할 핵심역량이다.

이 책은 250년 산업혁명의 역사를 관통하며, 15인의 기술 혁명가와 13인의 인문 철학자가 시공을 초월해 나누는 대화를 통해 우리가 준비해야 할 미래를 조망한다. 기술의 '어떻게(How)'와 인문학의 '왜(Why)'가 만나는 지점에서, 개인과 조직의 스케일업을 위한 결정적 인사이트를 발견하게 될 것이다.

13만 학습동기부여 유튜버, 구슬쥬

모든 산업혁명의 중심에는 언제나 그 시대를 이끌어온 사람들이 있었습니다. 그리고 이제, 우리가 마주할 AGI 시대의 중심에는 미래를 이끌어갈 다음 세대, 바로 여러분이 있습니다. 〈시간을 깬, 28인의 AI 미래 통찰〉은 AI를 설명하는 것이 아니라, 기술의 변화 속에서 인간은 어떤 선택을 해왔는지를 묻는 책입니다. 이 책을 따라 깊이 사유하고, 시대를 읽는 통찰력을 키워 기술을 따르는 사람이 아닌 "시대를 이끄는 사람"으로 성장하길 소망합니다.